中国钢铁工业发展报告

The Chinese Steel Industry Annual Report

中国钢铁工业协会

2022

北 京

冶 金 工 业 出 版 社

2022

图书在版编目（CIP）数据

中国钢铁工业发展报告 . 2022／中国钢铁工业协会编 . —北京：冶金工业
出版社，2022. 11

ISBN 978-7-5024-9320-2

Ⅰ. ①中⋯　Ⅱ. ①中⋯　Ⅲ. ①钢铁工业—经济发展—研究报告—
中国—2022　Ⅳ. ①F426. 31

中国版本图书馆 CIP 数据核字（2022）第 199220 号

中国钢铁工业发展报告 2022

出版发行 冶金工业出版社		**电　话**	（010）64027926
地　　址 北京市东城区嵩祝院北巷 39 号		**邮　编**	100009
网　　址 www. mip1953. com		**电子信箱**	service@ mip1953. com

责任编辑　曾　媛　美术编辑　彭子赫　版式设计　郑小利
责任校对　李　娜　责任印制　禹　蕊
北京博海升彩色印刷有限公司印刷
2022 年 11 月第 1 版，2022 年 11 月第 1 次印刷
787mm×1092mm　1/16；15. 25 印张；246 千字；235 页
定价 300. 00 元

投稿电话　（010）64027932　投稿信箱　tougao@cnmip. com. cn
营销中心电话　（010）64044283
冶金工业出版社天猫旗舰店　yjgycbs. tmall. com
（本书如有印装质量问题，本社营销中心负责退换）

前　　言

《中国钢铁工业发展报告》自 2005 年起已连续编印了 18 年。18 年来，《中国钢铁工业发展报告》一路伴随中国钢铁工业的前进步伐，详细记录了中国钢铁工业每年的进步和发展。

2021 年是党和国家历史上具有里程碑意义的一年。这一年，全党全国隆重庆祝中国共产党成立一百周年，正式宣布全面建成小康社会、实现第一个百年奋斗目标，开启全面建设社会主义现代化国家、向第二个百年奋斗目标进军新征程。这一年，国民经济持续恢复，"十四五"实现良好开局，为钢铁行业持续发展创造了有利条件。

这一年，钢铁行业"聚焦全面提升产业基础能力和产业链现代化水平"这一根本任务；坚持绿色低碳发展、智能制造两大发展主题；着重解决行业三大痛点，控产能扩张、促产业集中、保资源安全；持续推进中国钢铁产业国际化进程，努力实现高质量发展，使中国钢铁工业既有的产业链相对完整、市场化程度相对较高、技术自主性较强的优势更加巩固，综合竞争力进一步增强。

这一年，钢铁行业继续巩固化解过剩产能成果，不断深化供给侧结构性改革，围绕市场需求和政府要求适度释放钢铁产能，实现了钢产量同比下降、市场供需动态平衡，为国民经济恢复和下游行业发展提供了有力支持。

这一年，中国钢铁协会会员钢铁企业积极应对国内外形势变化，通过深化改革、强化管理、挖潜增效，努力克服原燃料价格高位运行等因素影响，生产经营基本稳定，经济效益创历史最好水平，资产负债结构进一步优化，应对挑战的能力和韧性进一步增强，使行业健康发展的基础更加牢固。

这一年，"双碳"目标引领钢铁行业绿色低碳转型发展。我国确立碳达峰、碳中和战略目标后，钢铁行业低碳工作推进委员会应运而生，行业龙头企业率先提出了碳达峰、碳中和的时间表和路线图，一批钢铁企业在探索低碳冶金新工艺中有所突破。钢铁企业加快推进超低排放改造，已有34家企业完成超低排放改造公示。

这一年，科技创新捷报频传，智能制造深入推进。钢铁行业以落实"双碳"战略、促进低碳共性技术协同创新为主线，持续增强产业链协同创新能力。河钢舞钢作为主要单位参与完成的"400万吨/年煤间接液化成套技术创新开发及产业化"、中冶长天作为主要单位参与完成的"工业烟气多污染物协同深度治理技术及应用"两个项目荣获2020年度国家科学技术进步奖一等奖。成立了"钢铁行业智能制造联盟"，发布了55项钢铁行业智能制造解决方案。13家企业应用案例入围工信部"2021年工业互联网平台创新领航应用案例入围名单"。

这一年，兼并重组持续推进，鞍钢重组本钢，成为国内第二大、世界第三大钢铁集团，进一步促进了产业发展新格局的形成。

2021年，在冶金工业出版社的支持下，我们将《中国钢铁工业发展报告》由内部印发改为公开出版发行，这样做就是希望能有更多的人关注中国钢铁，了解中国钢铁，认识中国钢铁，并记住中国钢铁，为此我们将不懈努力。

目　　录

第1章

2021年钢铁行业总体运行情况

2021年，国民经济持续恢复，为钢铁行业发展提供了良好环境。钢铁行业积极应对国内外需求形势变化，努力克服原燃料价格高位运行的影响，消化环保成本大幅上升等因素，行业总体运行态势良好，符合政策导向和市场预期，为满足下游行业用钢需求和保障国民经济持续恢复做出了突出贡献。

一、经济总量突破110万亿元，经济实力显著增强

2021年，面对复杂严峻的国际环境和国内新冠肺炎疫情散发等多重考验，国民经济持续恢复发展，国内生产总值一、二、三、四季度分别同比增长18.3%（两年平均增长5.0%）、7.9%（两年平均增长5.5%）、4.9%（两年平均增长4.9%）、4.0%（两年平均增长5.2%）。全年GDP达到114.37万亿元，稳坐世界第二大经济体，比上年增长8.1%，两年平均增长5.1%。全年最终消费支出对经济增长的贡献率为65.4%，资本形成总额的贡献率为13.7%，货物和服务净出口的贡献率为20.9%。消费需求持续释放，消费对经济增长的贡献率仍然排名第一，支撑国民经济稳定恢复。由于国外疫情因素，货物与服务净出口对经济的拉动作用较为显著，超过了资本形成总额。投资缓中趋稳，年末出现向好迹象。总体看，国民经济呈现稳定恢复态势，"十四五"实现良好开局。

（一）工业经济稳步回升，增长结构改善

2021年，全国规模以上工业增加值比上年增长9.6%，两年平均增长

6.1%。分季度看，一季度下降 8.4%，二、三、四季度分别增长 4.4%、5.8%、7.1%，呈现逐季稳步回升态势。分三大门类看，采矿业增加值同比增长 5.3%，两年平均增速 2.9%；制造业同比增长 9.8%，两年平均增速 6.6%；电力、热力、燃气及水生产和供应业同比增长 11.4%，两年平均增速 6.6%。制造业累计同比增速、两年平均增速均高于同期工业增加值增速和两年平均增速。制造业中的高技术制造业、装备制造业增加值分别增长 18.2%、12.9%，增速分别比规模以上工业快 8.6、3.3 个百分点。分产品看，新能源汽车、工业机器人、集成电路、微型计算机设备产量分别增长 145.6%、44.9%、33.3%、22.3%。上述情况表明，工业生产持续发展，高技术制造业和装备制造业较快增长。总体看，工业呈现稳定恢复态势，工业中的关键领域保持较快增长，工业增长结构不断优化。

（二）固定资产投资增速放缓，制造业技改投资增速较高

2021 年，全国固定资产投资（不含农户，下同）544547 亿元，同比增长 4.9%，比 2019 年 1-12 月份增长 8.0%，两年平均增长 3.9%。分产业看，第一产业投资 14275 亿元，同比增长 9.1%，两年平均增速为 14.2%；第二产业投资 167395 亿元，增长 11.3%，两年平均增速为 5.6%；第三产业投资 362877 亿元，增长 2.1%，两年平均增速为 2.9%。第二产业中，工业投资同比增长 11.4%。其中，采矿业投资增长 10.9%，制造业投资增长 13.5%（两年平均增长 4.8%），电力、热力、燃气及水生产和供应业投资增长 1.1%。制造业投资增速比全部投资高 0.9 个百分点，比工业投资高 2.1 个百分点。制造业技改投资比上年增长 13.6%，持续高于制造业投资增速。民间投资 307659 亿元，同比增长 7.0%（两年平均增长 4.0%），增速高出固定资产投资平均增速 2.1 个百分点。民间投资占全国固定资产投资比重为 56.5%，占比较上年同期提高 0.75 个百分点。2021 年民间投资积极性高于固定资产投资平均水平和上年水平。

（三）房地产投资同比稳步增长，全国三大地区均呈同比正增长

2021 年，房地产开发名义投资累计完成额 147602.08 亿元，同比增长 4.4%，比 2019 年增长 11.7%，两年平均增长 5.7%。房地产开发实际投资累计完成额 104097.39 亿元，同比增长 7.33%，较 2019 年增长

15.0%，两年平均增长 7.2%。2021 年，除东北地区外，其余三大地区房地产开发投资均保持同比正增长态势。东部地区房地产开发投资 77695 亿元，比上年增长 4.2%；中部地区投资 31161 亿元，增长 8.2%；西部地区投资 33368 亿元，增长 2.2%；东北地区投资 5378 亿元，下降 0.8%。

二、供需基本均衡，实现全年钢产量压减目标

2021 年初，钢铁行业努力满足下游行业快速增长带来的钢材市场旺盛需求，充分释放产能，钢日产水平 1-4 月逐月环比上升，形成了产销两旺的局面。进入 5 月以后，随着限产措施的落实和下游行业需求增速放缓，钢铁行业适时控制产能，钢的月产量连续 6 个月环比下降。钢材库存从 3 月上旬达到高点后逐步下降，年末与上年同期水平基本持平。总体来看，全年钢材供需基本平衡，为下游行业发展创造了良好条件。在此期间，广大钢铁企业积极采取有效措施，坚决贯彻落实压减钢产量决策部署，为实现钢产量同比下降做出了积极努力。

（一）钢产量下降，集中度提升

2021 年，全国生产铁 86856.8 万吨，较上年下降 2.3%；生产钢 103524.3 万吨，较上年下降 2.8%；生产材（含重复材）133666.8 万吨，较上年增长 0.9%（表 1-1）。

表 1-1　2019-2021 年我国铁、钢、材产量　　　　　万吨，%

种类	2019 年		2020 年		2021 年	
	产量	增速	产量	增速	产量	增速
铁	80849.4	3.7	88897.6	10.0	86856.8	-2.3
钢	99541.9	7.1	106476.7	7.0	103524.3	-2.8
材	120456.9	6.3	132489.2	10.0	133666.8	0.9

数据来源：国家统计局年度数据。

2021 年，全年生产焦炭 46445.8 万吨，较上年下降 1.4%；铁矿石原矿 98052.8 万吨，较上年增长 9.4%；铁合金 3475.5 万吨，较上年下降 4.4%（表 1-2）。2021 年，中国钢铁工业协会（以下简称"钢协"）会员

企业生产铁、钢、材分别为7.3亿吨（同比下降1.2%）、8.4亿吨（同比增长0.32%）和8.1亿吨（同比增长1.0%）。

表1-2　2021年主要钢铁产品产量　　　　　　　　　　万吨,%

种　类	2021 年	2020 年	增减幅
铁	86856.8	88897.6	-2.3
钢	103524.3	106476.7	-2.8
材	133666.8	132489.2	0.9
焦炭	46445.8	47116.1	-1.4
铁矿石	98052.8	89658.6	9.4
铁合金	3475.5	3635.4	-4.4

数据来源：粗钢、钢材、焦炭产量数据来源于国家统计局年度数据，其他产品产量数据来源于《中国钢铁工业统计月报》（2021年12月）。

从分品种产量同比增减量情况看，2021年产量同比减产较多的品种是钢筋、线材、热轧窄钢带，即建筑用钢材减量较大。累计增产量较大的钢材品种有冷轧薄宽钢带、热轧薄宽钢带、中厚宽钢带，即制造用钢产量增量较大。

分省市看，2021年实现累计减产的省市共19个，其中减产量较多的是河北、山东、天津。

（二）库存与上年基本持平，保持在合理区间

2021年12月末，20大城市五大品种钢材社会库存776万吨，比上年同期增加46万吨，升幅6.3%。重点统计钢铁企业钢材库存的年度平均水平为1421万吨（按旬计算），略低于2020年1450万吨（下降2.0%）的库存水平。

2021年12月下旬，重点统计钢铁企业钢材库存量1129.69万吨，较上年同期减少32.42万吨（降幅2.79%）。钢材库存从3月上旬达到高点后逐步下降，年末与上年同期水平基本持平。

（三）国内供需基本均衡

据测算，2021 年粗钢折合表观消费量累计达到 9.94 亿吨，同比减少 0.54 亿吨，降幅 5.2%。同期粗钢产量 10.35 亿吨，同比下降 2.8%。

2021 年上半年，钢铁行业主动适应上年度疫情过后经济快速恢复增长带来的旺盛需求，实现了钢材市场产销两旺。下半年，在市场需求有所回落，"双控"、进出口等政策影响下，钢铁企业主动减产以适应需求的变化，实现了供需动态均衡。

（四）中国钢产量下降，占世界比重下降

从全球看，2021 年世界粗钢产量约为 19.51 亿吨，同比增长 3.8%[①]，其中中国内地粗钢产量占世界粗钢产量的比重为 53.05%，占比较上年下降 3.66 个百分点。

2021 年，排名前 10 位的产钢国家与上年相比，未发生变化（表 1-3）。

表 1-3　2019-2021 年全球钢产量前 10 位国家　　百万吨

排名	1	2	3	4	5	6	7	8	9	10
2019 年	中国	印度	日本	美国	俄罗斯	韩国	德国	土耳其	巴西	伊朗
	996.3	111.4	99.3	87.8	71.9	71.4	39.6	33.7	32.6	25.6
2020 年	中国	印度	日本	美国	俄罗斯	韩国	土耳其	德国	巴西	伊朗
	1064.8	100.3	83.2	72.7	71.6	67.1	35.8	35.7	31.0	29.0
2021 年	中国	印度	日本	美国	俄罗斯	韩国	土耳其	德国	巴西	伊朗
	1035.2	118.2	96.3	85.8	75.6	70.4	40.4	40.1	36.2	28.5

注：表中中国为中国内地，不包括港澳台地区，下同。

数据来源：世界钢铁协会。

主要产钢国家中，中国、伊朗钢产量较上年有所下降，其他国家钢产量均有不同程度增长。钢产量增幅最大的是美国，较上年增长了 18.0%（表 1-4）。

---

① 数据来源于世界钢铁协会。

表1-4　2021年全球钢产量前10位国家钢产量及增长率

百万吨，%

排名	1	2	3	4	5	6	7	8	9	10
国家	中国	印度	日本	美国	俄罗斯	韩国	土耳其	德国	巴西	伊朗
产量	1035.2	118.2	96.3	85.8	75.6	70.4	40.4	40.1	36.2	28.5
增长率	-2.8	17.8	15.8	18.0	3.0	4.9	12.7	12.3	16.8	-1.8

数据来源：世界钢铁协会。

三、钢净出口量基本恢复至疫情前水平，出口结构优化

2021年初，在国际市场需求的拉动下，3月、4月我国钢材出口量快速提升。随着国家两次调整钢铁产品进出口政策，自7月份钢材出口呈逐月量减价升、出口均价高于进口均价的态势。

2021年，我国累计出口钢材6690万吨，同比增长24.6%（表1-5）。2021年钢材出口同比增幅较大，主要与上年基数较低有关。从出口量情况看，各月出口量基本恢复至疫情前水平，除11月外，其余月份钢材出口量均高于上年同期。从各月出口量变化看，单月出口量呈先升后降态势。

表1-5　2017-2021年我国钢材、钢坯出口情况

万吨

种类	2017年	2018年	2019年	2020年	2021年
钢坯及粗锻件	1.00	1.00	4.00	1.76	3.60
钢材	7541	6934	6429	5367	6690

数据来源：海关总署。

2021年，累计进口钢材1427万吨，同比下降29.5%；累计进口钢坯1372万吨，同比下降25.2%；累计进口铁矿砂及精矿112432万吨，同比下降3.9%（表1-6）。

表1-6　2017-2021年我国进口钢材、铁矿石情况

万吨

种类	2017年	2018年	2019年	2020年	2021年
钢坯（锭）	49	105	306	1833	1372
钢材	1330	1317	1230	2023	1427
铁矿砂及其精矿	107474	106447	106895	117010	112432

数据来源：海关总署。

2021 年我国钢材折合钢净出口量为 4096 万吨，基本恢复至疫情前水平，较 2020 年增加 2452 万吨。

钢材进出口价格方面，2021 年期间，由于国际钢价持续上涨，从 8 月份起连续 5 个月出现进口均价倒挂现象，11 月进出口均价差距达到年内最大值（-327.5 美元/吨）。全年累计出口平均价格 1224 美元/吨，同比上涨 44.5%；累计进口钢材平均价格为 1312 美元/吨，同比上涨 57.8%（图 1-1）。

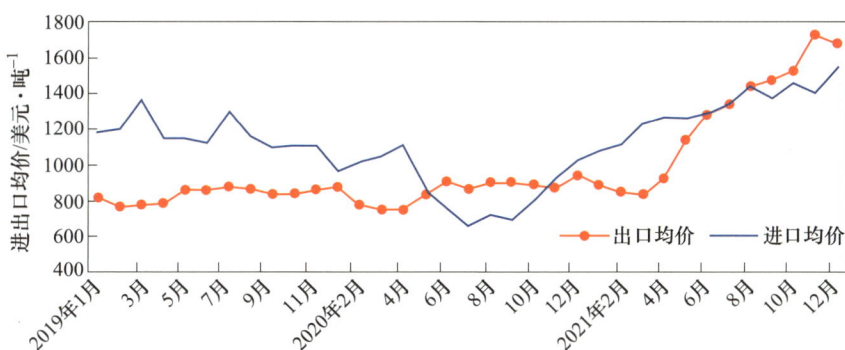

图 1-1　2019 年 1 月-2021 年 12 月各月钢材进出口均价情况

我国 2021 年钢材出口量及出口价格的变化，其主要原因有：第一，国外需求恢复的速度较快，且国外因疫情因素导致供给存在一定程度的缺口。第二，国际钢材价格上涨，加之我国钢材产品具备价格竞争力，一方面使国内钢铁生产企业钢材出口积极性增加，另一方面促使贸易商的重点由国内贸易转向国际贸易，相应使得钢材出口量增加。自 8 月份起，钢材出口量减价升，出口均价高于进口均价，表明我国钢材进出口结构在持续优化。

四、钢材价格年内先升后降，整体高于上年

2021 年 12 月末，中国钢材价格指数（CSPI）为 131.70 点，比上年同期上升 2.56 点（表 1-7）。其中，CSPI 长材指数为 137.27 点，比上年同期上升 8.64 点；CSPI 板材指数为 128.77 点，较上年同期下降 4.45 点。中国钢材价格指数在年末超过上年同期，增幅在 20% 左右。

表1-7 2017-2021年国内钢材价格指数情况

种类	2017年末	2018年末	2019年末	2020年末	2021年末
综合	121.8	107.12	106.10	129.14	131.70
长材	128.98	113.26	109.70	128.63	137.27
板材	117.37	102.94	104.55	133.22	128.77

注：各年年末数据为该年最后一周数据。

数据来源：《国际、国内市场价格及指数》。

2021年，CSPI钢材综合指数平均值为142.03点，较上年上涨36.86点，达到指数编制以来年度最高值。CSPI各月指数均高于上年同月，5月份第二周指数升至为174.81点，达到月度最高值。从全年变化看，CSPI钢材综合指数在1-4月份总体呈上涨态势，5-10月份在140-160点之间波动，11-12月整体呈下降态势。CSPI钢材综合指数呈上述波动态势，一方面与上、下半年钢材供需变化有关，另一方面与主要原燃料成本的变化有关。

2021年，八大钢材品种平均价格较上年均有不同程度上涨（图1-2），其中高线5229元/吨（上涨1313元/吨）、螺纹钢4925元/吨（上涨1200元/吨）、角钢5292元/吨（上涨1361元/吨）、中厚板5317元/吨（上涨1411元/吨）、热轧卷板5346元/吨（上涨1426元/吨）、冷轧薄板6067元/吨（上涨1533元/吨）、镀锌板6330元/吨（上涨1593元/吨）、热轧无缝管6056元/吨（上涨1419元/吨）。涨幅最为明显的钢材品种为冷轧薄板，同比增长33.8%。

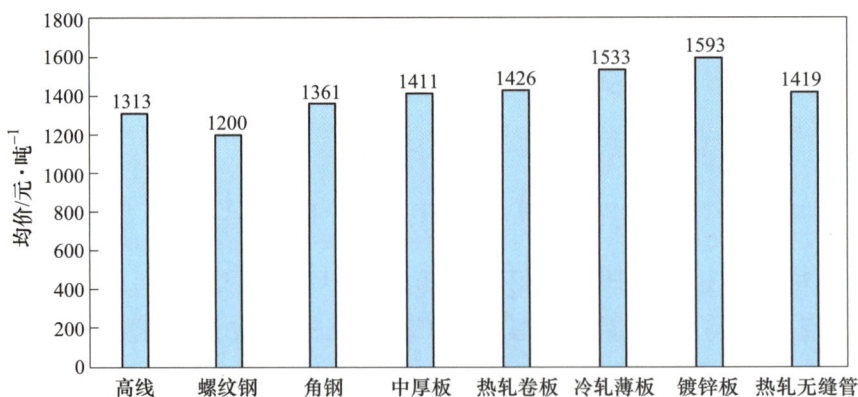

图1-2 2021年八大钢材品种均价较上年增减情况

五、进口铁矿石量价皆升，其他原燃料均价下降

2021年全年，钢铁生产所需的原燃料价格均较上年同期有较大幅度上涨，最低升幅在30%以上。其中，国产铁精矿1134元/吨，同比上涨44.42%；进口粉矿1108元/吨，同比上涨39.75%；炼焦煤1892元/吨，同比上涨53.45%；冶金焦2864元/吨，同比上涨52.13%；喷吹煤1350元/吨，上涨65.79%；动力煤1039元/吨，上涨83.83%；废钢3238元/吨，上涨33.84%。

从铁矿石供应情况看，全年国内累计生产铁矿石9.81亿吨，同比增长9.4%，折合铁精粉2.85亿吨。累计进口铁矿石11.24亿吨，同比下降3.9%；累计进口均价164.3美元/吨，同比增长61.58%（表1-8、图1-3）。截至12月底，进口铁矿石港口库存为1.56亿吨（图1-4），同比增长25.93%。

表1-8 2017-2021年进口铁矿石平均价格 美元/吨

年份	2016	2017	2018	2019	2020	2021
铁矿石	56.3	71.0	71.0	94.9	101.7	164.3

数据来源：根据海关总署进口量及进口金额计算。

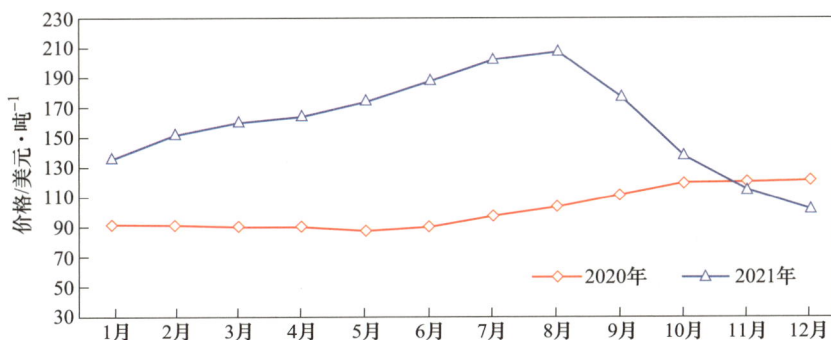

图1-3 2020年和2021年进口铁矿石当月价格

六、铁素资源供给结构优化，资源安全基础增强

2021年，生铁产量86857万吨，同比下降2.3%。全年铁钢比为0.84，低于上年水平。

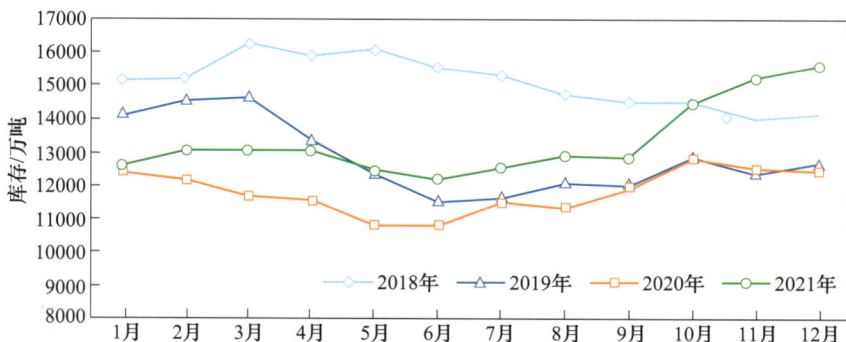

图 1-4　2018-2021 年进口铁矿石港口库存情况

2021 年，进口铁矿石 112431.5 万吨，同比减少 4519.0 万吨（降幅 3.9%）；国产铁矿石原矿产量 98052.8 万吨，同比增加 8394 万吨（增幅 9.36%）。

2021 年，重点统计企业转炉炼钢废钢铁消耗量为 158.75 千克/吨，同比增加 23.95 千克/吨（增幅 17.77%）；电炉炼钢废钢铁消耗量为 477.15 千克/吨，同比减少 30.11 千克/吨（降幅 5.94%）。2021 年重点企业废钢铁消耗量为 14572 万吨，同比增加 1780 万吨，增长 14.0%。

2021 年，进口铁矿石减少，国产矿产量和废钢使用量增加，铁素来源结构得到优化，资源安全基础有所增强。

七、钢铁投资同比增长，铁矿投资同比下降

2021 年 1-12 月累计，黑色金属冶炼和压延加工业投资累计增长 14.6%，增速较上年同期回落 11.9 个百分点（图 1-5）。黑色金属冶炼和压延加工业投资累计同比增速分别超过全国固定资产投资和制造业投资平均增速 9.7 个百分点和 0.9 个百分点。

黑色金属矿采选业固定资产投资累计完成额同比增长 26.90%，上年同期为同比下降 10.30%（见图 1-6）。黑色金属矿采选业固定资产投资累计同比增速分别超过全国固定资产投资和制造业投资平均增速 22.0 个百分点和 13.4 个百分点。

民间投资中，2021 年 1-12 月，投向黑色金属冶炼和压延加工业固定资产投资累计同比增长 22.2%（图 1-7），增速较上年同期回落 5.3 个百

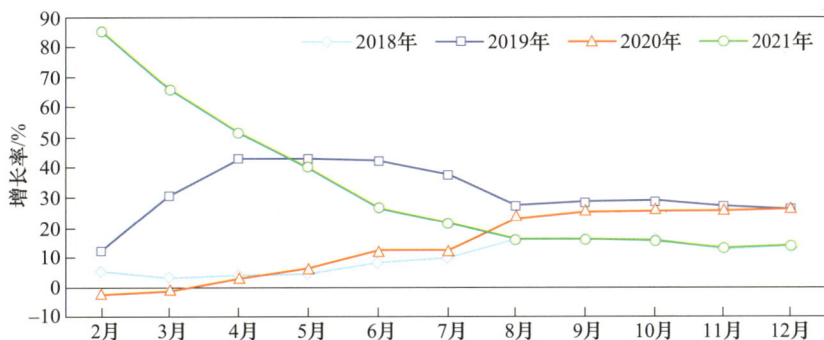

图 1-5　2018-2021 年黑色金属冶炼和压延加工业
固定资产投资累计同比增长率情况

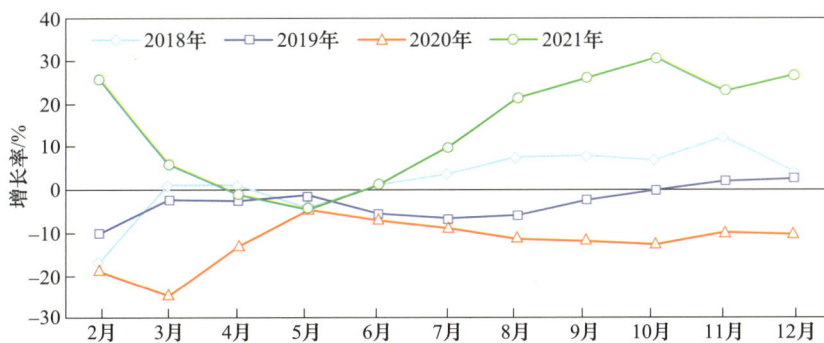

图 1-6　2018-2021 年黑色金属矿采选工业固定资产投资累计同比增长率情况

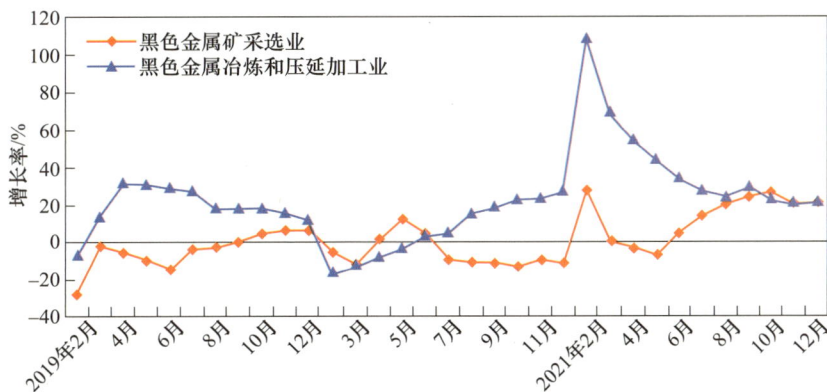

图 1-7　近三年钢铁工业民间投资累计同比增长率情况

分点，高于行业平均增速 7.6 个百分点；投向黑色金属矿采选业固定资产投资累计完成额同比增长 21.9%（低于行业平均增速 5.0 个百分点），上年同期为同比下降 10.50%。

2021 年期间，黑色冶炼业投资增速略高于制造业投资增速，黑色金属矿采选业累计同比增速则高出制造业投资平均同比增速 10 个百分点左右。从民间投资增速情况看，钢铁行业全年投资积极性更高。

八、行业利润创新高，运行质量进一步改善

2021 年全年，重点统计钢铁企业营业收入 69308 亿元，同比增长 32.68%，达到历史最优水平；营业成本 61807 亿元，同比增长 31.49%；利润总额 3524 亿元，同比增长 59.67%，创历史最高值；平均销售利润率 5.08%，同比上升 0.85 个百分点。

12 月末，重点统计企业资产负债率 60.80%，创供给侧结构性改革以来最优值。企业银行短期借款同比下降 4.85%，长期借款同比增长 6.34%，企业长贷增加、短贷减少，资本结构持续改善。期间费用累计同比增长 18.90%，其中销售费用同比下降 20.59%，管理费用同比增长 15.44%，财务费用同比增长 6.39%，研发费用同比增长 75.58%。

2021 年，进口铁矿石价格大起大落，最高涨至 233.1 美元/吨，全年均价 164 美元/吨，同比上涨 61.58%；焦煤、冶金焦、废钢等原燃料价格也有较大幅度的上涨。受成本和需求影响，钢材价格先扬后抑，中国钢材价格指数 142.03 点，较上年上涨 36.86 点（涨幅 35.05%），其涨幅低于进口铁矿石涨幅。钢铁行业通过挖潜增效，努力克服原燃料价格高位运行的困难，行业效益创历史最好水平。

九、"双碳"目标引领绿色低碳发展，节能减排成效显著

我国确定碳达峰、碳中和战略目标后，钢铁企业积极响应，加快推进超低排放改造，截至 2021 年底已有 34 家企业完成超低排放改造公示，其中 23 家完成全过程改造并公示，钢产能约 1.41 亿吨；11 家企业完成部分超低排放改造和评估监测进展情况公示，钢产能约 8400 万吨；此外，有 61 家企业正在进行公示前专家审核和企业整改，已有 94 家钢厂登上工信部绿色工厂榜单。

与此同时，广大企业全方位深化节能减排，推广应用先进节能减排技术，节能环保成效显著。

一批行业龙头企业率先提出碳达峰、碳中和的时间表和路线图，一批

钢铁企业在探索低碳冶金新工艺中有所突破。中国宝武深入贯彻习近平总书记对宝武碳达峰、碳中和的重要批示精神，发挥龙头企业引领作用，率先在行业内提出实现"双碳"目标时间表，发起设立全球低碳冶金创新联盟，近日全球钢铁冶金绿色低碳试验及应用项目开工仪式又在宝武八钢举行。河钢、包钢、鞍钢等先后发布碳达峰、碳中和目标时间表和宣言。中信特钢搭建起了行业内第一个碳排放管理信息化系统，提升了全集团碳资产信息化管理能力。福建三钢、广西柳钢通过结构节能、技术性节能、管理节能三大措施减碳。南钢在英、日、韩等国成立研究院并开展国际合作，吸取国外的减碳经验，提高自身减碳水平。新天钢以"低头弯腰做环保，抬头挺胸说环保"的实际行动，大力推行绿色经营环保理念，实施节能改造和环保超低排放治理，全力推进环保 A 级企业建设。建龙集团组织各子公司制定"一厂一策"低碳发展规划，强化绿色低碳发展顶层设计。

十、科技创新捷报频传，智能制造深入推进

科技创新捷报频传。鞍钢持续加大研发经费投入，2021 年投入强度超过 3.6%，有力推进了核心技术攻关。中国钢研发挥科技企业优势，助力行业高质量发展，特种钢创新中心等一系列国家级创新平台获批成立。河钢舞钢"400 万吨/年煤间接液化成套技术创新开发及产业化"、中冶长天和中钢天澄"工业烟气多污染物协同深度治理技术及应用"2 个项目，荣获 2020 年度国家科学技术进步奖一等奖；另有 8 个项目分别获得国家科学技术进步奖、国家技术发明奖二等奖。有 113 个项目获得冶金科学技术奖，其中，北科大、中国宝武、中国钢研申报的 3 个项目获得特等奖。建龙北满、中天钢铁、敬业集团、马钢矿业 4 家单位技术中心进入 2021 年（第 28 批）国家企业技术中心拟认定公示名单。建龙集团联合北科大等开发的富氢熔融还原 CISP 新工艺成功投产，联合有关单位开发出首套高效节能换热立式热回收焦炉成套技术并实现稳定运行。

高端产品研发硕果累累。中信特钢全球首创 2200 兆帕级特高强度桥梁缆索用热轧盘条产品，填补了世界空白，达到国际领先水平。中国钢研牵头联合抚顺特钢、二重万航等单位首次成功试制出目前我国最大规格的高温合金涡轮盘整体模锻件，打破了国外垄断。首钢产品结构持续优化，高端领先、战略产品和 EVI 供货量均创历史新高，电工钢取向超薄规格

产品连续 4 年国内市场占有率第一，供货新基建重点项目"白鹤滩-江苏特高压直流工程"。河钢在高端产品领域持续发力，累计开发新产品 209 个，F 级海工钢、600 兆帕级镀锌板等 10 个新产品填补国内空白，高强耐磨钢等 20 项产品实现替代进口。南钢完成"船用高止裂韧度特厚钢板关键制造技术及应用"项目成果评价，其中 100 毫米厚钢板止裂韧性达到国际领先水平。宝武太钢首创镍基合金型材用于华为海思芯片封接；316LN 不锈钢批量用于国家大科学装置；成功开发的沉淀硬化马氏体 SUS630 不锈钢冷轧板产品，破解了芯片、集成电路板等行业辅助成形材料的"卡脖子"难题；高等级磁轭钢产品替代进口，用于全球装机容量最大的白鹤滩水电站电机转子制造。华菱大力实施"高端+差异化"研发策略，持续推进产品升级换代，推进"华菱制造"迈向产业链、价值链中高端。

智能制造深入推进。成立了"钢铁行业智能制造联盟"，发布了 55 项钢铁行业智能制造解决方案。13 家企业应用案例入围工信部"2021 年工业互联网平台创新领航应用案例入围名单"。中国钢研获批建设智能制造标准试验验证公共服务平台项目。中国宝武大力推进智慧制造，建成一批黑灯工厂、无人库区、数字车间，整体产业智慧化、智慧产业化水平显著提高。鞍钢"5G 工业专网+智慧炼钢"实现工业化应用。沙钢建立了"黑灯工厂"和智能车间。南钢建立了"一体化智造、经营、生态决策"智慧运营中心，初步实现横向到边、纵向到底的多专业、多领域高效协同、辅助决策。河钢唐钢自主研发的"5G 智能库区"正式投入使用。华菱湘钢进一步加强与华为公司等战略合作，上线的棒材 AI 表面检测系统等 13 个新一批智能制造项目正式服务生产。新余钢铁打造一批人工智能与钢铁深度融合的典型示范项目。建龙抚顺新钢铁打造"工业互联网+智慧钢铁"数字化转型发展新模式，并受邀在 2021 全球工业互联网大会主会场分享经验。

十一、兼并重组持续推进，产业链、供应链水平进一步提升

从产业集中度看，2021 年粗钢产量排前 10 位的钢铁企业分别是中国宝武、鞍钢集团、沙钢集团、河钢集团、建龙集团、首钢集团、山钢集团、华菱集团、德龙集团、方大钢铁。

2021 年，兼并重组持续推进。鞍钢重组本钢，成为国内第二大、世

界第三大钢铁集团，进一步促进形成产业发展新格局；中国宝武重组昆钢并与山东省国资委签订重组山钢集团协议，重组后宝武产能规模有望达到 1.5 亿吨；沙钢混改安阳华诚等 5 家企业；普阳钢铁重组邢钢等；唐山德龙与九江线材进行重组。企业兼并重组促进了产业集中度的进一步提高，钢产量排名前 10 位的钢铁企业合计产钢 4.28 亿吨，占全国钢产量比重为 40.31%，占比较上年提升 2.26 个百分点；钢产量排名前 20 家钢铁企业钢产量合计 5.67 亿吨，占全国钢产量比重 53.69%，占比较上年提升 1.97 个百分点。

与此同时，钢铁产业链、供应链水平也进一步得到提升。中信特钢充分发挥公开资本市场融资便利优势，强化与上下游企业协作，增强产业链整体竞争优势；酒钢作为甘肃省高品质碳钢产业链、不锈钢产业链"链主企业"，通过协同稳链、项目延链、科技强链、招商补链等一系列措施，加快构建现代产业体系。

（本章撰写人：谢聪敏，中国钢铁工业协会）

第 2 章
2021 年中国钢铁市场供需情况

一、2021 年中国钢铁市场供需概况

2021 年，钢铁行业在有效保障下游行业钢材需求的前提下，整体运行呈现前高后低走势，在粗钢限产、进出口税收调整等政策调控下，全年钢铁市场供需总体同步下降，保持动态平衡。

（一）粗钢产量同比下降，前高后低

2021 年全国粗钢产量为 10.35 亿吨，同比下降 2.8%。其中钢协重点统计钢铁企业产量 8.36 亿吨，同比增长 0.32%；其他企业产量 1.99 亿吨，同比下降 14.2%。全年粗钢生产表现出前高后低的特点，上半年，受国内外需求拉动，全国累计粗钢产量 5.63 亿吨，同比增长 11.80%，创同期历史高点；下半年，随着国家调控政策的落实，钢铁产量快速回落，累计 4.72 亿吨，同比下降 15.9%。从日产水平来看，2021 年全国粗钢平均日产水平为 283.6 万吨，较 2020 年日产水平下降 7.4 万吨（图 2-1）。

（二）钢材产量略有增长，各品种表现不一

2021 年全国钢材产量 13.37 亿吨，同比增长 0.9%。主要钢材品种中，钢筋产量为 2.52 亿吨，同比下降 4.8%；中厚宽钢带产量为 1.79 亿吨，同比增长 4.3%；线材产量为 1.56 亿吨，同比下降 7.2%；焊接钢管产量为 0.59 亿吨，同比下降 3.7%；冷轧薄宽钢带产量为 0.45 亿吨，同比增长 11.6%。

2021 年重点统计钢铁企业钢材产量前 5 位的品种为钢筋、中厚宽钢

图 2-1　全国铁钢材日产量变化

（数据来源：国家统计局）

带、线材（盘条）、冷轧薄宽钢带和热轧薄宽钢带，产量分别为 1.85 亿吨、1.52 亿吨、1.08 亿吨、0.52 亿吨和 0.48 亿吨。增产量前 5 位的品种为中厚宽钢带、冷轧薄宽钢带、热轧薄宽钢带、镀层板（带）和电工钢板（带），增长量分别为 810 万吨、595 万吨、589 万吨、275 万吨和 160 万吨；增幅前 5 位的品种为涂层板（带）、电工钢板（带）、热轧薄宽钢带、冷轧薄宽钢带和镀层板（带），增幅分别为 16.5%、15.4%、14.0%、12.8% 和 11.8%。减产量前 5 位的品种为钢筋、线材（盘条）、热轧窄钢带、特厚板和铁道用钢材，减少量分别为 1013 万吨、418 万吨、147 万吨、107 万吨和 54 万吨；降幅前 5 位的品种为冷轧薄板、铁道用钢材、特厚板、焊接钢管和钢筋，降幅分别为 21.8%、14.8%、9.8%、6.5% 和 5.2%（表 2-1）。

表 2-1　2021 年重点统计钢铁企业主要钢材品种产量　　　万吨，%

钢材品种	2021 年	2020 年	增减量	同比增长
铁道用钢材	310	364	-54	-14.8
大型型钢	1650	1633	17	1.0
中小型型钢	783	705	78	11.1

钢材品种	2021 年	2020 年	增减量	同比增长
棒材	4370	4348	22	0.5
钢筋	18515	19528	−1013	−5.2
线材（盘条）	10752	11170	−418	−3.7
特厚板	983	1090	−107	−9.8
厚钢板	3396	3337	59	1.8
中板	3655	3603	52	1.4
中厚宽钢带	15210	14400	810	5.6
热轧薄板	7	7	0	0.0
热轧薄宽钢带	4804	4215	589	14.0
冷轧薄板	111	142	−31	−21.8
冷轧薄宽钢带	5246	4651	595	12.8
镀层板（带）	2613	2338	275	11.8
涂层板（带）	254	218	36	16.5
电工钢板（带）	1197	1037	160	15.4
热轧窄钢带	2671	2818	−147	−5.2
冷轧窄钢带	8	8	0	0.0
无缝钢管	1102	1016	86	8.5
焊接钢管	172	184	−12	−6.5
其他钢材	514	468	46	9.8

数据来源：中国钢铁工业协会。

（三）粗钢表观消费量同比下降

2021 年我国粗钢表观消费量为 9.94 亿吨，同比下降 5.2%。月度表观消费量逐月下降，至年底有所反弹，1-5 月各月粗钢表观消费量均实现正增长，其中 3 月增幅最高；6 月开始表观消费量同比下降，其中 9 月、10 月降幅最大（表 2-2、图 2-2）。

表 2-2　2021 年粗钢表观消费量　　　　　　　　万吨

项目	2021 年	2020 年	增减	同比/%
粗钢产量	103524	106477	−2953	−2.8
钢材进口量	1427	2024	−597	−29.5
钢材出口量	6690	5369	1321	24.6
钢坯进口量	1372	1833	−461	−25.2
粗钢净出口	4090	1643	350	23.4
粗钢表观消费量	99434	104834	−5400	−5.2

数据来源：国家统计局，海关总署。

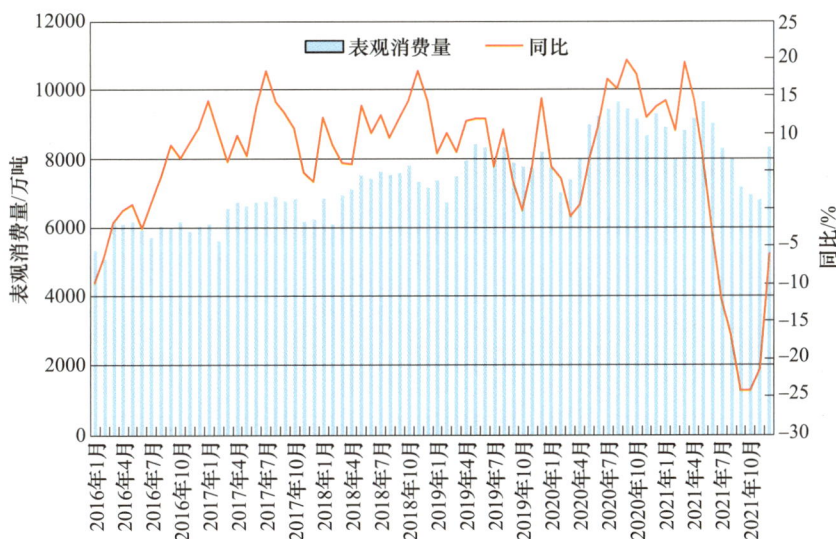

图 2-2　2016-2021 年粗钢表观消费量变化情况
（数据来源：中国钢铁工业协会）

2021 年我国日均折合粗钢表观消费量 272 万吨，月度日均折合表观消费量与粗钢日均产量变化趋势一致，均呈现前高后低走势，月度日均粗钢产量峰值在 4 月，为 326 万吨，月度日均粗钢表观消费量峰值在 5 月，为 311 万吨（图 2-3）。

（四）钢材库存变化情况

1. 社会库存

钢协监测的 2021 年 20 个城市 5 大品种钢材社会库存变化情况如图

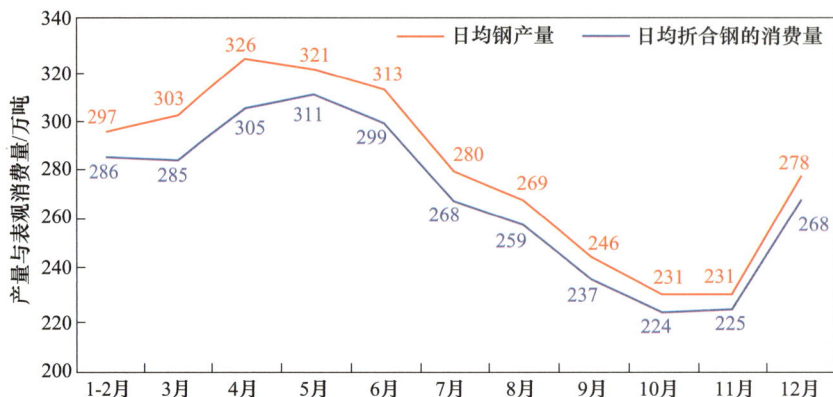

图 2-3　2021 年月度日均粗钢产量与表观消费量变化情况

2-4 所示。2021 年底国内主要城市五大品种社会库存为 776 万吨，环比减少 8 万吨，下降 1.0%；比 2021 年初增加 46 万吨，上升 6.3%；比 2020 年底增加 46 万吨，上升 6.3%。2021 年钢材社会库存旬度变化趋势与 2020 年基本一致，3 月上旬社会库存达到峰值 1827 万吨，随后波动下行。

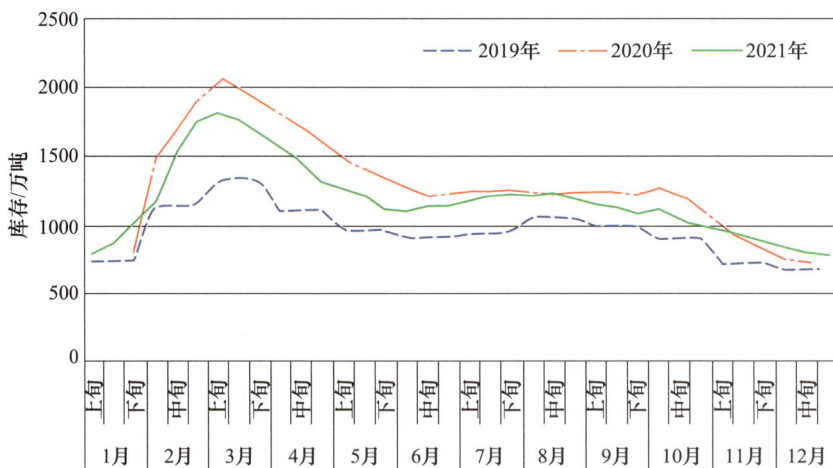

图 2-4　2019-2021 年 20 个城市钢材社会库存
（数据来源：中国钢铁工业协会）

从五大钢材品种库存来看，库存量最大的是螺纹钢，为 298 万吨，与 2020 年底比较，除中厚板外其他各品种库存量均有所上升，增量最大的是热轧板卷，增加 21 万吨，上升 15.8%；其次是冷轧板卷，增加 18 万吨，上升 19.4%；中厚板库存减少 3 万吨，下降 3.2%（表 2-3）。

表 2-3　2021 年钢材社会库存品种构成及增长率　　　万吨,%

品种	2021 年底	2020 年底	增减量	同比
热轧板卷	154	133	21	15.8
冷轧板卷	111	93	18	19.4
中厚板	90	93	−3	−3.2
线材	123	119	4	3.4
螺纹钢	298	292	6	2.1
合计	776	730	46	6.3

数据来源：中国钢铁工业协会。

2. 企业库存

从 2021 年钢铁企业库存走势看，库存变化逐步恢复常态，波动幅度较 2020 年有所收窄。3 月上旬钢材库存达历史峰值 1788 万吨，峰值较 2020 年减少 353 万吨，下降 16.5%，此后钢材库存波动下行。12 月底企业库存量为 1130 万吨，较上年同期减少 32 万吨，下降 2.8%。2021 年钢铁企业各月库存总体走势与往年基本保持一致（图 2-5）。

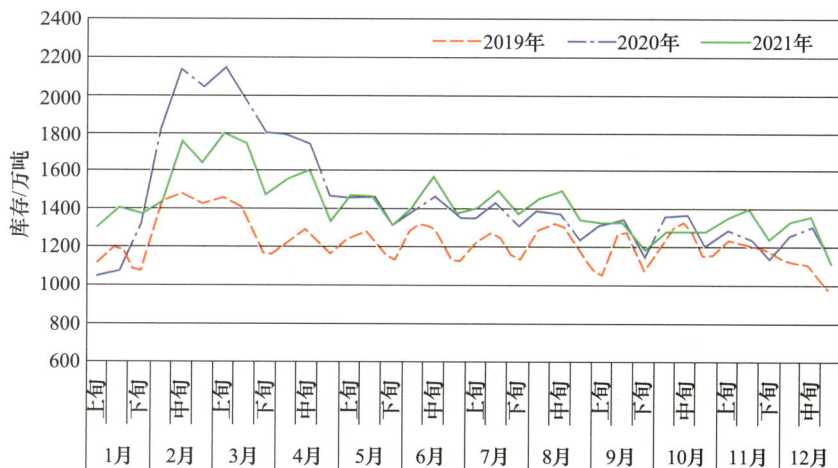

图 2-5　2019-2021 年大中型钢铁企业库存情况

（数据来源：中国钢铁工业协会）

（五）2021 年钢材销售区域情况

2021 年钢协会员企业销售钢材 7.54 亿吨，产销率为 99.3%，较上年下降 0.1 个百分点，其中出口钢材 2150 万吨，占钢材销售总量的 2.8%，与上年持平。

从钢材销售地区流向来看，华东依然是钢材消费量最多的区域，比重占到 41.7%，中南、华北地区位居第二、第三位，占比分别为 19.7% 和 18.4%。西南、东北、西北占比较少，占比分别为 8.5%、4.6%、4.2%。比较近两年各区域销售占比变化情况可以发现，2021 年华东地区占比增加明显，较上年提升 1.2 个百分点，西北地区占比小幅提升 0.2 个百分点，其他区域占比均有不同程度下降。出口占比没有明显变化。

二、2020 年钢铁下游行业运行及钢材需求情况

从下游需求来看，前高后低特点明显，特别是下半年下游需求与粗钢产量呈现双双回落局面，形成良好动态适配格局。上半年受房地产和出口市场拉动，下游需求大幅增长，下半年房地产和基建投资快速下行，出口增速下降，钢材下游总体需求随之下降，其中建筑业降幅大于制造业。分行业来看，建筑业超预期下行，其中房地产行业投资和销售面积增速逐月下降，新开工面积和土地购置面积连续减少，降幅扩大；基建行业投资增速下降，铁路固定资产投资、专项债发放规模和进度均低于 2020 年同期。制造业总体保持增长态势，增速持续下降，特别是下半年出口拉动作用呈现减弱趋势，其中机械行业增加值保持平稳增长，各子行业有升有降；汽车产量同比小幅增长，其中乘用车产量增长，商用车产量下降；船舶行业进入新一轮增长周期，三大指标均同比增长，其中新承接订单量大幅增长；家电行业实现小幅增长，外销好于内需；集装箱产量呈现大幅增长局面。

据测算，2021 年我国主要用钢行业钢材实际消费共约 9.4 亿吨，比上年下降 5%。

（一）建筑业

2021 年，房地产行业运行前高后低，一路下行，主要指标增速下降或同比下降，在"房住不炒"方向下，"三道红线""两集中"等多重限制使资金环境偏紧，恒大等知名房企爆雷，严重打击了市场信心和预期；基建投资增速逐月下降，专项债发放和铁路投资进度不及往年。综合来看，建筑业总体呈下行态势，钢材消费量同比下降。

1. 房地产行业运行情况

（1）房地产开发投资增速逐月回落。2021 年房地产行业前高后低，投资增速逐月回落，特别是三季度后加速下滑。2021 年全国房地产开发投资 147602 亿元，同比增长 4.4%，其中，住宅投资 111173 亿元，增长 6.4%（图 2-6）。

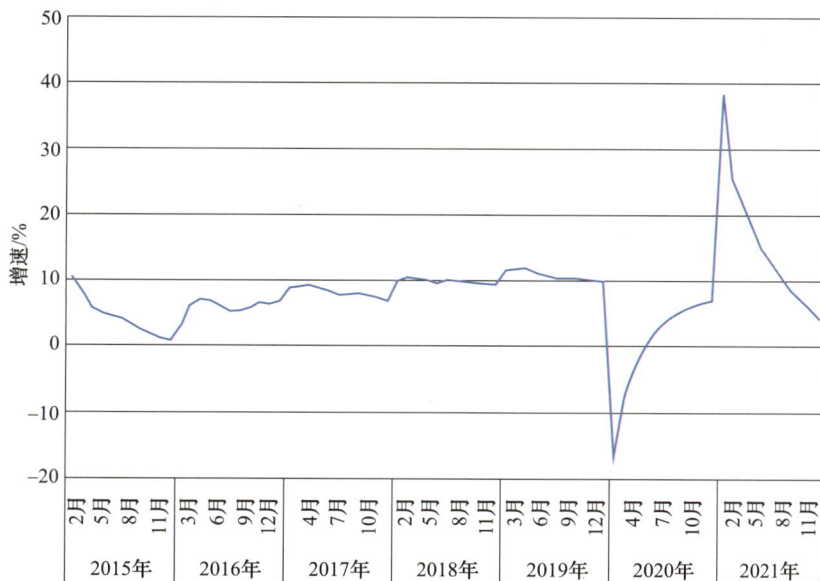

图 2-6　2015-2021 年全国房地产开发投资增速

分地区看，除东北地区投资增速小幅下降外，其他各地区均保持一定增长，其中中部地区增速最高。2021 年，东部地区房地产开发投资 77695 亿元，比上年增长 4.2%；中部地区投资 31161 亿元，增长 8.2%；西部地区投资 33368 亿元，增长 2.2%；东北地区投资 5378 亿元，下降 0.8%。

（2）房屋施工面积保持同比增长、新开工面积持续下降。房地产施工面积增速较为平稳，2021 年呈波动下降态势，全年施工面积为 97.5 亿平方米，同比增长 5.2%，达历史同期最高规模。其中，住宅施工面积 69.0 亿平方米，增长 5.3%。房屋新开工面积上半年增长，下半年下降，降幅持续扩大，全年新开工面积 19.9 亿平方米，同比下降 11.4%。其中，住宅新开工面积 14.6 亿平方米，下降 10.9%。房屋竣工面积 10.1 亿平方米，同比增长 11.2%，其中住宅竣工面积 7.3 亿平方米，同比增长 10.8%（图 2-7）。

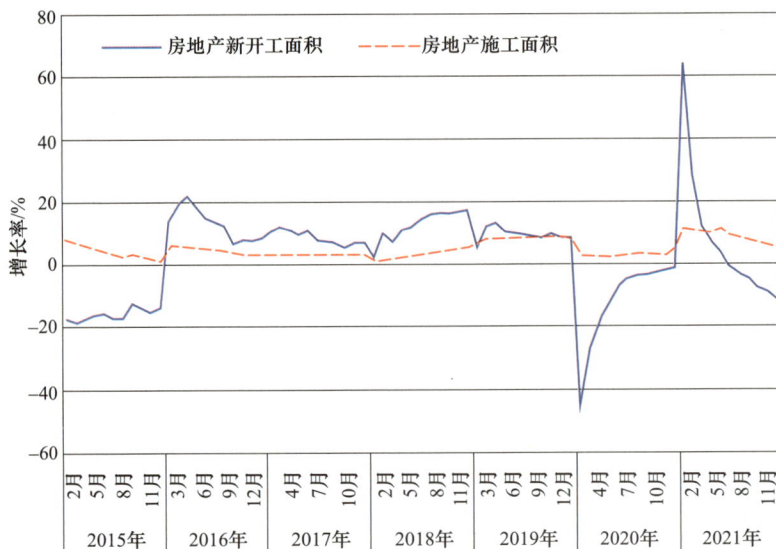

图 2-7　近年来全国房地产开发企业房屋施工和新开工面积增长情况

（3）土地购置面积降幅扩大，土地供应向重点城市集中。 2021 年"两集中"政策影响下宅地供求明显缩量，成交面积为近四年同期最低水平，下半年土地市场降温明显，溢价率下降，流拍撤牌率增加。全年房地产开发企业土地购置面积 2.2 亿平方米，同比下降 15.5%，土地成交价款 17756 亿元，同比增长 2.8%（图 2-8）。

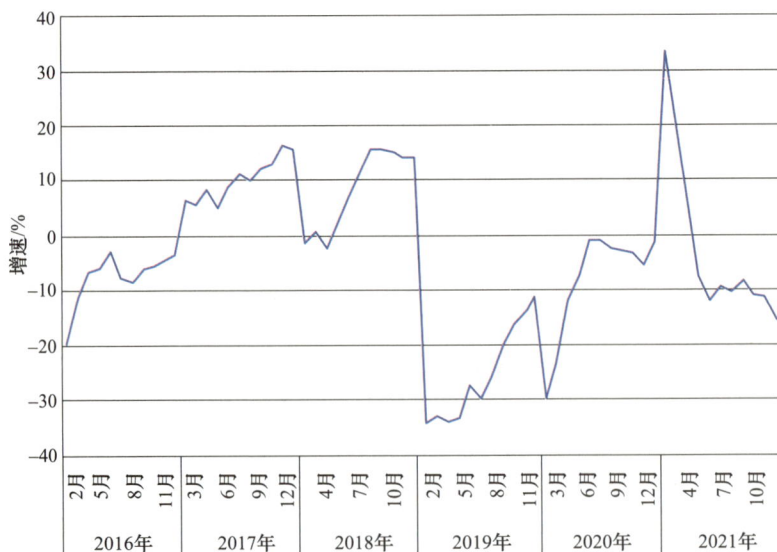

图 2-8　2016-2021 年房地产开发企业土地购置面积增速情况

土地向重点城市集中。受供地"两集中"和"三道红线"影响，企业资金压力和回款压力加大，土地市场偏冷。整体来看，2021 年土地供求规模较 2020 年同期出现较大幅度下降，土地供应向重点城市集中，一线城市住宅土地供应规模占比增长。

（4）商品房销售面积保持增长，增速下降。 2021 年，商品房销售面积 17.9 亿平方米，同比增长 1.9%，增速逐月回落。其中，住宅销售面积增长 1.1%，办公楼销售面积增长 1.2%，商业营业用房销售面积下降 2.6%。商品房销售额 181930 亿元，增长 4.8%，其中，住宅销售额增长 5.3%，办公楼销售额下降 6.9%，商业营业用房销售额下降 2.0%。

2. 基础设施建设情况

（1）基础设施投资略有增长，地方债发行量创新高。 2021 年，我国基础设施投资（不含电力、热力、燃气及水生产和供应业）同比增长 0.4%。其中，水利管理业投资增长 1.3%，公共设施管理业投资下降 1.3%，道路运输业投资下降 1.2%，铁路运输业投资下降 1.8%（图 2-9）。

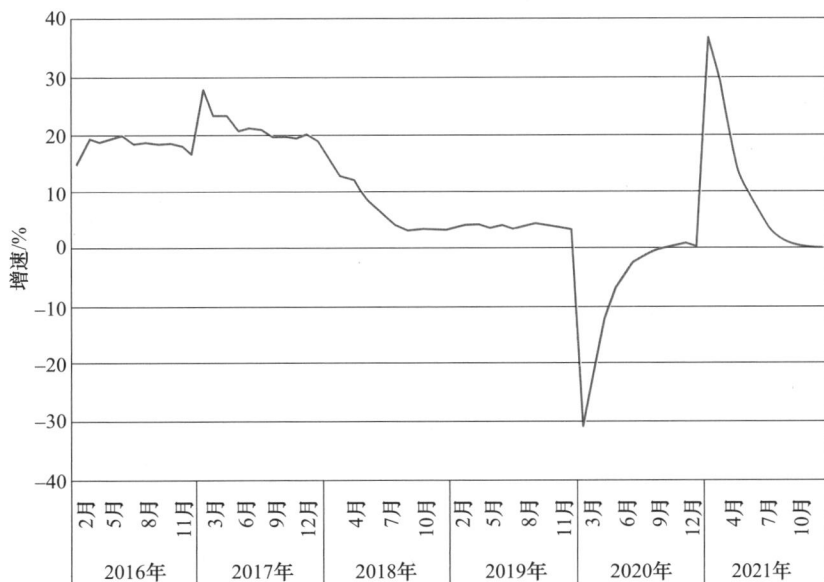

图 2-9　2016-2021 年全国基础设施建设投资增速

2021 年，我国共发行地方政府债券 74898 亿元，其中一般债券 25669 亿元、专项债券 49229 亿元，规模同比均有所扩大，平均发行利率略有下降。全国发行新增债券 43709 亿元，其中一般债券 7865 亿元、专项债券 35844 亿元；全国发行再融资债券 31189 亿元，其中一般债券 17804 亿元、专项债券 13385 亿元。从总量上看，一般债券、专项债券规模均较 2020 年有所扩大。相比 2020 年，2021 年再融资债券总额及再融资专项债券发行额分别增加了 12276 亿元、7999 亿元。分季度看，一季度经济恢复态势较好，总体债券发行节奏适当放缓；下半年，面对新的经济下行压力，加快地方债券特别是专项债券发行使用，地方新增专项债券占全年专项债券发行总额的 70% 以上，第四季度专项债券安排的支出约占全年支出总额的 50%，带动扩大了有效投资。从利率来看，近几年，地方政府债券平均发行利率有下降趋势，也在一定程度上减轻了财政负担，降低了地方政府债务融资成本，维持了财政的可持续性。2021 年，我国地方政府债券平均发行利率为 3.36%，其中专项债券平均利率为 3.41%，分别较 2019 年、2020 年均有所下降。

（2）铁路投资与建设规模小幅下降。2021 年，全国铁路完成固定资产投资 7489 亿元，同比下降 4.2%。月度固定资产投资呈"U"形分布，年初投资同比增长，自 5 月开始，出现下降态势，上半年投资同比减少 8.3%，前三季度同比减少 7.2%，全年收窄至 4.2%，其中 11 月完成投资 731 亿元，12 月完成 1069 亿元同比增长均超 10%。2021 年铁路新开通里程继续下降，投产新线 4208 公里，其中高铁 2168 公里，铁路与高铁新线投产里程较 2020 年分别减少 14.7% 和 25.2%（图 2-10）。

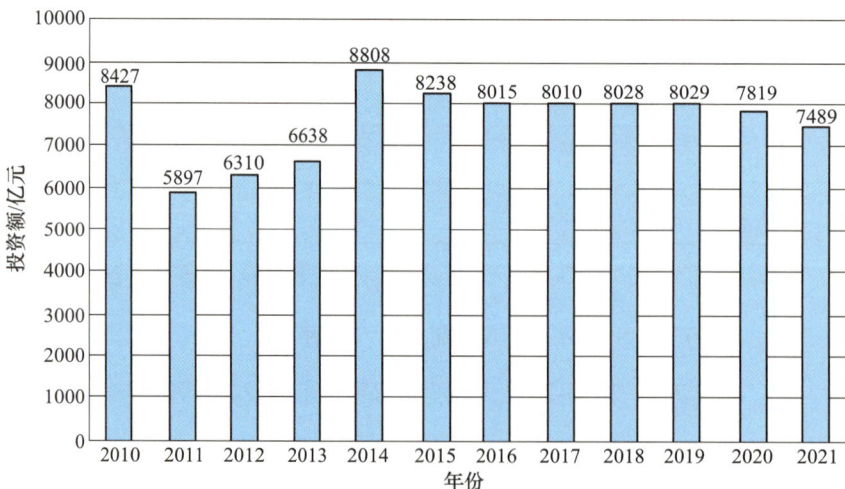

图 2-10　2010-2021 年铁路固定资产投资完成情况

（3）公路水路投资实现较快增长。2021 年我国完成公路水路交通固定资产投资约 2.7 万亿元，其中公路投资超 2.6 万亿元，同比增长约 5%。全年新改扩建高速公路超过 9000 公里；重大工程建设加快推进，川藏铁路及配套公路、引江济淮航运工程、连云港 30 万吨级航道二期工程等重大项目建设有序推进，京哈高铁、京新高速公路全线贯通，西藏首条电气化铁路开通运营。完成脱贫地区公路投资超过 8000 亿元，推动交通建设项目更多向进村入户倾斜；推动"四好农村路"高质量发展，深入推进农村客货邮融合发展，建成 1300 余个融合站点、900 余条合作线路。全年新改建农村公路超过 16 万公里；新增及改善高等级航道约 1000 公里。多式联运示范工程深入实施，完成集装箱多式联运量 620 万标准箱，开通联运线路 450 条。完成港口集装箱铁水联运量 751 万标准箱（图 2-11）。

图 2-11　2015-2021 年公路水路固定资产投资完成情况

（4）机场建设保持稳定增长。2021 年，我国民航固定资产投资完成额 1150 亿元，同比增长 6.4%，超额完成年度投资目标。民航"三中心"正式投运，沪蓉大通道正式贯通，京广大通道南段空域优化调整取得突破性进展，中俄联合体全球空间中心正式投入运行。全年运输总周转量 857 亿吨公里，较 2020 年增长 58.5 亿吨公里。民航通航机场数量达 251 个，比 2020 年增加 9 个，保持稳定增长；民航旅客运输量达到 4.4 亿人次，同比提高 5.5 个百分点，民航货邮运输量 732 万吨，较 2020 年增长 55.4 万吨。在地区分布上，东北、华东、华北和中南地区机场数量占全国机场总数量近 85%。

（5）轨道交通建设保持快速增长。2021 年，共计新增城轨交通运营线路长度 1222.92 公里。新增运营线路 39 条，新开既有线路的延伸段、后通段 23 段。新增 1222.92 公里的城轨交通运营线路共涉及 8 种制式，其中，地铁 971.93 公里，占比 79.48%；市域快轨 133.15 公里、跨座式单轨 46.31 公里、有轨电车 38.73 公里、导轨式胶轮系统 15.4 公里、电子导向胶轮系统 14.0 公里、轻轨 2.2 公里、磁浮交通 1.2 公里。中国内地累计有 50 个城市投运城轨交通线路 9192.62 公里，其中地铁 7253.73 公里。2021 年当年新增洛阳、嘉兴、绍兴、文山州、芜湖五个城轨交通运营城市。预计全年全国城市轨道交通客运量 237 亿人次，同比增长 34.8%；目前我国地铁在城市轨道交通运营线路中占比最高，总比重高达 79%，其次为快轨、现代有轨电车、轻轨、单轨、磁悬浮、APM 等（图 2-12）。

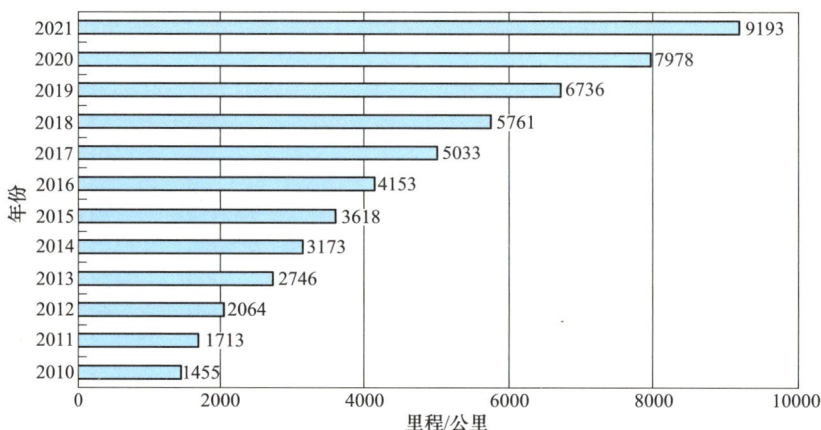

图 2-12　2010-2021 年城市轨道交通里程情况

2021 年，国家发展改革委共批复佛山、青岛、无锡三市的新一轮城市轨道交通建设规划，以及厦门、深圳、福州、南昌四市的轨道交通建设规划调整方案。以上项目建设规划线路长度共计 719 公里，新增投资额共 6857 亿元（表 2-4）。

表 2-4　2021 年重大轨道交通项目获批统计汇总

城市	城执项目	投资金额/亿元	线路全长/公里	车站/座
宁波	宁波市城市轨道交通第三期建设规划（2021-2026 年）	875.9	210.5	—
济南	山东省济南市城市轨道交通第二期建设规划（2020-2025 年）	1154.4	159.6	—
佛山	佛山市城市轨道交通第二期建设规划（2021-2026 年）	772.1	115.8	—

城市	城执项目	投资金额/亿元	线路全长/公里	车站/座
青岛	青岛市城市轨道交通第三期建设规划（2021-2026 年）	980.7	370.7	—
无锡	无锡市城市轨道交通第三期建设规划（2021-2026 年）	480.7	232.5	—
深圳	深圳地铁 12 号线二期工程	90.9	8.1	6
	深圳地铁 16 号线二期	110.0	9.4	8
	深圳地铁 6 号线支线二期	37.3	4.9	3
南昌	南昌轨道交通 2 号线东延	106.8	10.4	9
	南昌轨道交通 1 号线东延	24.6	4.4	2
	南昌轨道交通 1 号线北延	109.5	17.0	8
上海	上海轨道交通市域线嘉闵线工程	371.0	44.0	15
	上海轨道交通 13 号线西延伸工程	136.2	9.5	5
重庆	重庆轨道交通 1S 号线二期工程	226.6	32.8	11
	重庆地铁 24 号线一期工程	152	18.9	12
合肥	合肥轨道交通 8 号线一期	166.5	22.5	12
南京	南京地铁 11 号线一期工程	234.4	26.7	20
北京	北京轨道交通 13 号线扩能提升工程	366	29.0	—
徐州	徐州城市轨道交通 4 号线一期工程	184.7	26.2	19
长沙	长沙市轨道交通 7 号线一期工程	165.6	17.3	16
武汉	武汉市轨道交通 S 号线工程	15.2	2.6	2
广州	广州南沙站综合交通枢纽地铁预留工程项目	5	—	—
	广州白云机场 T3 交通枢纽轨道交通	91.9	—	—

3. 建筑业用钢情况

建筑行业是我国钢材消费量最大的行业，占钢材消费总量约 55%，使用钢材品种主要为钢筋、线材、型材、钢结构用板材等，近年来，钢结构应用增加带动建筑用板材和型材需求量增长。

钢结构建筑发展前景广阔。住建部在 2020 年 8 月发布了《钢结构住宅主要构件尺寸指南》，2021 年 1 月 1 日起执行，为钢结构住宅的设计、制作、施工和运维提供了标准化指引。在 12 月的年度工作会议上强调要大力推广钢结构建筑，鼓励钢结构农房建设。过去 10 年钢结构行业以

12%的年均增速增长，预计 2021 年钢结构用钢量超 9000 万吨，未来在住宅、桥梁、医院、学校、海工等的应用中仍有较大的增长空间，如果未来钢结构用钢量占粗钢产量的比例达到发达国家水平，则钢结构用钢需求增量空间约为 5000 万吨。

2021 年建筑业整体低迷，其中房地产行业超预期下行，新开工面积连续下降，基建行业投资降速。钢筋占建筑用钢总量比重接近 50%，钢筋产量与新开工面积变化趋势保持较高的一致性，近年来钢筋产量与房屋新开工面积变化情况见图 2-13。预计 2021 年建筑业钢材需求约 5.24 亿吨，同比减少约 9%。

图 2-13　2011-2021 年钢筋产量与房屋新开工面积变化情况

（二）机械行业

2021 年国家宏观经济形势总体稳定，工业企业持续稳定恢复，机电产品出口量实现较大幅度增长。机械工业经济运行虽遇疫情散发、芯片短缺、原材料价格高涨、电力供应紧张等多种困难影响，但全行业经济运行总体平稳，产品生产基本稳定。全年经济运行态势"前高后低"，一季度高位运行，二季度逐月下滑，三季度下滑幅度加大，四季度趋向平稳，年底出现翘尾；年度主要经济指标增幅超出预期。

1. 机械行业运行情况

（1）工业增加值实现较快增长。2021 年机械工业增加值同比增长 10%，高于同期全国工业和制造业 0.4 和 0.2 个百分点；机械工业增加值两年平均增速为 8%，高于全国工业和制造业 1.9 和 1.4 个百分点（图 2-14）。

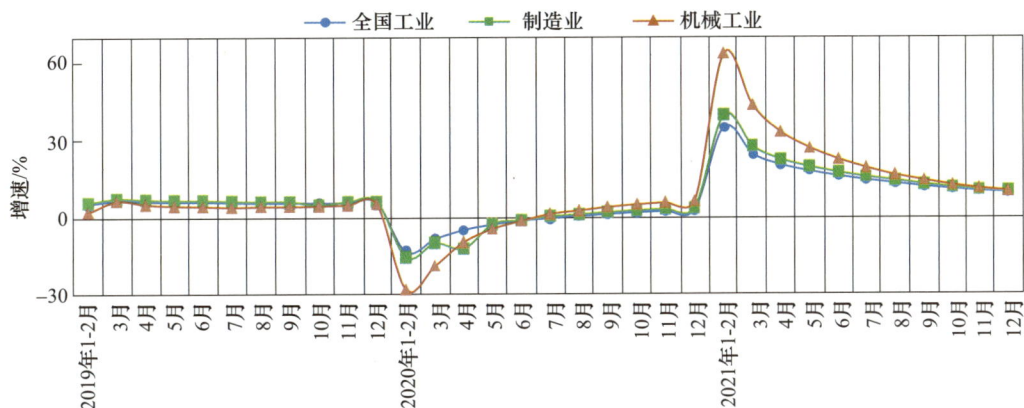

图 2-14　2019-2021 年机械工业与全国工业、制造业增加值增速比较

机械工业主要涉及的 5 个国民经济大类中通用设备、专用设备、汽车、电气机械及器材和仪器仪表制造业增加值同比分别增长 12.4%、12.6%、5.5%、16.8%和 12%；主要涉及的 51 个行业中类里 45 个行业增加值实现增长（图 2-15）。

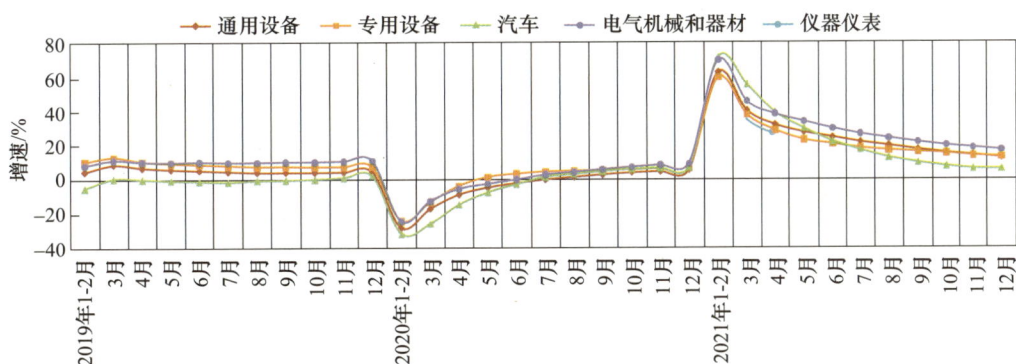

图 2-15　2019-2021 年机械工业分行业增加值增速比较

（2）产品产量累计同比多数保持增长。2021 年机械工业重点监测的 121 种主要产品中，产量累计同比增长的产品有 94 种，占比 77.7%；产量同比下降的产品有 27 种，占比 22.3%。

机械工业主要产品生产呈现以下特点：一是包装机械生产旺盛，包装专用设备、金属集装箱等产品产量继续高速增长。二是工程机械类产品经过多年快速增长后，产销增速逐步回归，挖掘机、装载机、混凝土机械、叉车等产品增速继续放缓。三是农业机械产品生产渐趋平稳，主要产品增速继续放缓。四是机床类产品出现恢复性增长，金切机床、数控机床、数控装置、工业机器人均较快增长。五是与上游能源、原材料类行业密切相关的石化、通用、金属冶炼、轧制设备、多数电工产品保持较快增长。六是汽车产销当月环比继续回升，同比仍为下降，新能源汽车再创新高。七是受汽车行业同比下滑影响，汽车用发动机、弹簧、齿轮、模具等产品产量同比均下降。

（3）效益指标实现两位数增长。 2021 年机械工业累计实现营业收入 26 万亿元，同比增长 15.6%，两年平均增长 9.9%（图 2-16）。

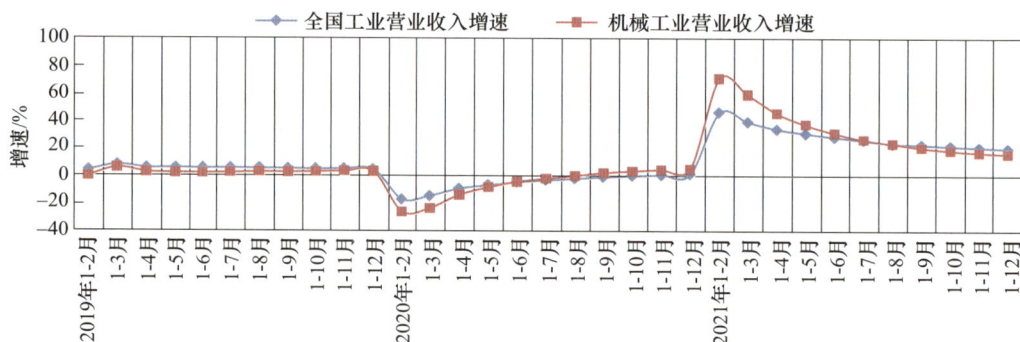

图 2-16　2019-2021 年机械工业与全国工业营业收入增速比较

机械工业实现利润总额 1.61 万亿元，同比增长 11.64%，两年平均增长 11%；2021 年机械工业营业收入和利润总额增速分别低于全国工业 3.78 和 22.69 个百分点（图 2-17）。

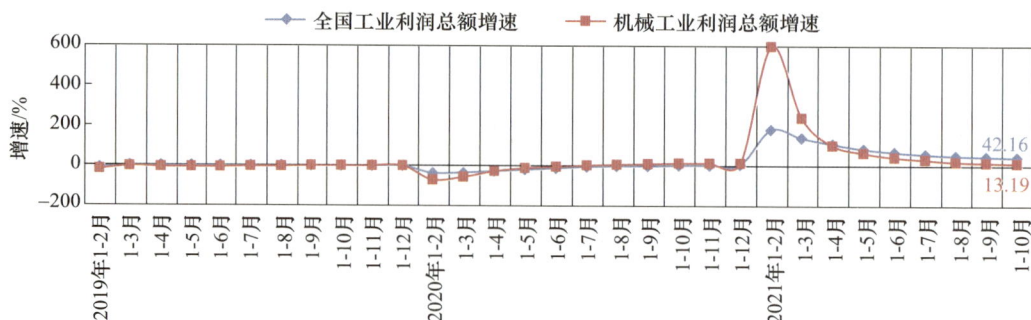

图 2-17　2019-2021 年机械工业与全国工业利润总额增速比较

（4）固定资产投资基本稳定。机械工业主要涉及的 5 个国民经济行业大类中通用设备、专用设备、电气机械及器材和仪器仪表制造业固定资产投资同比分别增长 9.8%、24.3%、23.3% 和 12%；汽车制造业固定资产投资同比下降 3.7%（图 2-18）。

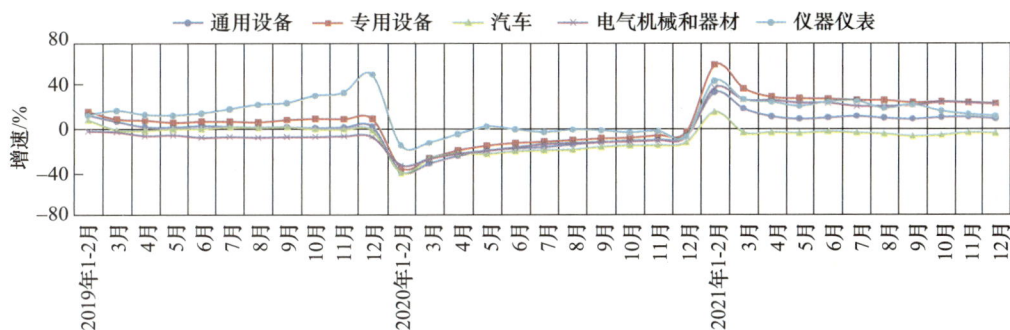

图 2-18　2019-2021 年机械工业主要大类行业固定资产投资增速

（5）对外贸易快速增长创历史新高。2021 年机械工业累计实现进出口总额 1.04 万亿美元，首次突破 1 万亿美元大关；出口总额 6765 亿美元，同比增长 33.7%；进口总额 3621 亿美元，同比增长 13.5%；实现贸易顺差 3144 亿美元，同比增长 168%，创历史新高（图 2-19）。

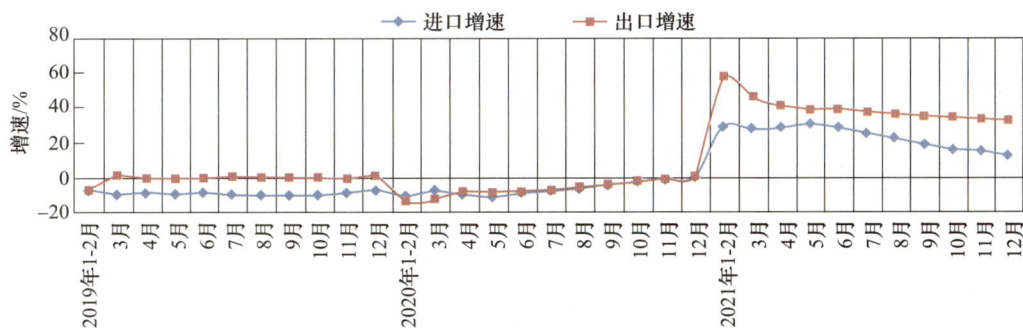

图 2-19　2019-2021 年机械工业累计进口、出口增速

（6）主要原材料价格维持高位，推升机械行业成本。2021 年 12 月，全国工业生产者出厂价格同比上涨 10.3%，环比下降 1.2%；工业生产者购进价格同比上涨 14.2%，环比下降 1.3%。2021 年全年，工业生产者出厂价格比上年上涨 8.1%，工业生产者购进价格上涨 11.0%。工业生产者购进价格中，燃料动力类价格上涨 35.5%，化工原料类价格上涨 20.5%，

有色金属材料及电线类价格上涨 19.0%，黑色金属材料类价格上涨 14.0%。工业采购成本和出厂价格仍在高位。涨幅较大的主要是上游燃料、动力、原材料类行业，煤炭、石油、化工、建材、黑色金属、有色金属等行业价格均在高位。机械工业议价能力弱、价格传导能力不足，上游主要原材料价格在高位再次快速上涨必将进一步推升机械行业成本、影响企业效益。虽然二季度以来机械工业出厂价格指数也开始上涨，但涨幅十分微弱且相对滞后。前三个月，机械工业出厂价格指数仍同比下降，直至 4 月才由负转正，至 11 月份同比增幅仅升至 2.8%，远远低于同期原材料购进价格指数和原材料行业出厂价格指数的增幅。国家统计局数据显示，机械工业利润总额当月增速大幅回落，3 月增速为 94.1%，4 月回落至 3.7%，5 月为 2.0%，6 月增速由正转负同比下降 9.84%，7 月、8 月两月降幅均超过 20%，9 月降幅收窄至 4.8%，10 月降幅再加深至 11.6%。受原材料采购价格持续上行和成本结算周期影响，采购成本上涨对企业利润的影响预计将延续至 2022 年一季度。

（7）账款回收难略有改善但问题尤在。截至 2021 年末机械工业应收账款总额为 5.78 万亿元，同比增长 10.38%，占全国工业应收账款总额的三成。应收账款平均回收期是全国工业的 1.5 倍。专项调查中企业反映，2021 年使用票据结算的客户增多，46% 的企业应收票据总额出现上涨，其中 12% 的企业涨幅超过 10%。

（8）订货增速持续下滑、接续订单不足压力显现。机械工业重点联系企业数据显示，机械企业订货增速持续趋缓。累计订货额同比增速已由 3 月末高点的 41.39%，回落至年末的 2.22%。近期调查显示，61% 的被调查企业在手订单同比增长，58% 的被调查企业在手订单仅可满足 2022 年一季度的生产。海外市场订单趋缓明显，仅 28% 的企业在手海外市场订单增长，78% 的被调查企业在手海外订单仅可满足 2022 年一季度的生产。尽管有上年基数逐月抬高的影响，但仍反映了当前需求端增长持续放缓的情况。

2. 2021 年机械行业用钢情况

机械工业作为仅次于建筑行业的第二用钢大户，其钢材消费量占全部钢材消费总量的 20% 左右，机械行业用钢量较大的子行业主要有电工电器、石化通用设备、机械基础件、重型矿山设备、工程机械、农用机械等。消费的钢材几乎涉及所有品种和规格，随着重大技术装备的大型化，参数的极限化，具有耐高温、高压及抗辐射、腐蚀等特殊性能的钢材需求增加。据测算，2021 年机械行业钢材需求量约 1.88 亿吨，同比增长 1%。

（三）汽车行业

2021 年，我国汽车行业平稳运行，消费市场保持稳定，由于全球芯片供应紧张，汽车生产受到一定限制，新能源汽车表现抢眼、汽车出口快速增长、中国品牌乘用车市场份额大幅提升是行业运行的三大亮点。全年汽车制造业增加值保持增长，汽车产销量均超 2600 万辆，同比分别增长 3.4% 和 3.8%。新能源汽车表现突出，产销超 350 万辆，同比均增长 1.6 倍。2021 年汽车行业钢材需求量基本持平。

1. 汽车行业运行情况

（1）汽车产量同比增长，增速前高后低。2021 年，汽车制造业增加值同比增长 5.5%，增幅低于制造业平均增幅 4.3 个百分点，低于工业平均增幅 4.1 个百分点。2021 年我国汽车产量为 2608 万辆，同比增长 3.4%，累计增速呈逐月回落趋势（图 2-20）。

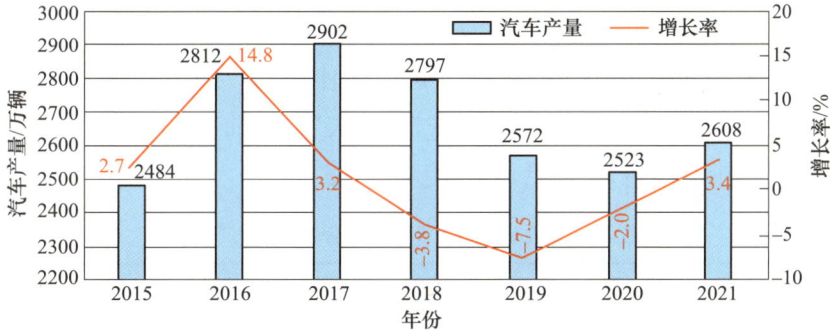

图 2-20　2015-2021 年汽车产量及增长情况

全年分月来看，除 2 月春节因素影响外，2021 年汽车月度产量呈"U"形走势，受疫情、芯片、季节等多重因素影响，8 月产量下探至 173 万辆的全年次低点和近年来同期低点，其后月度产量逐步回升。12 月汽车产量为 291 万辆，环比增长 12.5%，同比增长 2.4%，月度产量达近年来最高水平（图 2-21）。

（2）乘用车产量增长，货车拖累商用车产量下降。从汽车产量结构方面来看，2021 年，乘用车产量为 2141 万辆，同比增长 7.1%。2021 年以来，

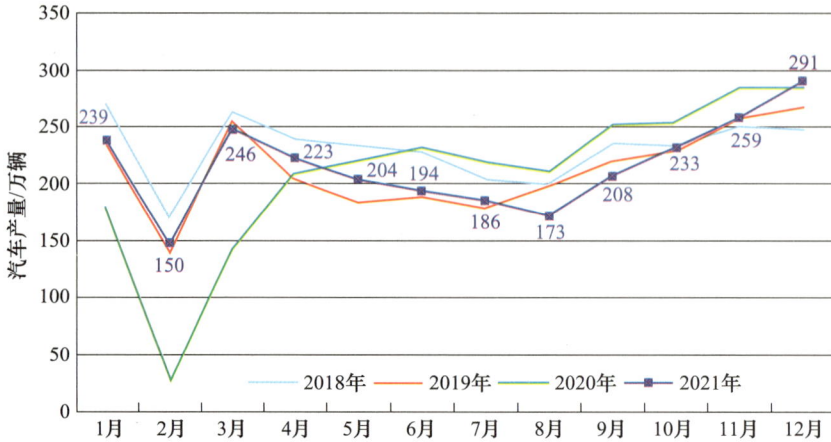

图 2-21　2018-2021 年汽车月度产量

乘用车需求平稳回升，但疫情和突发事件引起芯片厂停工事件，芯片供应不足问题在一定程度上限制了乘用车的生产供应。从细分车型来看，轿车和 SUV 好于总体水平，交叉型乘用车增速最低，仅为 0.6%；豪华乘用车市场好于乘用车整体水平，同比增长超 25%，市场渗透率有所提升。

2021 年，商用车产量为 467 万辆，同比减少 10.7%；12 月当月，商用车产量为 38 万辆，同比减少 25.3%，环比增长 7.7%。商用车受重型柴油车国五、国六排放法规切换、"蓝牌轻卡"及前期生产消费透支影响，整体呈现下降走势，月度产量波动较大（表 2-5）。

表 2-5　2021 年 12 月汽车分车型生产表　　　　　　　　　万辆,%

车型	12 月	环比	同比	1-12 月累计	累计同比
汽车产量	291	12.5	2.4	2608	3.4
乘用车	253	13.2	8.4	2141	7.1
轿车	118	15.9	13.2	991	7.8
MPV	13	22.2	2.4	107	6.1
SUV	117	9.4	4.8	1003	6.7
交叉型	5	22.2	3.2	40	0.6
商用车	38	7.7	−25.3	467	−10.7
客车	5	13.1	−19.6	51	12.2
货车	33	6.9	−26.1	417	−12.8

（3）销量增速高于产量，经销商库存处于历史低位。2021 年，汽车销量为 2627 万辆，同比增长 3.8%，增速高于产量 0.4 个百分点。从月度销量数据看，年初由于上年基数较低，销量大幅增长，受基数上升和芯片短缺对产量的限制，5 月后销量同比下降，12 月汽车销量为 279 万辆，环比增长 10.5%，同比减少 1.6%（图 2-22）。

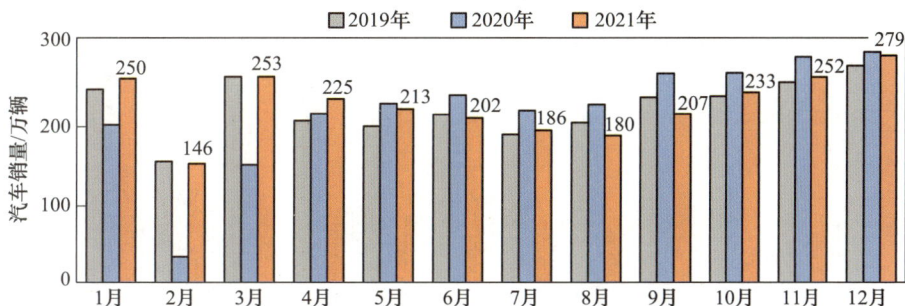

图 2-22　2019-2021 年中国汽车月度销量

2021 年以来，由于芯片供应持续紧张，汽车生产企业产量受限，大多以消耗库存的方式，满足市场需求，维持市场份额，从各月产销规模来看，2021 年中有 8 个月产量小于销量，侧面说明生产供给相对不足，库存持续消耗。12 月汽车经销商综合库存系数为 1.43，同比下降 20.6%，库存水平位于警戒线以下。12 月末，汽车企业库存量为 85 万辆，同比减少 24.2%，其中乘用车 55 万辆，商用车 30 万辆（图 2-23）。

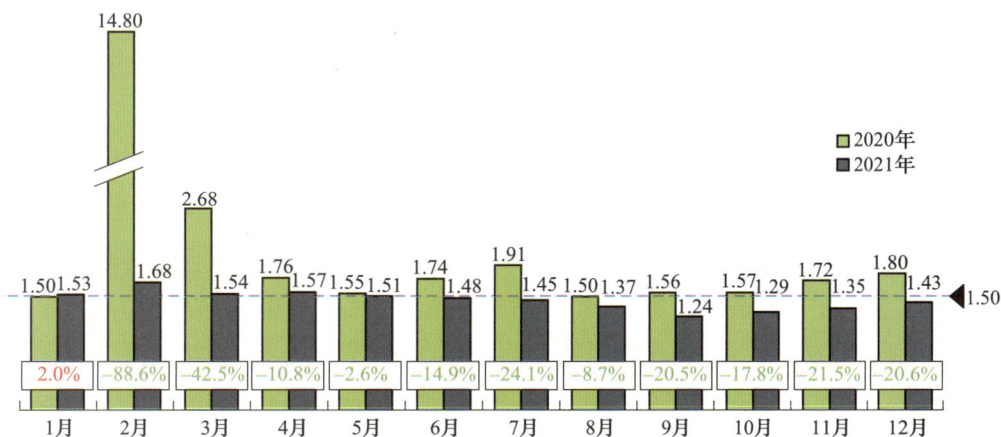

图 2-23　2020-2021 年汽车经销商综合库存系数

（4）汽车出口同比大幅增长。受国际市场的恢复、中国品牌竞争力提升等因素推动，2021年我国汽车出口市场表现出色，4月份以来，月度出口量连续刷新历史纪录。全年汽车企业出口汽车201.5万辆，同比大幅增长1倍，新能源汽车出口表现突出，2021年新能源汽车出口31万辆，同比增长3倍（图2-24）。

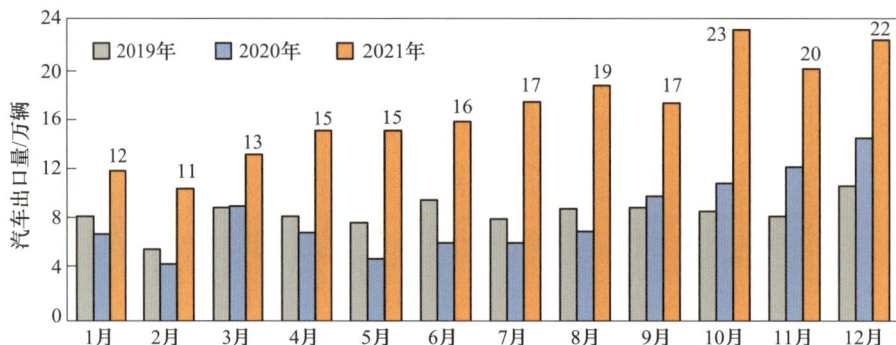

图2-24　2019-2021年汽车月度出口情况

（5）市场集中度小幅下降。2021年，汽车销量排名前十位的企业集团销量合计为2262万辆，占汽车销售总量的86.1%，低于上年同期1.8个百分点，销量同比增长1.7%，增幅低于行业平均增幅2.1个百分点（表2-6）。

表2-6　2021年我国汽车行业市场集中度情况

排名	销售量		集中度	
	万辆	同比/%	占比/%	同比/%
前10家	2262.1	1.7	86.1	−1.8
前5家	1658.5	−1.0	63.1	−3.0
前3家	1214.0	−4.4	46.2	−4.0

（6）新能源汽车产销大幅增长。2021年，新能源汽车是汽车行业运行的一大亮点，随着我国汽车市场结构转型，双积分政策实施和汽车行业的绿色低碳化发展，新能源汽车持续保持强势增长。各月均保持1倍以上增长水平，特别是6月以来，新能源汽车销量连续刷新历史纪录。伴随新能源汽车的高速增长，其各月的销量渗透率也逐渐提高。细分车型月度销量来看，乘用车增长明显快于商用车，纯电动增速略快于插电式混合动

力。全年新能源汽车生产完成 354.5 万辆，同比增长 1.6 倍；销售完成 352.1 万辆，同比增长 1.6 倍，实现快速增长。

2.2021 年汽车行业用钢情况

汽车行业是我国重点用钢行业之一，年用钢材量占钢材总消费的 6% 左右。薄板、中板、带钢、型钢、优质棒材、钢管、特殊合金钢等品种均被应用于汽车制造，汽车用板材约占汽车用钢总量的 70% 左右。

汽车用钢发展方向是轻量化、高强化及多元化。汽车行业的绿色低碳发展方向使新能源车比重不断提高，未来将继续大力发展新能源汽车，市场占有率还将进一步提升，其低能耗、高续航能力在一定程度上对应着轻量化，从而要求汽车用钢向轻量化、高强化发展，同时发动机用钢随之减少，重点发展高强、超高强汽车用钢是必然的趋势。汽车零部件用钢方面，高品质齿轮钢、弹簧钢、非调质钢、紧固件用钢、轴承钢、气阀钢是汽车零部件用钢中的关键部分，随着汽车行业的高质量发展和国产化替代，对零部件用钢的高韧性、抗裂性、高强度、易切削、高精度、质量稳定性、环境友好等方面提出新要求。汽车零部件用高品质特殊钢也朝着轻量化、高性能、长寿命、运行平稳、低噪声、多品种等方向发展。

随着汽车和钢铁行业产业链高质量发展，钢铁生产企业应从产业链标准化、数字化、智能化、便捷化的角度，不断探索上下游产业在技术领域的关联性和互补性，从单纯地提供汽车用钢材变成为汽车企业提供全面的材料解决方案，用先进的市场理念、经营理念、服务理念，与汽车生产企业深入合作、嵌入式服务，不断提升产品附加值与产品生存能力。

汽车板系列产品与我国其他钢铁产品相比集中度较高，但与上游原料行业和下游汽车生产企业相比，集中度仍然较低，导致市场出现大幅波动时，汽车板生产企业相对被动。随着钢厂装备水平和产品质量的提升，汽车板生产企业增多，产品同质化竞争激烈，汽车用钢的单耗下降趋势，供需平衡和产品的差异化定位问题值得汽车板生产企业重视。

2021 年乘用车和新能源比重上升，但商用车特别是货车比重下降，汽车用钢单耗系数较 2020 年略有下降。根据汽车及零部件产量和结构测算，预计全年我国汽车行业用钢约 5350 万吨，与 2020 年基本持平。

（四）家电行业

2021 年，家电行业实现恢复性增长，主要家电产品产销量、出口量、行业经济效益等指标实现同比增长。全年行业运行表现为前高后低，外贸形势好于内销，小家电形势好于大家电。

1. 家电行业运行情况

（1）三大白电产量两升一降。2021年，我国三大白电产量两升一降，其中家用电冰箱产量8992万台，同比减少0.4%；房间空气调节器产量21836万台，同比增长9.4%；家用洗衣机产量8619万台，同比增长9.5%（图2-25至图2-27）。

图 2-25　2015-2021 年冰箱产量及增速情况

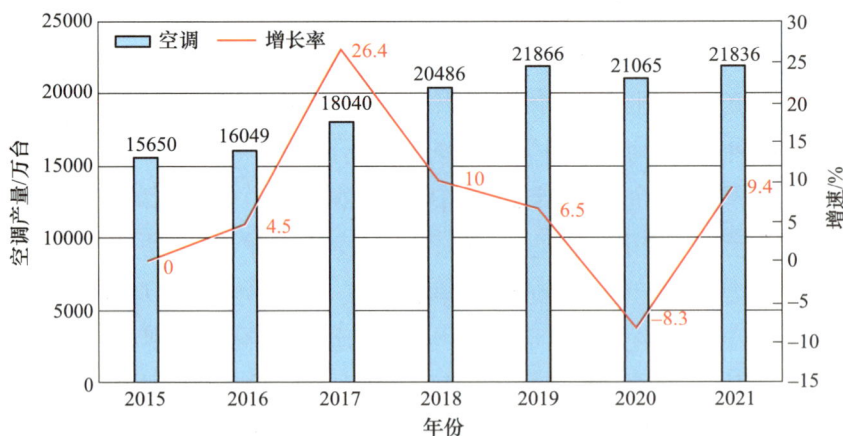

图 2-26　2015-2021 年空调产量及增速情况

从月度产量情况来看，三大白电月度产量整体呈先降后升趋势，冰箱产量较为平稳（图2-28）。

图 2-27　2015-2021 年洗衣机产量及增速情况

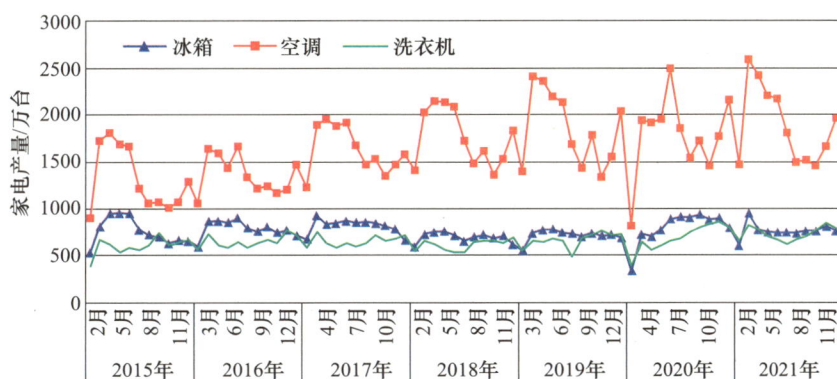

图 2-28　2015-2021 年三大家电产品月度产量

（2）**家电行业经济效益指标同比增长**。2021 年，家电全行业的累计主营业务收入达到 1.73 万亿元，同比增长 15.5%，累计利润总额 1218 亿元，同比增长 4.5%。主营业务收入的大幅增长主要由于 2020 年的低基数和出口市场拉动。

（3）**家电内销总体疲软，前高后低**。2021 年家电内销呈现前高后低走势，年末降幅有所收窄，有复苏迹象。细分领域来看，居于主导地位的白电产品占行业总产值约 70%，头部品牌集中，引领智能家居，内需市场依旧疲软，略有恢复；黑电产品传统品牌自主技术不足，互联网品牌份额提升，传统头部企业布局半导体行业；厨电市场结构性分化，整体不景气，但集成灶、洗碗机、蒸烤一体机等新兴品类增速较快；小家电产品创新驱动力、快速迭代，提价效应带动利润。

（4）家电产品出口实现较快增长。中国是全球规模最大、品种最全的家电生产与出口大国。家电产品年产量约 40 亿台，约 43%产品用于出口，冰箱、洗衣机产量全球占比超 50%；空调、微波炉产量占全球约 75%；小家电产量占比超 80%。中国家电产品出口额占全球出口市场比重约 40%，大家电出口额占全球出口市场比重 30%；小家电出口额占全球出口市场比重 45%。

2021 年，国外疫情导致产业链不畅，出现一定供需缺口，我国家电企业生产能力、对海外供货能力维持较高水平，填补国际缺口，实现出口快速增长。2021 年我国家电产品出口量为 38.7 万台，同比增长 10.1%，呈现前高后低走势，出口额首次突破千亿美元大关，达到 1044 亿美元，同比增长 24.7%。

2021 年，三大白电产品出口量、额同比均保持增长。其中，冰箱出口量额分别增长 2.3%和 23.4%；空调产品海外需求仍然旺盛，出口仍保持增长，出口量累计增长 11.8%，出口额增长 17.7%；洗衣机出口量额分别增长 1.7%和 17.0%。厨房小家电、吸尘器、个人护理等小家电增速迅猛，出口规模创历史新高。美国、欧盟和日本为我国家电产品主要出口国。

（5）家电行业产品升级趋势明显。近年来，家电行业产品消费升级趋势明显，大家电产品呈现出数字智能、健康抗菌、变频节能、绿色环保等趋势，小家电方面创新趋势明显，不断有新类型产品加入市场（表 2-7）。

表 2-7　家电行业主要产品升级趋势

品种	发 展 趋 势
电冰箱	高能效、大容量、高品质、高颜值； 300 升以上超过 55%，大容量出口比重上升； 高档冰箱面板、高档冷柜内胆采用不锈钢
洗衣机	全自动、大容量，新品类：洗衣/干衣一体机、复式机； 全自动：内销比重超过 95%，出口比重超过 65%； 大容量：≥8 千克内销 85%，≥10 千克内销 35%，出口 15%； 滚筒机：内销比重 52%，出口比重 38%； 洗烘一体机、复式机受市场欢迎容量、全自动出口比重上升

品种	发 展 趋 势
空调器	艺术柜机、高品质、高品位、高颜值； 舒适性、空气质量、自清洁； 变频机成为主流； 智能化性能普及
厨房电器	新品类微蒸烤一体机、洗碗机、集成灶增长； 厨电行业跨入千亿级大市场行列； 洗碗机、微/蒸/烤一体机、成套/嵌入式成为趋势； 烟机中近吸式与欧式占 9 成； 集成灶异军突起； 厨房电器多数产品应用不锈钢
小家电	市场活跃，创新技术与时尚设计丰富市场； 厨房小家电重视材料的安全性能，知名品牌大量应用不锈钢

家电行业产品与消费同步升级，获得一定增长动能。根据消费需求向市场推出精准控温、干湿分储大容量/多门冰箱，免清洗/滚筒波轮复合式洗衣机，融茶几冷柜功能的冰吧、三合一水槽洗碗机、舒适性与艺术化的变频空调等多种创新产品。新冠肺炎疫情以来，附加净化、杀菌功能的家电产品及新型厨卫家电比较受市场欢迎。

2. 家电行业用钢情况

近年来，厨房电器新品类上升，冰箱、洗衣机品质升级，不锈钢需求增加。高端吸油烟机和高端燃气灶多用不锈钢制造，厨房小家电品种与产量快速增长，对食品级不锈钢的需求量和质量要求均有提升。高端品牌的冰箱等面板采用不锈钢的趋势明显，全自动洗衣机内筒普遍采用不锈钢，带来不锈钢板需求比重上升。

能效升级，高牌号电工钢需求增加。节能补贴政策的实施和国家能耗新标准的出台，家电行业对高性能、高牌号电工钢的需求上升，要求电工钢具有更好的电磁性能和力学性能。

产品高档化、轻量化，对钢材性能提出新要求。家电产品的高档化、轻量化发展趋势，对钢材性能质量提出了新需求。电冰箱侧板、门板及大家电箱体对钢材的力学性能、强度、加工性能、表面质量、平整度等提出更高要求；洗衣机内筒、热水器内胆对不锈钢的成形性能、焊接性能、耐高温、耐蚀性能提出了更高要求。

此外，家电及其零部件用钢需要与家电产品共同适应消费市场，不断创新升级，从而巩固我国家电行业产业链优势。

家电行业钢材需求量主要决定于家电产品的生产规模，尤其是单位用钢量较大的大家电产品。2021年，根据主要家电产品及零部件产量测算，我国家电行业用钢约1430万吨，同比增长约4%。

（五）船舶行业

2021年，国际航运市场回暖，集装箱海运需求旺盛，运费指数和新船价格齐升，全球新造船市场活跃，我国造船三大指标均实现较大幅度增长，国际市场份额连续多年保持领先。当前全球船舶工业已经摆脱了十多年的调整周期，正在进入新一轮增长周期，我国船舶工业在"十四五"开局之年，迎来了新的历史性的发展机遇。

1. 船舶行业运行情况

（1）全球三大造船指标齐增，中国市场份额居世界首位。 2021年，我国造船三大指标均保持同比增长，其中造船完工3970万载重吨，同比增长3.0%，全球新承接订单6707万载重吨，同比增长131.8%，手持订单9584万载重吨，同比增长34.8%（图2-29至图2-31）。

图 2-29　2015-2021 年造船完工量情况

2021年，全国完工出口船3593万载重吨，同比增长4.9%；承接出口船订单5936万载重吨，同比增长142.8%；12月底，手持出口船订单8453万载重吨，同比增长29.6%。出口船舶分别占全国造船完工量、新

图 2-30　2015-2021 年新承接订单情况

图 2-31　2015-2021 年手持订单情况

接订单量、手持订单量的 90.5%、88.5% 和 88.2%。

中国市场份额居世界首位。2021 年，我国造船完工量、新接订单量、手持订单量分别占世界市场份额的 47.2%、53.8% 和 47.6%，比重较上年同期均有所提升（表 2-8）。

表 2-8　2021 年世界主要造船国家三大指标

指　标		世界	中国	韩国	日本
造船完工量	万载重吨	8409	3970	2466	1690
	占比重/%	100	47.2	29.3	20.1
新承接订单量	万载重吨	12461	6707	4061	1283
	占比重/%	100	53.8	32.6	10.3
手持订单量	万载重吨	20146	9584	6706	3086
	占比重/%	100	47.6	33.3	15.3

注：世界数据来源于克拉克松研究公司，并根据中国统计数据进行了修正。

（2）**新承接船舶订单结构优化**。从新承接船型结构来看，我国继续保持了在散货船市场的领先地位，同时通过结构调整转型升级，我国船企逐步在集装箱船，特别是超大型集装箱船市场表现出较强的竞争实力，新船订单中的占比由 2010 年的 3%提高到 2021 年 46%。在市场调整过程中，韩国仍保持了在油船和气体船的优势，这也是我国船舶行业未来重点突破方向（表 2-9）。

表 2-9　2021 年我国新承接船舶订单占比变化　　　　　　　　　%

船型	2010 年		2021 年	
	中国	韩国	中国	韩国
散货船	73.2	34.0	43.9	0.0
集装箱船	3.0	20.0	46.1	41.5
油船	17.6	42.0	6.3	36.5
气体船	0.2	3.0	1.5	20.4

（3）**高端产品取得新突破，绿色转型速度加快**。2021 年，我国在高技术船舶和海洋工程装备研发和建造领域取得新的突破。23000TEU 双燃料动力集装箱船批量交付、首座 17.4 万方液化天然气浮式储存及再气化装置、全球最先进民用医院船、全球最大火车专用运输船、超大型智能化自航绞吸挖泥船等高端船舶海工产品实现交付。21 万吨 LNG 动力散货船、双燃料不锈钢化学品船、7000 车双燃料汽车运输船、15 万吨苏伊士型氨燃料预留油船、甲醇动力双燃料 MR 型油船等绿色动力船舶实现批量承接，新接船型中绿色动力船舶占比达到 20%，比 2020 年提高 5.0 个百分点。

（4）**船舶行业集中度进一步提高**。金融危机以来，全球船舶工业结构调整步伐加快，船企间淘汰落后、兼并重组等行为频繁发生，一批产品有品牌、技术有实力的企业在大浪淘沙中脱颖而出，行业产业集中度不断提高，同时也改变了原有环渤海湾、长三角和珠三角三大造船基地的传统格局，长三角地区目前三大造船指标均占到我国造船产量的 70%，远远领先于其他地区。

2021 年，我国船舶行业前 10 家企业造船完工量占全国总量的 74.1%，比 2020 年同期提高 3.5 个百分点。新接订单向优势企业集中趋势明显，前 10 家企业新接订单量占全国总量的 73.9%，比 2020 年提高 0.8 个百分点，手持船舶订单前 10 家企业占全国 71.3%，比 2020 年底提高 3.2 个百分点。共有 6 家企业进入世界新接订单量前 10 强。

2. 2021 年船舶行业用钢情况

2021 年我国船舶用钢呈现出以下特点：

第一，集装箱船用止裂板需求增加。我国船企抓住全球集装箱船市场紧缺的机遇，批量承接各类集装箱船订单 2407 万载重吨，承接超大型集装箱船订单占世界总量超 50%。集装箱船订单的大幅增长将显著带动船用高强度止裂板的需求，根据不同船型的综合测算，预计新增高强度止裂板需求 100 万吨。

第二，双燃料船顺应环保趋势快速发展，带动 9 镍钢需求增加。我国船舶企业在各型绿色燃料船舶领域均获得批量订单，新接订单和手持订单中绿色燃料船舶占比分别达到 20% 和 21%，双燃料动力船可有效降低 22% 的二氧化碳排放、93% 的颗粒物排放、82% 的氮氧化合物排放以及 98% 的硫化物排放。目前，各类型船舶 LNG 燃料罐主要以 9 镍钢为主，将带动相应钢材的需求。

第三，新型海工需求增加。从近两年市场需求来看，以海洋牧场为主体的深远海养殖装备，以绿色环保升级换代为主的海洋油气开发和以陆地和海上风电为主体的新能源产业快速发展，这些新兴市场的爆发式增长，都给船舶及海工产业带来了新的视野和新的用钢需求。特别是风电产业，2021 年中国首次超越英国成为全球第一大海上风电市场，总装机容量达 10.48 兆瓦。11 月初，中国市场风电安装船利用率高达 98%。根据不同类型装备的综合测算，海上风电塔筒及导管架用钢和深远海养殖装备用钢需求，新增用钢需求约 30 万吨。

第四，船舶行业智能化发展对造船用钢材料提出新要求。船舶行业升级智能化生产线，对船用钢材提出更加严格的质量稳定性和标准化要求，包括钢材表面光洁度、钢板的尺寸规格、钢材的配送方式等。钢铁企业应密切关注船厂在智能制造流水线升级改造后对造船用钢的新要求。

钢铁工业和船舶工业的合作由来已久，我国造船用船板无论从产品产量和质量上都基本上满足了国内船企快速发展的需求，并且钢铁企业在高技术、高附加值船舶产品用钢领域不断探索，与船舶企业在高端品种领域开展联合攻关，实现了多型产品的突破和产业化应用，为我国成为造船大国打下坚实基础。2021 年，原材料价格快速上涨对钢铁和船舶行业影响较大。钢铁协会与船舶协会 9 月共同组织召开船舶用钢供需座谈会，努力促成行业形成长期稳定的上下游合作关系，取得了较好成效。

2021 年，根据我国造船、修船和其他海洋工程情况，预计我国船舶行业用钢约 1650 万吨，同比增长约 3%。

（六）集装箱行业

2021 年，全球贸易复苏，中国出口快速增长，国外疫情造成的集装箱空箱周转不畅情况依然存在并逐渐改善，我国集装箱产量快速增长，达到历史最高值，集装箱紧缺问题得到解决。

1. 集装箱行业运行情况

（1）集装箱产量大幅增长，增速逐月回落。我国是世界集装箱第一制造大国，占世界产量约 96%，所产集装箱约 80% 用于出口，行业景气程度主要取决于全球贸易情况。受疫情影响，全球贸易流通不畅，集装箱周转率下降，同时我国产量出口量大幅增长，自 2020 年 8 月起我国集装箱产量大幅增长，至 2021 年下半年集装箱周转短缺问题基本得到解决，增速逐步回落。

2021 年，我国金属集装箱产量 23058 万立方米，约 600 万标准箱，同比增长 110.6%，12 月当月，金属集装箱产量 1801 万立方米，同比增长 1.6%，环比减少 2.0%，9 月开始集装箱产量出现拐点，月度产量逐步回落（图 2-32 和图 2-33）。

图 2-32　2015-2021 年我国集装箱产量及增速

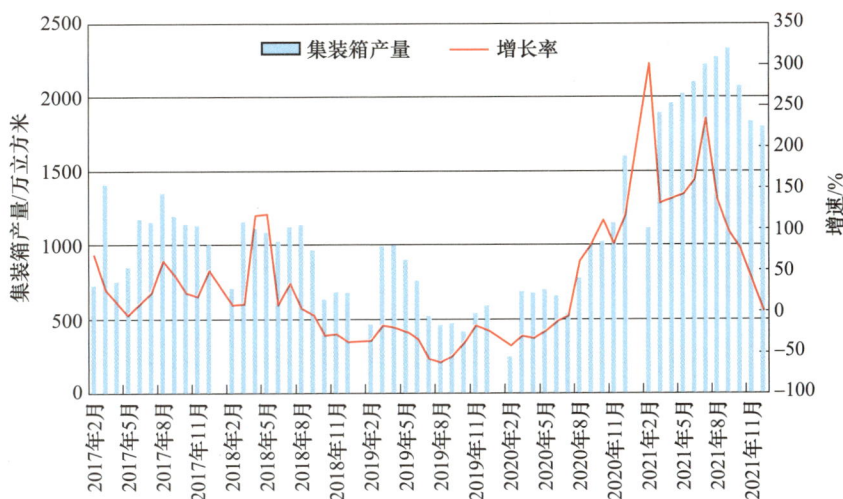

图 2-33　2017-2021 年我国集装箱月度产量及增速

（2）集装箱出口和内需均大幅增长。2021 年我国出口集装箱 484 万标准箱，同比大幅增长 144.0%。中国集装箱出口国家及地区约 100 余个，排名前 20 位的国家是最重要的市场。2021 年中国集装箱出口排名前 20 位的国家及地区占出口总量约 85%，其中前三名为日本、中国香港和美国，这三个地区的出口量占总量的 65%。

近年来我国国内多式联运保持快速发展，"散改集"业务进一步拓展，集装箱国内市场需求进一步扩大。2021 年我国集装箱内销量约 120 万标准箱，同比大幅增长，占产量比重由 2015 年的 5%，提升至约 20%。

（3）我国集装箱吞吐量保持增长。2021 年，全国港口集装箱吞吐量同比增长，趋势回暖向好，全年共完成集装箱吞吐量 28272 万标准箱，同比增长 7.0%。其中，沿海 24933 万标准箱，同比增长 6.4%；内河 3340 万标准箱，同比增长 11.3%。12 月份，全国港口完成集装箱吞吐量 2307 万标准箱（表 2-10）。

表 2-10　2021 年 12 月我国港口集装箱吞吐量情况

排名	港名	2021 年 1-12 月吞吐量/万标准箱	2021 年 12 月吞吐量/万标准箱	累计同比增速/%
全国	总计	28272	2307	7.0
沿海	合计	24933	2019	6.4
1	上海港	4703	398	8.1

续表 2-10

排名	港名	2021 年 1-12 月吞吐量/万标准箱	2021 年 12 月吞吐量/万标准箱	累计同比增速/%
2	宁波-舟山港	3108	209	8.2
3	深圳港	2877	253	8.4
4	广州港	2418	214	4.4
5	青岛港	2371	184	7.8
6	天津港	2027	106	10.4
7	厦门港	1205	104	5.6
8	北部湾港	601	62	19.0
9	营口港	521	43	-7.8
10	日照港	517	38	6.4
内河	合计	3340	288	11.3
1	苏州港	811	68	29.0
2	佛山港	371	30	-8.5
3	南京港	311	26	2.9

（4）集装箱运价指数大幅增长。2020 年末开始，集装箱运价指数连续大幅增长，由 2020 年 1000 点左右的水平，上升至 2021 年末的 3500 点左右，增长超 2 倍（图 2-34）。箱价随运价同步大幅上升。

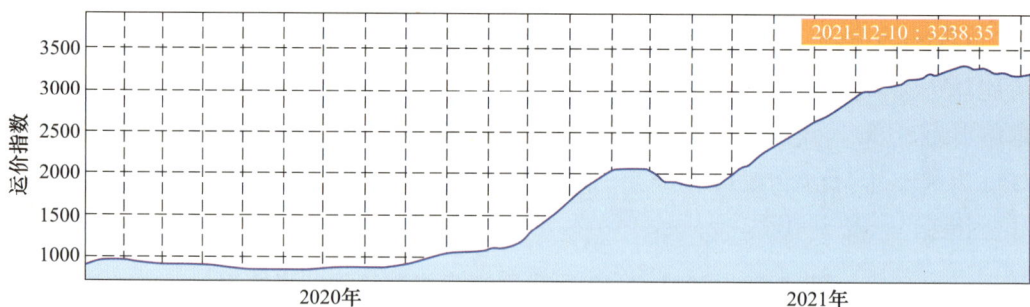

图 2-34　2020-2021 年我国出口集装箱运价指数

（5）集装箱制造格局保持稳定，高度集中。全球前 10 大集装箱港口中，中国集装箱港口占据 7 席，集装箱生产制造企业已经形成围绕大型集装箱港口布局的整体格局。中国集装箱生产工厂主要集中在环渤海地区、长三角地区和珠三角地区，其中长三角地区集装箱产能占中国总产能约 45%。市场主要为大集团主导，产业高度集中，中集集团、上海寰宇、新华昌集团、胜狮货柜、富华集团、浙江泛洋六家集装箱制造企业占据中国集装箱市场约 95% 份额，其中中集集团占比超 40%（图 2-35）。

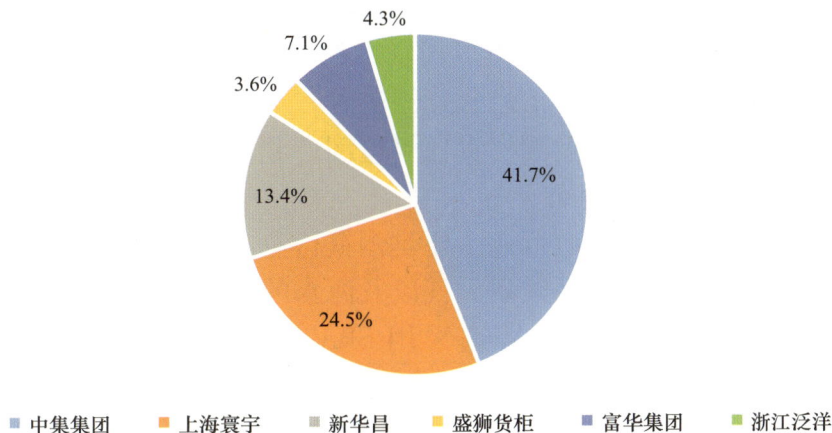

图 2-35　2021 年我国主要集装箱生产企业结构

（6）集装箱生产能力覆盖所有品种，供应链体系完备。我国生产集装箱的规格品种世界第一，从干货集装箱到一般货物集装箱，以及特种集装箱、箱式运输车，具备生产能力的规格品种达 900 多个，能满足各种运输需求。我国也是全球唯一能够提供包括干货集装箱、罐式集装箱、冷藏箱集装箱在内三大系列集装箱产品以及其他物流装备的设计、制造、维护等"一站式"服务的国家。中国集装箱行业形成了以造箱企业为中心，集装箱用木地板、集装箱涂料、角件、锁杆等零部件生产企业为配套的完整供应链体系。

（7）多式联运及重要物流通道建设将加速推进。疫情使人们认识到重要物流通道更具战略作用。近些年国家重点培育的物流通道在抗击疫情、保证运输中起到关键作用。交通运输部最早提出的"一断三不断"，在运输和物流全行业受到冲击的情况下，过去几年国家和地方政府重点培育的物流通道起到了战略性支撑作用。中西部地区中欧班列出现逆势增长，西部陆海新通道海铁班列也保持增长，铁路运输起到稳定货运市场的关键作用。疫情冲击下，相比于公路、海运、空运的停运，铁路货运行业和快递行业一直在保证畅通，部分依托铁路运输和集装箱多式联运的物流通道出现了逆势增长。地方政府和物流企业表示，疫情带来一个共识：大力发展铁路集装箱多式联运，大力推动"公转铁""铁水联运"具有战略意义。

多式联运及信息化更迫切。经历了本次疫情，物流企业更加坚信多式联运无纸化、一票到底、一箱成环的必要性和必然性。通过大数据、信息化系统分析，精准营销，集装箱多式联运的信息化服务将得到重点发展。疫情会加速物流和多式联运信息化发展进程，运输和物流服务的过程可视化、资源可视化、质量可追溯、责任可追溯"物流直播"模式会加速。

2. 集装箱行业用钢情况

集装箱行业产业链上游行业主要是钢铁行业。为提高集装箱的使用年限，缩减使用成本，钢材必须耐大气以及海水的腐蚀，集装箱行业对所用钢材有着较高的要求，业界普遍采用 SPA-H 耐候钢，厚度规格 1.5～10mm 钢板，占集装箱用钢比重 99%。集装箱行业用钢材板材种类分为集装箱用中板、集装箱用热轧薄板、集装箱用冷轧薄板、集装箱用中厚宽钢带、集装箱用热轧薄宽钢带、集装箱用冷轧薄宽钢带等。

我国集装箱高强化、轻量化、耐候发展方向不变，高强耐候热轧板卷仍是行业主要用钢品种。更薄更轻的钢板减轻重量的同时也扩大了集装箱有效容积率，集装箱的发展趋势需要用高强度和更薄规格钢板，标准箱用钢材量单耗也逐渐减少，每标准箱用钢约 1.8 吨。此外，为了提高集装箱的使用寿命、节约成本，要求钢板具有高的耐大气腐蚀和海水腐蚀性能。我国集装箱用钢在数量上已经完全可以满足集装箱行业发展的需要，但在产品的质量、售后服务等方面，还有一定提升空间。此外，保温集装箱、罐式集装箱、台架式集装箱和动物集装箱等专用集装箱发展迅速，对钢材材质和耐蚀性能提出了更高的要求，双相不锈钢、耐低温低合金结构钢需求量增加。

根据集装箱产量及结构情况，2021 年我国集装箱行业用钢约 960 万吨，同比增长约 118%。从需求品种来看，700 兆帕级以上高强集装箱板，以及 ESP 板为代表的低成本集装箱板市场需求比例将增加，双相不锈钢、耐低温低合金结构钢等专用集装箱用钢需求量上升。

（七）铁路行业（铁道）

2021 年，除"八纵八横"骨干通道及西部陆海新通道项目进展有所加快外，国家铁路建设整体趋势放缓，铁路新开通里程继续下降，全国铁路完成固定资产投资 7489 亿元，同比减少 4.2%，投产新线 4208 公里，其中高铁 2168 公里，同比分别减少 14.7% 和 25.2%。

1. 铁路行业运行情况

（1）铁路固定资产投资及投产新线同比小幅下降。2021 年，铁路固定资产投资累计完成 7489 亿元，同比下降幅度收窄至 4.2%；其中 12 月完成 1069 亿元，同比增长 13.7%，环比增长高达 32.5%。全国铁路投产新线 4208 公里，其中高速铁路 2168 公里，高铁里程稳居世界第一。全国铁路固定资产投资由机车车辆投资（装备投资）和基本建设投资组成，机车车辆投资是用作购买和维护机车车辆的费用，基本建设投资用作建设铁路新线。以基建投资在固定资产投资中的历年占比看，固定资产投资中的 85%-90% 为基建投资。全国铁路营业里程 15 万公里，其中高铁 4 万公里；全国铁路路网密度 156.7 公里/万平方公里；复线率 59.5%；电化率 73.3%。西部地区铁路营业里程 6.1 万公里。其中，国家铁路营业里程 13.1 万公里，复线率 61.9%；电化率 75.4%。移动装备方面，全国铁路机车拥有量为 2.17 万台。其中，内燃机车 0.78 万台，占 35.9%；电力机车 1.39 万台，占 64.1%。全国铁路客车拥有量为 7.8 万辆，其中，动车组 4153 标准组、33221 辆。全国铁路货车拥有量为 96.6 万辆。其中，国家铁路机车拥有量为 2.09 万台。其中，内燃机车 0.74 万台，占 35.4%；电力机车 1.35 万台，占 64.6%。国家铁路客车拥有量为 7.6 万辆，其中，动车组 4012 标准组、32097 辆。国家铁路货车拥有量为 89.2 万辆（图 2-36）。

（2）铁路线路建设整体放缓，重点项目有序推进。《关于进一步做好铁路规划建设工作的意见》文件指导下，除"八纵八横"骨干通道及西部陆海新通道项目进展有所加快外，国家铁路建设整体趋势放缓，部分规划高铁项目前期工作搁置，部分项目仍需进一步进行可行性和必要性评估论证，但从四季度开始投资建设明显加大力度。从铁路网络规模来看，我国近年铁路覆盖范围持续扩大，运营里程数不断攀升，其中高铁增速尤为明显，在全国铁路中占比不断上升，2021 年我国铁路运营总里程达 15 万公里，高铁总里程突破 4 万公里。2021 年我国铁路重点项目建设有序推进，建成西藏第一条电气化铁路拉林铁路，实现川藏铁路全线开工建设；统筹"一带一路"国际国内铁路连通，中老昆万铁路实现高质量开通运

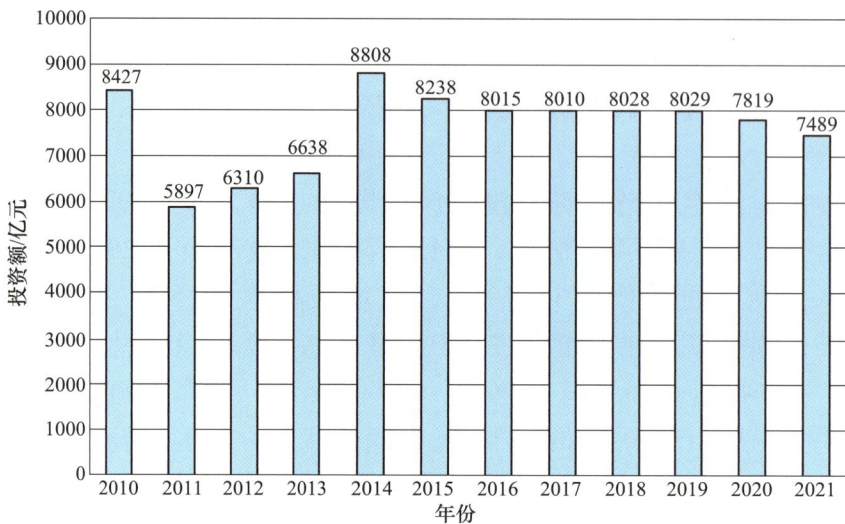

图 2-36　2010-2021 年铁路固定资产投资完成情况

营；聚焦"一带一路"大通道，推动中欧班列逆势大幅度增长；发挥路网运力统一调配优势，关系国计民生的电煤和重点物资运输得到有效保障；深入实施复兴号品牌战略，推进复兴号系列开发实现对 31 个省区市全覆盖（图 2-37）。

图 2-37　2010-2021 年中国铁路运营里程

　　（3）铁路旅客运输大幅增加，货运同比增长。2021 年全国铁路旅客发送量完成 26.12 亿人，比上年增加 4.08 亿人，增长 18.5%。其中，国家铁路 25.33 亿人，比上年增加 16.9%，全国铁路旅客周转量完成 9567.81 亿人公里，比上年增加 1301.62 亿人公里，增长 15.7%。其中，国家铁路 9559.09 亿人公里，比上年增加 15.8%。全国铁路货运总发送量完成 47.74 亿吨，比上年增加 2.21 亿吨，增长 4.9%。其中，国家铁路 37.26 亿吨，比上年增长 4.0%。全国铁路货运总周转量完成 33238 亿吨公里，比上年增加 2723.54 亿吨公里，增长 8.9%。其中，国家铁路 29950.01 亿吨公里，比上年增长 9.3%。全国铁路总换算周转量完成 42805.81 亿吨公里，比上年增加 4025.16 亿吨公里，增长 10.4%。其中，国家铁路 39509.1 亿吨公里，比上年增长 10.8%（表 2-11）。

表 2-11　2021 年铁路运营情况

指　　标	计算单位	当年累计	比上年同期增长/%
一、铁路运输			
1. 旅客发送量	万人	261171	18.5
2. 旅客周转量	亿人公里	9567.81	15.7
3. 货运总发送量	万吨	477372	4.9
4. 货运总周转量	亿吨公里	33238	8.9
二、铁路固定资产投资累计完成额	亿元	7489	-4.2

注：统计范围不包括港澳台地区。

2. 铁道用钢情况

2021 年国家铁路建设整体趋势放缓，四季度以来加快了投资建设步伐，重点项目有力推进，但投资和新建里程数仍同比下降，根据铁路投资和线路建设情况，预计全年我国铁道用材消耗量约 410 万吨，同比下降约 9%。

（八）能源行业

2021 年，煤油气产量齐升，能源生产供应能力持续提升，石油和化工行业生产总体保持较快增长，价格涨势进一步增强，投资稳定恢复，对外贸易增长加快，行业利润首次突破万亿大关，效益结构改善。

2021 年，石油和化工行业规模以上企业工业增加值增长（同比，下同）5.3%；营业收入 14.45 万亿元，增长 30.0%；利润总额 1.16 万亿元，增长 1.27 倍；进出口总额 8600.8 亿美元，增长 38.7%；全国油气总产量 3.84 亿吨（油当量），增长 5.1%；原油加工量 7.04 亿吨，增长 4.3%。

1. 能源行业运行情况

（1）增加值增速下行趋缓，营业收入持续较快增长。截至 2021 年 12 月末，石油和化工行业规模以上企业 26947 家，工业增加值累计增长 5.3%，增速较前 11 月减缓 0.6 个百分点。其中，化学工业增加值增长 7.5%，减缓 0.6 个百分点；石油和天然气开采业增长 2.2%，减缓 0.2 个百分点。2021 年，石油和化工行业规模以上企业实现营业收入 14.45 万亿元，创历史新高，增长 30.0%，较 2019 年增长 17.8%，两年平均增长 9.0%，占全国规模工业营业收入的 11.3%。其中，化学工业营业收入 8.66 万亿元，增长 31.1%，较 2019 年增长 25.8%，两年平均增长 12.4%；石油和天然气开采业营业收入 1.11 万亿元，增长 28.3%，较 2019 年增长 0.8%，两年平均增长 2.8%（图 2-38）。

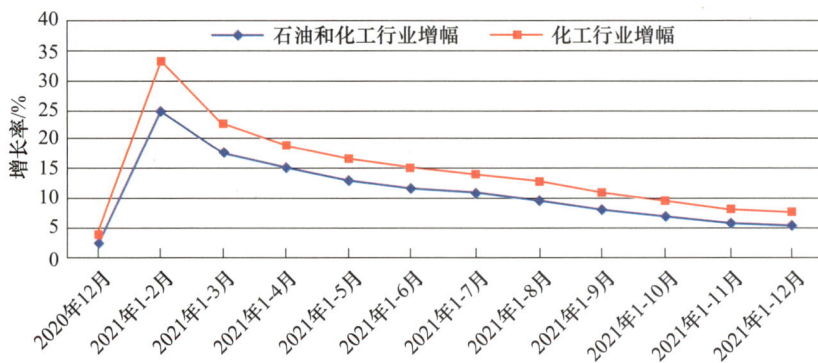

图 2-38　2020 年 12 月-2021 年 12 月石油和化学工业增加值增长走势

（2）能源和主要化学品生产平稳较快增长。据统计，2021 年全国原油和天然气总产量 3.84 亿吨（油当量），增长 5.1%，增速较上年减缓 0.2 个百分点；主要化学品生产总量增长约 5.7%，加快 2.1 个百分点。从走势看，油气增长基本平稳；受上年同期基数影响，主要化学品增速前高后低，逐步趋稳，但月度总产量变化并不很大（图 2-39）。

（3）能源和主要化学品消费缓中趋稳。2021 年，我国原油天然气表观消费总量 10.42 亿吨（油当量），增长 1.4%，能源消费放缓趋势得到初步遏制；主要化学品表观消费总量增速约 1.5%，减缓 0.2 个百分点，出现缓中企稳迹象。国内原油表观消费量 7.10 亿吨，下降 3.4%，降幅自

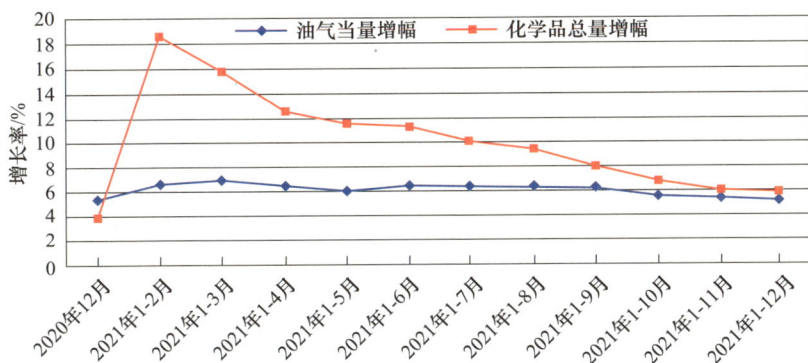

图 2-39　2020 年 12 月-2021 年 12 月全国油气当量和主要化学品产量增长走势

下半年以来首次收窄，对外依存度 72.0%；天然气表观消费量 3694.8 亿立方米，增幅 13.6%，占原油天然气表观消费总当量的 31.9%，对外依存度 44.4%。2021 年，国内成品油表观消费量 3.20 亿吨，增长 10.3%。其中，柴油表观消费量 1.47 亿吨，增长 4.6%；汽油表观消费量 1.40 亿吨，增长 20.8%；煤油表观消费量 3243.7 万吨，下降 2.2%（图 2-40）。

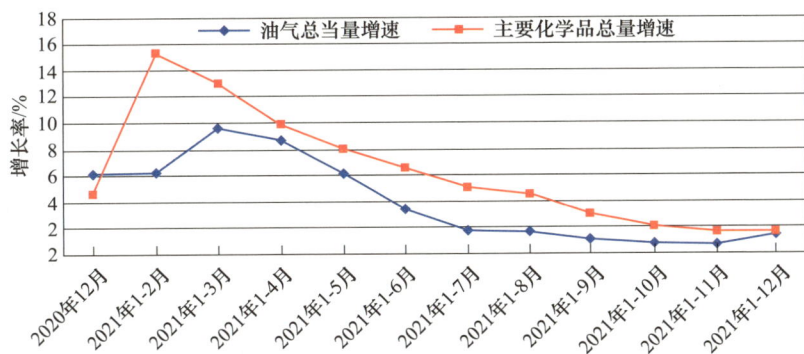

图 2-40　2020 年 12 月-2021 年 12 月油气表观消费总当量增长走势

　　（4）投资全面恢复增长态势。2021 年，石油和化工行业投资全面恢复增长态势，走势总体缓中趋稳。其中，化学原料和化学制品制造业固定资产投资增长 15.7%，上年为下降 1.2%；石油和天然气开采业投资增长 4.2%，上年降幅 29.6%；石油、煤炭及其他燃料加工业投资增幅 8.0%，较上年回落 1.4 个百分点。本年度，全国工业投资增速 11.4%，比上年加快 11.3 个百分点（图 2-41）。

　　建成南气北上中通道潜江-韶关段、西气东输西段增压等 25 项工程，新增原油输送能力 1000 万吨/年、天然气管输能力 4000 万方/日。储气设施采暖季前实现应储尽储，地下储气库提前超额完成注气计划。

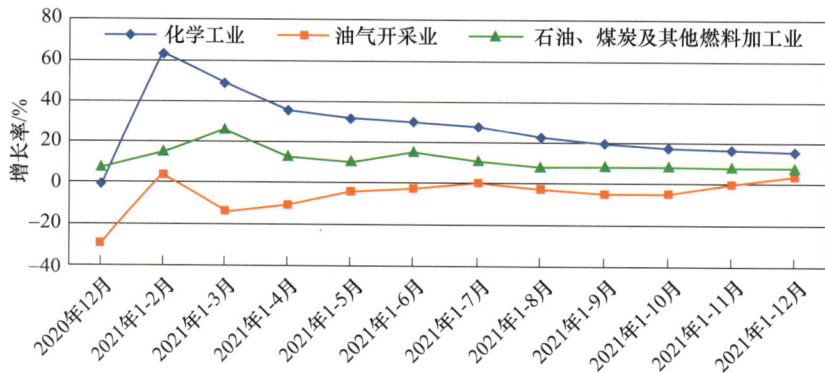

图 2-41　2020 年 12 月-2021 年 12 月石油和化工行业投资增长走势

（5）对外贸易大幅增长。2021 年，我国石油和化工行业对外贸易持续高速增长，进出口总额创历史新高，出口结构优化。海关数据显示，全行业进出口总额 8600.8 亿美元，增长 38.7%，上年为下降 14.1%，占全国进出口总额的 14.2%。其中，出口总额 2955.5 亿美元，增长 41.8%；进口总额 5645.4 亿美元，增幅 37.1%。贸易逆差 2689.9 亿美元，扩大 32.3%。12 月，全行业进出口总额 875.4 亿美元，创全年月度最高，增长 55.3%。其中，出口总额 306.2 亿美元，增幅 47.7%；进口总额 569.2 亿美元，增长 59.7%；逆差 262.9 亿美元，扩大 76.5%。2021 年，国内进口原油 5.13 亿吨，下降 5.3%；进口金额 2544.7 亿美元，增加 42.9%。全年进口天然气 1697.9 亿立方米，增长 20.7%；进口金额 560.9 亿美元，增加 68.4%。2021 年 12 月，国内进口原油 4614.0 万吨，大幅增长 20.1%；进口天然气 162.0 亿立方米，增长 4.6%（图 2-42）。

2. 2021 年能源行业（油气输送）用钢情况

2021 年，我国能源行业用钢保持稳定增长，管线用钢消费量约 420 万吨，同比增长 8%。

（九）电力行业（电工钢）

2021 年电力行业主要指标保持增长，全社会用电量同比增长，发电量增速继续回落；除水电和太阳能发电外，其他类型发电设备利用小时同比增加；各类型发电基建新增装机容量均同比增加，其中水电和太阳能发

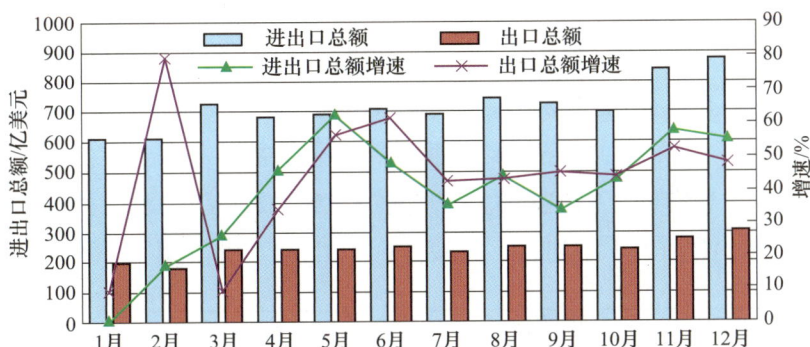

图 2-42　2021 年石油和化学工业出口交货值增长走势

电增加较多；电源和电网完成投资均同比增长。

1. 电力行业运行情况

(1) 电源工程及电网工程投资整体小幅增长。2021 年，重点调查企业电力完成投资 10481 亿元，同比增长 2.9%。其中，电网完成投资 4951 亿元，同比增长 1.1%。电源完成投资 5530 亿元，同比增长 4.5%，其中，非化石能源发电投资占电源投资比重达到 88.6%。2021 年，全国新增发电装机容量 17629 万千瓦，其中，新增非化石能源发电装机容量 13809 万千瓦，占新增发电装机总容量的比重为 78.3%，同比提高 5.2 个百分点。2021 年是国家财政补贴海上风电新并网项目的最后一年，全国全年新增并网海上风电 1690 万千瓦，创历年新高。

(2) 全国基建新增发电装机容量同比减少。2021 年，全国基建新增发电装机容量 17629 万千瓦，同比减少 7.9%。其中，水电 2349 万千瓦，同比增加 79%；火电 4628 万千瓦，同比减少 18.2%；风电 4757 万千瓦，同比减少 34%；太阳能发电 5493 万千瓦，同比增加 14%。

(3) 全社会用电量增加。2021 年，全国全社会用电量 83128 亿千瓦时，同比增长 10.3%，两年平均增长 7.1%。

分产业看，第一产业用电量 1023 亿千瓦时，同比增长 16.4%；第二产业用电量 56131 亿千瓦时，同比增长 9.1%；第三产业用电量 14231 亿千瓦时，同比增长 17.8%；城乡居民生活用电量 11743 亿千瓦时，同比增长 7.3%（图 2-43）。

分地区看，东、中、西部和东北地区全社会用电量分别为 39366 亿千瓦时、15459 亿千瓦时、23795 亿千瓦时和 4508 亿千瓦时，增速分别为

11.0%、11.5%、9.4%和6.2%。1-12月，18个省份全社会用电量增速超过全国平均水平，依次为：西藏（22.6%）、青海（15.6%）、湖北（15.3%）、江西（14.5%）、四川（14.3%）、福建（14.2%）、浙江（14.2%）、广东（13.6%）、重庆（13.0%）、陕西（12.9%）、安徽（11.9%）、海南（11.8%）、湖南（11.7%）、宁夏（11.6%）、江苏（11.4%）、山西（11.4%）、上海（11.0%）和新疆（10.8%）。

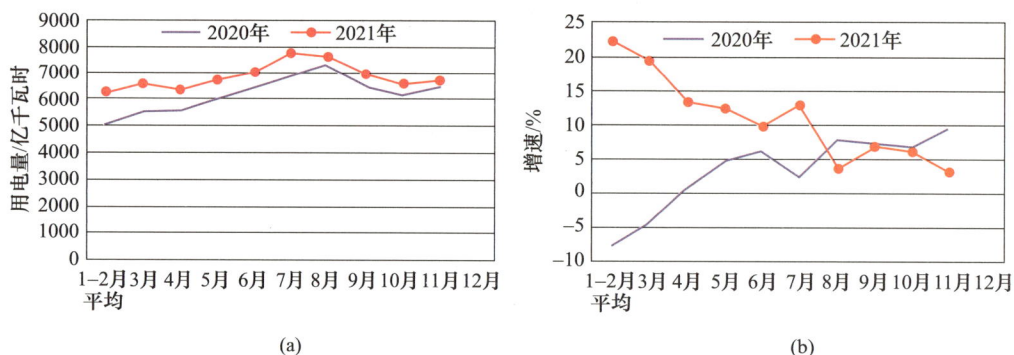

图 2-43　2020-2021 年全社会月度用电量(a)及其增速(b)

2021 年，全国工业用电量 55090 亿千瓦时，同比增长 9.1%，增速比上年同期提高 6.4 个百分点，占全社会用电量的比重为 66.3%。

全国制造业用电量 41778 亿千瓦时，同比增长 9.9%，增速比上年同期提高 6.8 个百分点。其中，四大高载能行业用电量合计 22671 亿千瓦时，同比增长 6.4%，增速比上年同期提高 2.4 个百分点；高技术及装备制造业用电量 8912 亿千瓦时，同比增长 15.7%，增速比上年同期提高 11.7 个百分点；消费品制造业用电量 5606 亿千瓦时，同比增长 12.6%，增速比上年提高 14.4 个百分点；其他制造业行业用电量 4589 亿千瓦时，同比增长 13.9%，增速比上年提高 10.5 个百分点。

化工行业用电量 5097 亿千瓦时，同比增长 6.9%，增速比上年同期提高 4.5 个百分点；建材行业用电量 4211 亿千瓦时，同比增长 7.4%，增速比上年同期提高 3.7 个百分点；黑色金属冶炼行业用电量 6361 亿千瓦时，同比增长 6.7%，增速比上年同期提高 2.8 个百分点；有色金属冶炼行业用电量 7002 亿千瓦时，同比增长 5.4%，增速比上年同期回落 0.1 个百分点（图 2-44）。

（4）装机容量保持增长，发电量增加。 截至 12 月底，全国发电装机

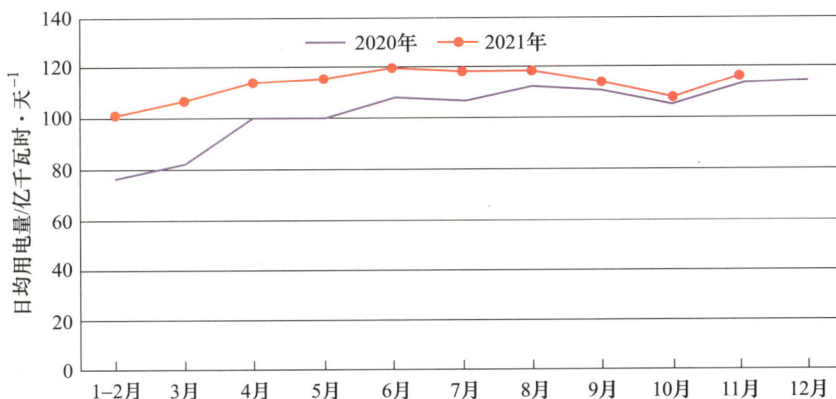

图 2-44　2021 年分月制造业日均用电量

容量约 23.8 亿千瓦，同比增长 7.9%。火电装机容量 13.0 亿千瓦，同比增长 4.1%；其中，煤电 11.1 亿千瓦，同比增长 2.8%，占总发电装机容量的比重为 46.7%，同比降低 2.3 个百分点。水电装机容量 3.9 亿千瓦，同比增长 5.6%；其中，常规水电 3.5 亿千瓦，抽水蓄能 3639 万千瓦。核电 5326 万千瓦，同比增长 6.8%。风电 3.3 亿千瓦，同比增长 16.6%；其中，陆上风电 3.0 亿千瓦，海上风电 2639 万千瓦。太阳能发电装机 3.1 亿千瓦，同比增长 20.9%；其中，集中式光伏发电 2.0 亿千瓦，分布式光伏发电 1.1 亿千瓦，光热发电 57 万千瓦。非化石能源发电装机容量 11.2 亿千瓦，同比增长 13.4%，占总装机容量的 47.0%，历史上首次超过煤电装机规模。

2021 年，受汛期主要流域降水偏少等因素影响，全国规模以上工业企业水电发电量同比下降 2.5%；受电力消费快速增长、水电发电量负增长影响，全国规模以上工业企业火电发电量同比增长 8.4%。核电发电量同比增长 11.3%。全口径并网太阳能发电、风电发电量同比分别增长 25.2% 和 40.5%。全口径非化石能源发电量 2.90 万亿千瓦时，同比增长 12.0%；占全口径总发电量的比重为 34.6%，同比提高 0.7 个百分点。全口径煤电发电量 5.03 万亿千瓦时，同比增长 8.6%，占全口径总发电量的比重为 60.0%，同比降低 0.7 个百分点。无论从装机规模看还是从发电量看，煤电仍然是当前我国电力供应的最主要电源，也是保障我国电力安全稳定供应的基础电源。

非化石能源发展迈上新台阶，全国可再生能源发电装机规模历史性突破 10 亿千瓦，水电、风电装机均超 3 亿千瓦，海上风电装机规模跃居世界第一，继续保持领先优势。

（5）发电设备利用小时同比增加。 2021 年，全国发电设备利用小时 3817 小时，同比提高 60 小时。其中，水电设备利用小时 3622 小时，同比降低 203 小时。核电 7802 小时，同比提高 352 小时。并网风电 2232 小时，同比提高 154 小时。并网太阳能发电 1281 小时，与上年总体持平。火电 4448 小时，同比提高 237 小时；其中，煤电 4586 小时，同比提高 263 小时；气电 2814 小时，同比提高 204 小时（图 2-45）。

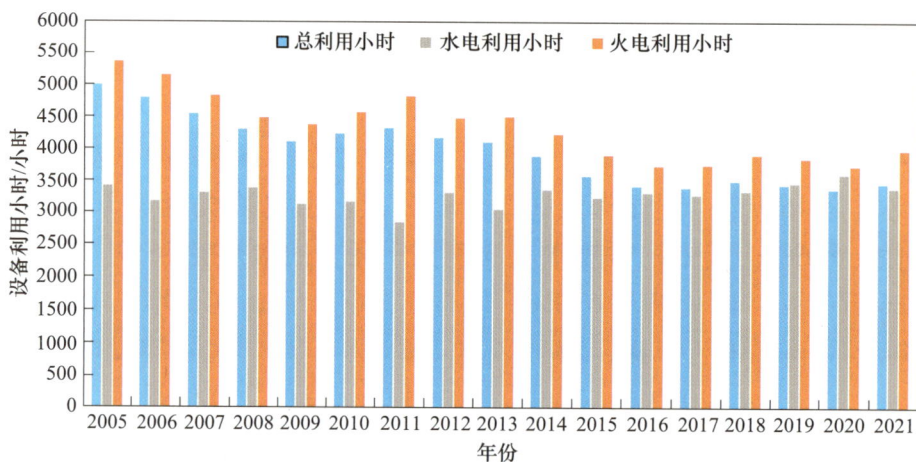

图 2-45　2005-2021 年发电设备利用小时情况

分省份看，截至 2021 年底，全国十大风电装机省份分别是：内蒙古 3996 万千瓦、河北 2546 万千瓦、新疆 2408 万千瓦、江苏 2234 万千瓦、山西 2123 万千瓦、山东 1942 万千瓦、河南 1850 万千瓦、甘肃 1725 万千瓦、宁夏 1455 万千瓦、广东 1195 万千瓦（图 2-46）。

（6）全国跨区送电量同比增长。 2021 年，全国完成跨区送电量 6876 亿千瓦时，同比增长 6.2%，两年平均增长 12.8%；其中，西北区域外送电量 3156 亿千瓦时，同比增长 14.1%，占全国跨区送电量的 45.9%。全国完成跨省送出电量 1.60 万亿千瓦时，同比增长 4.8%，两年平均增长 5.4%。

2. 2021 年电工钢消费情况

在电力行业投资大幅增长和主要电源工程快速建设的拉动下，2021

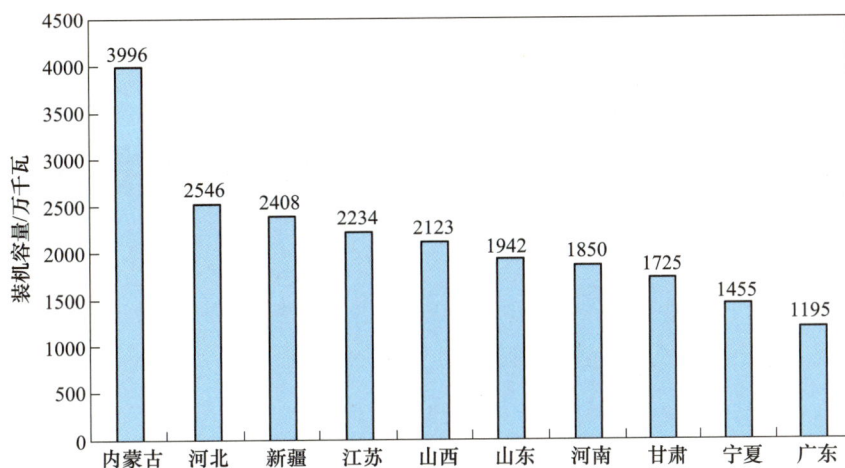

图 2-46　2021 年风电装机较多省份风电装机容量

年我国电工钢消费量实现较快增长，总消费量约 1150 万吨，同比增
长 12%。

（本章数据来源：国家统计局，海关总署，中国钢铁工业协会，
有关行业协会及研究机构。

本章撰写人：刘彪，汤宏雪，罗晓敏，中国钢铁工业协会）

第 **3** 章
2021 年世界钢铁生产与市场情况

受新冠肺炎疫情阶段性好转的影响，2021 年全球经济在 2020 年出现自 1929 年大萧条以来最大的降幅的情况下实现了少见的恢复性增长。据国际货币基金组织（IMF）2022 年 4 月公布的数据，世界经济在 2021 年增长了 6.1%。世界经济的恢复也带动了全球钢铁需求的增长。

一、粗钢产量增长

据世界钢铁协会发布的统计数据显示，2021 年世界粗钢产量为 19.51 亿吨，同比 2020 年增长 3.8%（图 3-1）。

图 3-1　2011-2021 年世界粗钢产量

在十大产钢国中，只有中国和伊朗的粗钢产量同比出现下降，其他国家均实现了增长，特别是在 2020 年出现两位数下降的美国、日本、印度、德国在 2021 年实现了两位数的增长（表 3-1）。

表 3-1　2021 年世界十大产钢国粗钢产量情况　　　　　百万吨

序号	国家	2021 年	2020 年	同比/%
1	中国	1035.2	1064.8	-2.8
2	印度	118.2	100.3	17.8
3	日本	96.3	83.2	15.8
4	美国	85.8	72.7	18.0
5	俄罗斯	75.6	71.6	5.6
6	韩国	70.4	67.1	4.9
7	土耳其	40.4	35.8	12.8
8	德国	40.1	35.7	12.3
9	巴西	36.2	31.0	15.3
10	伊朗	28.5	29	-1.7

从分月产量情况来看，2021 年上半年受疫情形势好转，以及 2020 年同期基数较低的影响，全球粗钢产量同比出现了较大幅度的增长，其中 4 月份的产量同比更是增长了 24.3%。下半年受疫情形势恶化的影响，特别是我国产量出现较大幅度的下降，导致世界粗钢产量在 8 月份之后出现同比下降（图 3-2）。

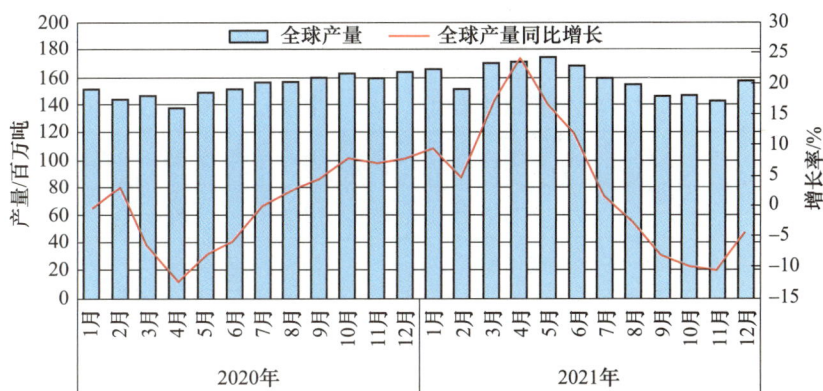

图 3-2　2020-2021 年全球粗钢产量变化情况

在粗钢产量世界前 20 名公司中，中国企业占据 11 席，其中鞍钢在并购本钢后产量大幅增加，排名由上年的第 7 名上升为第 3 名。日本制铁由第 5 名上升为第 4 名，而原来排第 3 名的沙钢下降为第 5 名，原来排第 4

名的河钢集团则下降到第 7 名。此外，印度两家公司由于产量大幅增加而跻身前 20 名，从而使印度有 3 家钢铁公司进入到前 20 名行列，超过了日本和韩国（各有 2 家）（表 3-2）。

表 3-2　2021 年世界前 20 名钢铁企业粗钢产量排名　　百万吨

2021 年排名	2020 年排名	公司	国家	2021 年	2020 年	同比/%
1	1	中国宝武钢铁集团①	中国	119.95	115.29	4.0
2	2	安赛乐米塔尔②	卢森堡	79.26	78.46	1.0
3	7	鞍钢集团③	中国	55.65	38.19	45.7
4	5	日本制铁株式会社④	日本	49.46	41.58	19.0
5	3	沙钢集团	中国	44.23	44.71	−1.1
6	6	浦项制铁	韩国	42.96	40.58	5.9
7	4	河钢集团	中国	41.64	43.76	−4.8
8	8	建龙集团	中国	36.71	36.47	0.7
9	9	首钢集团	中国	35.43	34	4.2
10	12	塔塔钢铁集团	印度	30.59	28.07	9.0
11	10	山东钢铁集团	中国	28.25	31.11	−9.2
12	11	德龙钢铁集团	中国	27.82	28.26	−1.6
13	14	JFE 钢铁株式会社	日本	26.85	24.36	10.2
14	13	华菱钢铁集团	中国	26.21	26.78	−2.1
15	15	纽柯钢铁公司	美国	25.65	22.69	13.0
16	17	方大集团	中国	19.98	19.6	1.9
17	16	现代制铁	韩国	19.64	19.81	−0.9
18	20	柳钢集团	中国	18.83	16.91	11.4
19	25	京德勒西南钢铁公司	印度	18.59	14.86	25.1
20	24	印度钢铁管理局有限公司	印度	17.33	14.97	15.8

① 从 2020 年起包含太原钢铁和昆明钢铁的产量；
② 包含 60% 安赛乐米塔尔日本制铁印度公司的产量（前身为埃萨公司）；
③ 从 2021 年起包含本溪钢铁的产量；
④ 包含日本制铁不锈钢公司、山阳特殊钢公司、瑞典奥瓦科公司、40% 安赛乐米塔尔日本制铁印度公司和 31.4% USIMINAS 公司的粗钢产量。

二、钢材贸易量回升

2021 年，受疫情状况好转的影响，世界钢材需求回升，并使得世界钢材贸易量在连续下降 4 年之后出现较大幅度的回升。据世界钢铁协会的统计，2021 年世界钢材出口量达到 4.589 亿吨，比 2020 年增长了13.1%，出口量占产量的比重由 23.1%回升到 25.2%（图 3-3）。世界钢材出口量恢复到了 2018 年的水平，但仍没有达到 2016 年的 4.768 亿吨的历史最高水平。出口量占产量比重最高的纪录是 2000 年的 39.2%。

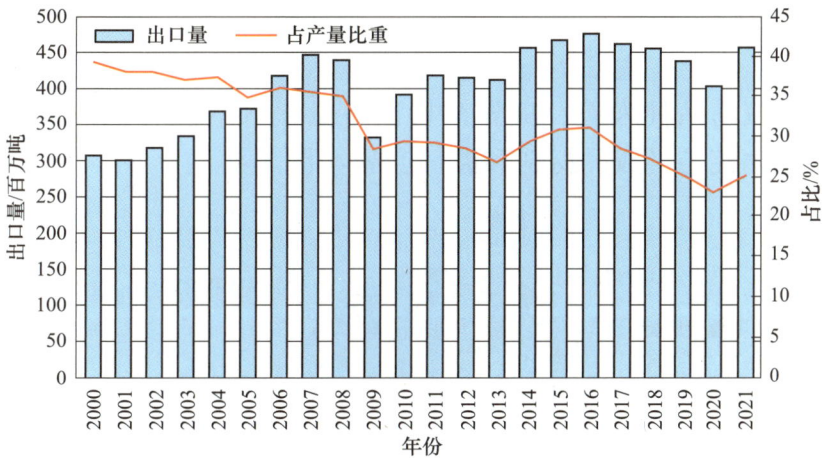

图 3-3　2000-2021 年世界钢材出口量及占产量的比重

从世界主要钢材进出口国家排名来看，我国依然保持世界最大的钢材出口国地位，占世界钢材总出口量的 14.4%。与此同时，我国也是世界排名第 3 大钢材进口国，如果欧盟 27 国分开计算的话，我国是仅次于美国的第 2 大独立钢材进口国。同时位居进出口前 10 大国的还有德国、土耳其、意大利和韩国（表 3-3）。

表 3-3　2021 年世界钢材贸易量前 10 国家排名　　　　百万吨

排名	出口		进口		净出口		净进口	
1	中国	66.2	欧盟（27）[①]	48.1	中国	38.4	欧盟（27）[①]	22.0
2	日本	33.8	美国	29.7	日本	28.3	美国	21.4
3	俄罗斯	32.6	中国	27.8	俄罗斯	27.6	泰国	13.7
4	韩国	26.8	德国[②]	23.3	印度	14.5	墨西哥	9.1

续表 3-3

排名	出口		进口		净出口		净进口	
5	欧盟（27）[①]	26.0	意大利[②]	20.8	乌克兰	14.4	波兰[②]	8.0
6	德国[②]	23.9	土耳其	16.2	韩国	12.7	菲律宾	7.2
7	土耳其	22.1	泰国	15.7	巴西	6.6	以色列	3.8
8	印度	20.4	墨西哥	15.1	土耳其	5.9	意大利[②]	3.6
9	意大利[②]	17.2	韩国	14.1	阿曼	3.7	捷克[②]	3.3
10	乌克兰	15.7	波兰[②]	13.7	奥地利[②]	2.6	哥伦比亚	3.1

① 不包含区内贸易量；
② 包含区内贸易量。

从钢材贸易品种来看，世界钢材出口量最大的品种是热轧薄板和卷材，其次是钢锭与半成品材料和镀锌产品（图 3-4）。

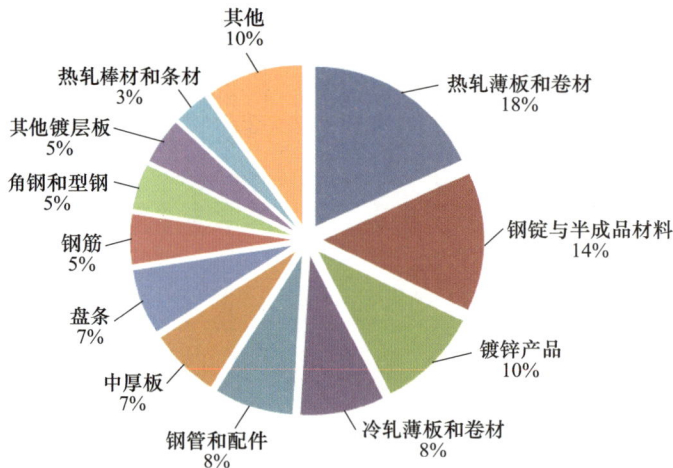

图 3-4　世界钢材出口分品种占比

三、钢材市场价格大幅回升

受钢材需求恢复，以及国际大宗商品商场价格高涨的影响，2021 年国际市场钢材价格大幅上涨，从年初开始一路涨到 9 月份，在四季度才有所回落。全年月平均价格最高为 8 月份，CRU 综合价格指数达到了 337.8 点的历史高位。2021 年 CRU 综合价格指数全年平均为 296.9 点，比 2020 年的平均综合价格指数高了 141.9 点。板材平均价格指数为 317.4 点，比

2020 年提高了 165.7 点。长材平均价格指数为 255.6 点，比 2010 年提高了 94.5 点（图 3-5）。

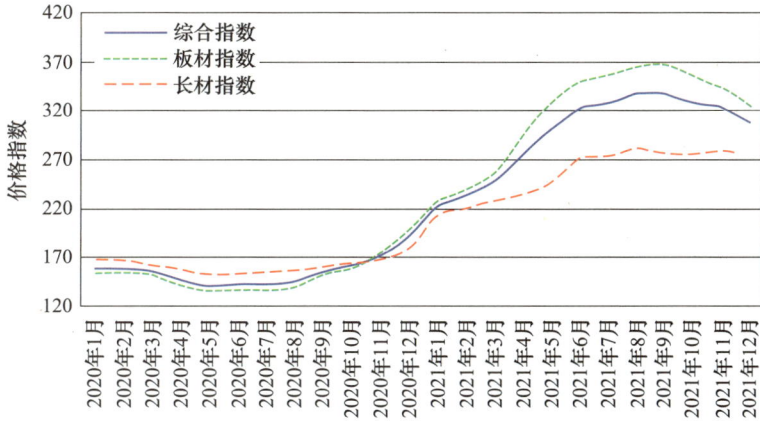

图 3-5　2020-2021 年 CRU 价格指数情况

从不同地区的市场价格来看，北美地区全年平均价格指数为 371.5 点，比 2020 年提高了 207.4 点，提高 126.3%。欧洲地区全年平均价格指数为 305.9 点，比 2020 年提高了 145.0 点，提高 90.1%。亚洲地区全年平均价格指数为 247.9 点，比 2020 年提高了 101.2 点，提高 69.0%（图 3-6）。

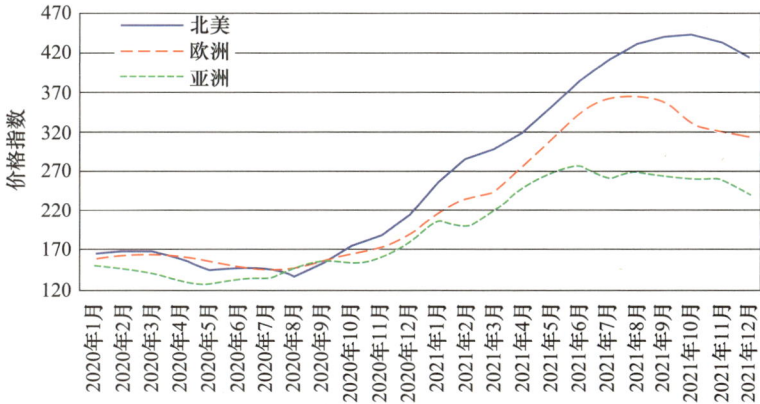

图 3-6　2020-2021 年不同地区 CRU 钢材价格指数情况

四、粗钢产能继续增加

据 OECD 统计，2021 年世界粗钢产能增至 24.54 亿吨，比 2020 年增长了 0.2%。粗钢产能的增长主要来自中东地区，2021 年这一地区的产能增加了 490 万吨，增长 5.8%（表 3-4）。

表 3-4 2021 年世界粗钢产能情况 百万吨

地区	2020 年	2021 年	增长/%	在建产能	计划建设产能
非洲	44.7	43.5	-2.7	4.1	0.0
亚洲	1646.5	1646.6	0.0	56.9	41.1
独联体国家	142.6	143.9	0.9	0.8	6.6
欧盟	213.4	213.4	0.0	0.2	6.6
其他欧洲国家	76.4	76.4	0.0	2.0	3.8
拉丁美洲	77.7	78.2	0.7	1.2	5.6
中东	84.1	89.0	5.8	15.4	2.7
北美	156.6	156.8	0.2	7.9	7.0
大洋洲	6.4	6.4	0.0	0.0	0.0
世界合计	2448.3	2454.3	0.2	88.5	73.3

数据来源：经济合作与发展组织（以下简称 OECD）。

五、铁矿石价格大幅上涨

据澳大利亚工业、科学、能源与资源部的资料，2021 年世界铁矿石贸易量为 16.42 亿吨，同比增长了 1.0%（表 3-5）。在主要进口国和地区中只有我国的铁矿石进口量出现下降，欧盟由于市场需求回升，钢铁产量较大幅度增长，导致进口铁矿石数量大幅增加。铁矿石出口国中，巴西的增量比较明显。印度由于国内钢铁工业的发展需要导致其对出口铁矿石实行控制政策，加征了出口关税，铁矿石出口量出现较明显的下降。

表 3-5 世界铁矿石主要进出口国家和地区 百万吨

国家和地区	2020 年	2021 年	同比/%
进口			
中国	1170	1124	-3.9
日本	99	116	17.2

国家和地区	2020 年	2021 年	同比/%
进口			
欧盟	70	113	61.4
韩国	63	76	20.6
出口			
澳大利亚	867	872	0.6
巴西	342	359	5.0
南非	66	65	-1.5
加拿大	55	55	0.0
印度	52	34	-34.6
世界合计	1626	1642	1.0

2021 年上半年国际市场铁矿石价格受中国市场需求增加和国际市场大宗原燃料价格的影响出现了较大幅度的上涨，6 月份的平均价格达到了 214.4 美元/吨的历史高位。下半年随着我国市场需求回落，对进口铁矿石的需求下降，国际市场铁矿石价格大幅下跌，11 月份的平均价格跌到了 96.2 美元/吨。2021 年国际市场铁矿石全年平均价格为 161.7 美元/吨，比上年上涨了 48.5%（图 3-7）。

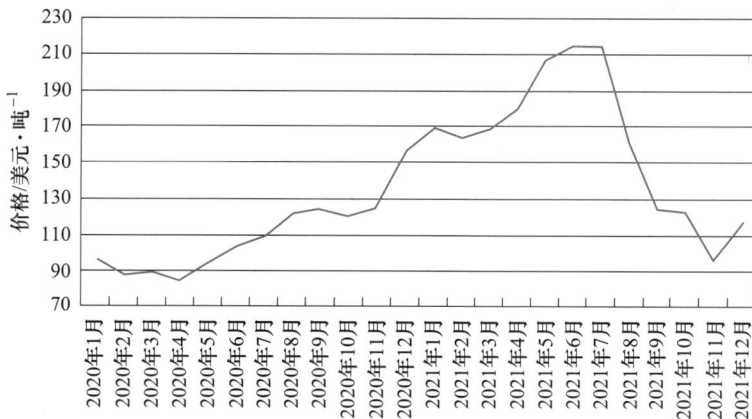

图 3-7 2020-2021 年国际铁矿石市场价格变化情况

2021 年，国际铁矿石四大巨头的生产及运行情况见表 3-6。

表 3-6 2021 年国际铁矿石四大巨头生产及运行情况

企业	时间	铁矿石产量/万吨	铁矿石销量/万吨	销售收入/亿美元	EBITDA/亿美元	净利润/亿美元
淡水河谷	2021 年	34731.8	30981.4	545.02	313.43	224.45
	2020 年	33006.1	28607.6	395.45	175.19	48.81
	变化/%	5.2	8.3	37.8	78.9	359.8
力拓（铁矿石业务按股权）	2021 年	27656	27790	395.82	275.92	173.23
	2020 年	28593	28405	275.08	188.37	113.98
	变化/%	−3.3	−2.2	43.9	46.5	52.0
必和必拓（铁矿石业务）	2021 财年上半年	12940.1	12928.2	158.18	111.53	
	2020 财年上半年	12843.4	12827.3	140.58	102.44	
	变化/%	0.8	0.8	12.5	8.9	
FMG	2021 财年上半年	11800	9310	81.25	47.62	27.77
	2020 财年上半年	10840	9070	93.35	66.39	40.84
	变化/%	8.9	2.6	−13.0	−32.7	−32.0

六、废钢贸易量增加

根据世界钢铁协会公布的数据，2021 年世界废钢出口量达到 1.107 亿吨，同比增长了 10.4%。其中出口量最大的地区是欧盟地区，同时也是废钢进口量最大的地区。亚洲地区则为最大的废钢净进口地区（表 3-7）。此外，世界上最大的废钢独立进口国为土耳其，2021 年进口量达到了 2500 万吨。

表 3-7 2021 年世界废钢贸易量　　　　　　　　百万吨

国家及地区	出口			进口		
	2020 年	2021 年	变化/%	2020 年	2021 年	变化/%
欧盟（27）	42.1	47.9	13.8	31.1	36.2	16.4
其他欧洲国家	9.3	10.9	17.2	24.0	26.6	10.8
俄罗斯与其他独联体国家+乌克兰	5.3	5.9	11.3	2.0	2.4	20.0
美墨加	22.1	23.4	5.9	7.7	8.7	13.0

国家及地区	出口			进口		
	2020 年	2021 年	变化/%	2020 年	2021 年	变化/%
中南美洲	2.3	3.8	65.2	0.6	1.4	133.3
非洲	1.2	1.6	33.3	0.7	1.9	171.4
亚洲	12.3	10.5	-14.6	31.7	31.3	-1.3
世界	100.3	110.7	10.4	98.8	109.5	10.8

七、钢铁企业效益好转

2020 年受疫情的影响，钢材需求普遍下降，导致钢铁企业利润普遍下滑，甚至一些企业出现亏损。2021 年受疫情防控形势好转，以及钢材需求复苏的影响，钢铁企业效益普遍好转。

据安赛乐米塔尔公司公布的报告，2021 年该公司销售收入达到765.71 亿美元，同比增长 43.7%，并超过了 2019 年的 706.15 亿美元。EBITDA 为 194.04 亿美元，同比增长了 351.2%。营业利润为 169.76 亿美元，同比增长 704.5%。净利润为 19.5 亿美元，扭亏为盈。2021 年该公司粗钢产量为 6910 万吨，同比下降了 3.4%，跌破 7000 万吨大关。钢材销售量为 6290 万吨，同比下降 9.0%。吨钢 EBITDA 为 308 美元，同比增长 396.8%。自产铁矿石产量为 5090 万吨，同比下降 12.2%。

根据韩国浦项公司公布的数据，2021 年浦项钢铁公司销售收入 39.92万亿韩元，同比增长 50.6%；营业利润为 6.65 万亿韩元，同比增长485.8%；净利润为 5.18 万亿韩元，同比增长 436.4%。2021 年该公司粗钢产量为 3826.4 万吨，同比增长 6.5%。成品钢材销售量为 3545.6 万吨，同比增长 3.5%，其中国内销售量为 2095.4 万吨，同比增长 10.4%，出口1450.2 万吨，同比下降 5.1%。

日本制铁公司公布的报告显示，2021 财年该公司销售收入为 6.81 万亿日元，同比增长 41.0%，EBITDA 为 1.29 万亿日元，同比增长了221.8%。净利润为 6675 亿日元，同比扭亏为盈。粗钢产量为 4446 万吨，同比增长了 18.1%。钢材销售量为 3556 万吨，同比增长了 13.9%，出口占比 42.0%，提高 6 个百分点。

日本 JFE 公司公布的报告显示，2021 财年该公司销售收入为 4.37 万亿日元，同比增长 35.3%。净利润为 2881 亿日元，同比扭亏为盈。粗钢产量为 2726 万吨，同比增长了 13.8%。钢材销售量为 2238 万吨，同比增长了 9.2%，出口占比 45.5%，提高 3.2 个百分点。

塔塔钢铁公司 2021 财年销售收入为 2.44 万亿卢比，同比增长 55.9%，EBITDA 为 6548 亿卢比，同比增长了 126.4%。净利润为 4175 亿卢比，同比增长了 409.8%。粗钢产量为 3103 万吨，同比增长了 8.7%。钢材销售量为 2952 万吨，同比增长了 3.6%。

据美国纽柯公司公布的数据，2021 年该公司净销售收入为 364.8 亿美元，同比增长了 81%。净利润为 71.22 亿美元，同比增长了 752%。钢材销售量为 2569 万短吨，同比增长了 13.2%，平均销售价格达到了 1292 美元/吨，同比提高了 63.8%。2021 年该公司的现金流达到 46 亿美元，为 2020 年的 3.8 倍。

（本章撰写人：郑玉春，冶金工业经济发展研究中心）

第 4 章
2021 年中国钢铁产品进出口情况

一、中国钢铁产品进出口情况总览

2021 年我国累计出口钢材 6689.5 万吨，同比增长 24.6%；累计进口钢材 1426.8 万吨，同比下降 29.5%；累计进口钢坯 1371.6 万吨，同比下降 25.2%（图 4-1）。

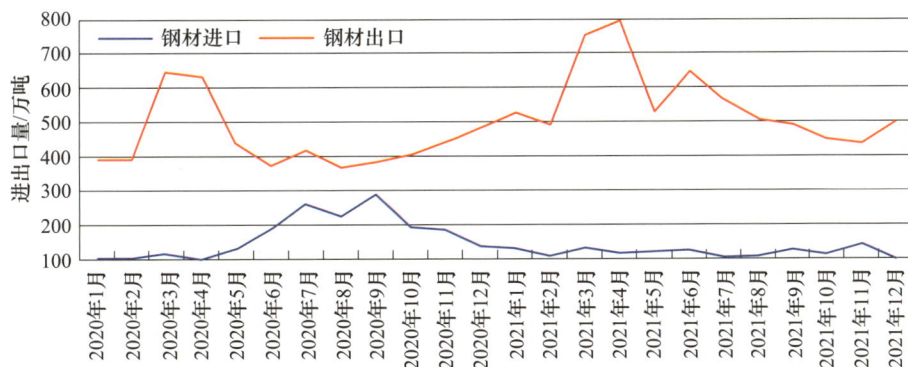

图 4-1　2020-2021 年中国钢材进出口情况

（数据来源：海关总署）

净出口方面，2021 年我国粗钢净出口 4096.1 万吨，较 2020 年同期增加 2451.6 万吨，较 2019 年同期减少 1025.0 万吨（图 4-2）。

进出口价差方面，自 2020 年四季度起，海外钢材价格因需求持续复苏而走强、中国钢材价格涨幅不及国外，导致进出口价差逐步扩大至 3 月份的 390.2 美元/吨。二季度起，海外钢材价格涨势趋缓，中国钢材出口资源因内贸价格大幅上涨、出口退税政策调整等原因上涨，导致进出口价

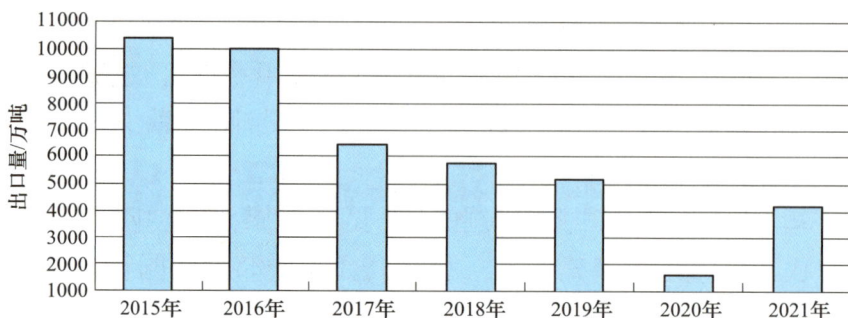

图 4-2　2015-2021 年中国粗钢净出口情况

（数据来源：海关总署）

差逐步收窄，并从 8 月份起连续 5 个月出现进口均价低于出口均价现象，11 月进出口价差最高达到-327.5 美元/吨（图 4-3 和图 4-4）。

图 4-3　2020-2021 年中国钢材进出口平均单价

（数据来源：海关总署）

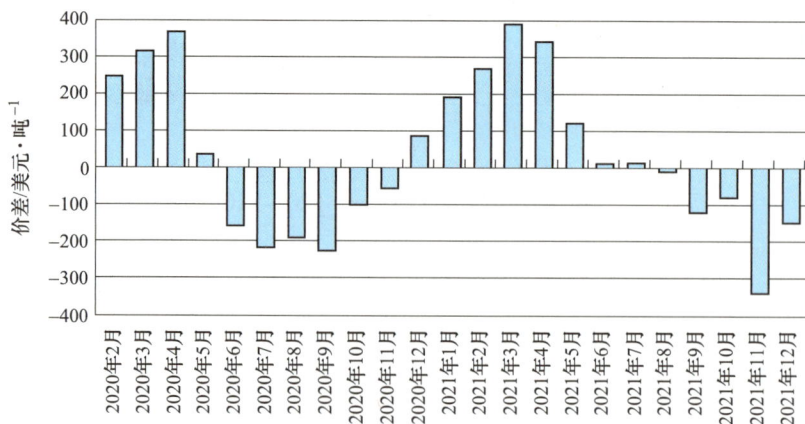

图 4-4　2020-2021 年中国钢材进出口价差

（数据来源：海关总署）

二、中国钢材出口情况

（一）出口量同比大幅增加

近年来，中国钢材出口数量随着国际钢铁贸易摩擦加剧、中国钢材出口价格优势收窄等原因逐年递减，并在 2020 年创下 2012 年以来的最低值 5367.1 万吨。低基数效应下，2021 年我国钢材出口量同比大幅增长 24.6%，但绝对出口量基本恢复至疫情前水平，较 2019 年小幅增长 222 万吨。从单月出口变化来看，全年呈现前高后低的特点。2021 上半年累计出口量 3738.4 万吨，同比增加 28.0%，其中 4 月出口量创下 2016 年 12 月以来峰值水平 797.3 万吨；下半年累计出口量 2952.6 万吨，同比增加 18.2%，单月出口量连续 5 个月下降至年内最低点 436.1 万吨。全年出口数量同比增长且前高后低，主要影响因素如下。

1. 海外需求恢复力度超预期，供应存在缺口

随着全球新冠肺炎疫苗接种的加快推进，此前被抑制的需求得到释放，全球钢铁需求量的恢复力度超过预期。据世界钢铁协会 2021 年 10 月预测，2021 年全球除中国外钢铁需求量将增长 11.5%，较上年 9.5% 的降速显著改善，提前恢复至疫情前水平。欧美主要经济体钢铁生产及供应能力持续修复，全球除中国外粗钢日均产量已经恢复至疫情前水平，并于 10 月份起超过中国粗钢日均产量水平，但海外钢铁供需仍存在缺口。经测算，在产能利用率恢复至疫情前水平的情况下，2021 年全球除中国外仍有 5540 万吨的供应缺口，且短期内不会改变（图 4-5、图 4-6 和表 4-1）。

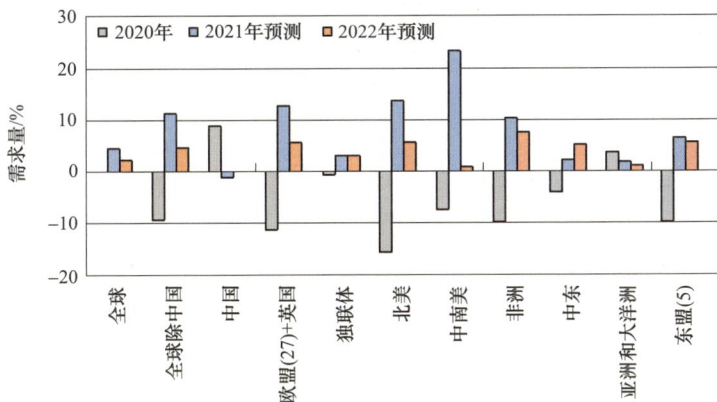

图 4-5　2021-2022 年全球钢铁短期需求预测

（数据来源：世界钢铁协会）

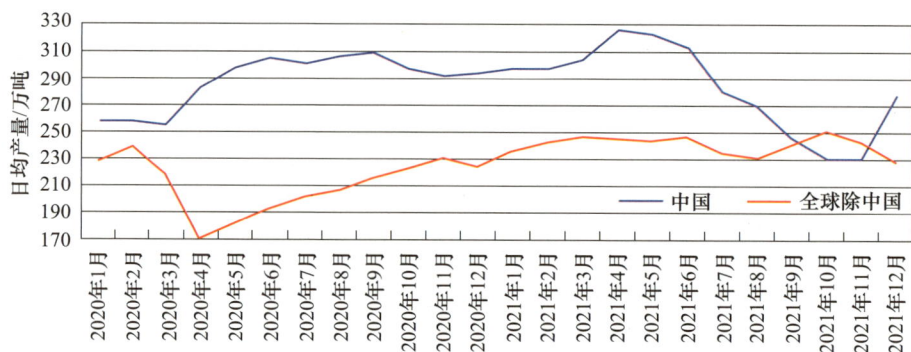

图 4-6　2020-2021 年中国与海外粗钢日均产量变化情况
（数据来源：世界钢铁协会）

表 4-1　**2021 年全球钢铁市场供需预测**　　　　　百万吨

国家和地区	2021-2023 年潜在产能		2021 年					
			供应			需求		
	在建（OECD）	计划（OECD）	产能（保守，2020年产能+1/3在建）	产能利用率（疫情前水平）/%	产量	成品钢需求（WSA）	粗钢需求	供需缺口
全球	45.0	68.7	2467.7	77.6	1916.0	1855.4	1932.7	−16.7
全球除中国				69.6	851.2	870.3	906.6	−55.4
中国				86.5	1064.8	985.1	1026.1	38.7
欧盟（27）+英国	0.2	1.6	213.5	72.7	155.2	158.7	165.3	−10.1
独联体	0.0	3.2	143.6	70.3	100.9	59.9	62.4	38.5
北美	4.0	3.9	157.8	78.1	123.2	129.6	135.0	−11.8
中南美	0.7	0.0	77.7	53.4	41.5	47.9	49.9	−8.4
非洲	3.2	1.0	45.8	38.5	17.6	39.1	40.7	−23.1
中东	16.4	10.9	92.2	55.7	51.4	48.1	50.1	1.3
亚洲和大洋洲	18.6	46.9	1658.9	83.5	1384.7	1330.2	1385.6	−0.9
亚洲	18.6	46.9	1652.5	83.4	1378.5			
大洋洲	0.0	0.0	6.4	96.3	6.2			

数据来源：经济合作与发展组织，世界钢铁协会。

2. 出口具备一定价格优势，企业存在出口动力，贸易商内销转外贸数量激增

2020 年四季度起，全球钢材价格随着需求的修复持续大幅反弹，海外钢材价格涨幅大于国内，中国出口价格优势凸显，并体现在 2021 年一季度出口量上。自 2021 年 3 月起，因政策不确定引发的出口订单抢运、保税区紧张、海运费暴涨导致物流成本大幅攀升，同时铁矿石等原材料价格的上涨进一步推高国内钢铁产品出口成本，国内外价差高位回落，但品种间差异较大，部分品种仍具备出口价格优势，国内贸易商出口热情难挡，内销转外贸交易明显增多。进入四季度，中国钢材出口报价随内贸价格走低，中国热轧卷板、冷轧卷板出口报价降至国际价格洼地，低于国际主流成交价，中国资源询报盘积极性较前期有所增强（图 4-7）。

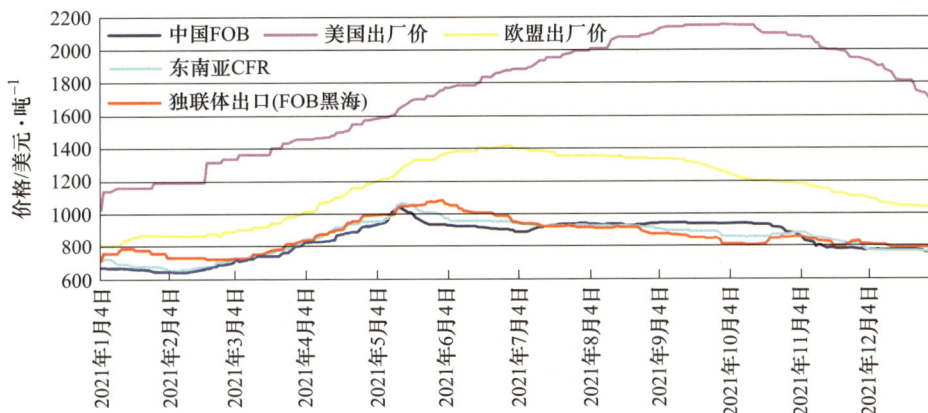

图 4-7　2021 年热轧卷板国际市场价格对比

（数据来源：我的钢铁网）

3. 出口退税政策两次调整，钢铁生产企业出口自律

从 2021 年年初起，出口退税政策调整预期持续发酵，钢材出口企业从 2 月份起加紧组织生产运输出口，以避免政策调整带来的附加成本，3-4 月钢材出口量激增至 700 万吨/月以上。自 4 月底起，国家连续 2 次调整钢材出口退税及关税政策，现所有成品钢材的出口退税率已全部取消，彰显出国家对钢材出口问题的高度关注以及明确的政策导向和决心，在资源瓶颈和环境压力双重约束条件下钢铁行业要走内需主导型、资源节约型和环境友好型发展之路。钢铁生产企业积极响应钢协 8 月发布的钢铁行业出口自律倡议，扎实开展出口自律工作，主动调整出口策略，在保证国内

供应的前提下，自觉调整下半年及全年出口计划，优化产品和客户结构，控制内贸转出口，推动行业高质量发展。2021 年 7-11 月，中国钢材出口量已连续 5 个月回落，11 月出口量降至 436.1 万吨，较 4 月峰值 797.3 万吨大幅回落了 45.3%。

（二）多数钢材品种出口量增加、均价上涨

我国钢材出口以板材为主，2021 年出口板材 4508.1 万吨，占出口总量的 67.4%；出口增量的 93.5% 来自板材，且六大品类中仅板材出口量较 2020 年和 2019 年同期正增长，同比增幅分别为 37.8% 和 17.1%。从细分品种来看，镀层板出口量居于首位，累计出口量超过 1500 万吨。冷轧板卷、热轧板卷年内出口增量显著，分别较 2020 年同期增长 92.0% 和 56.2%，较 2019 年同期也分别有 66.8% 和 16.1% 的增长；二者出口增量主要集中在上半年，7 月份起受政策调整及钢铁企业出口自律等因素影响出口量逐月递减。价格方面，冷系产品出口均价居前且涨幅较为显著，其中不锈钢产品出口价格上涨明显。冷轧窄钢带全年出口均价 3499.6 美元/吨，较 2020 年上涨 67.6%，其中冷轧不锈钢窄带钢出口量和出口金额占比分别为 69.0% 和 81.5%，出口均价 4130.0 美元/吨，较 2020 年上涨 108.0%（表 4-2）。

表 4-2 2021 年我国主要钢材品种出口情况

排名	指标名称	数量/万吨	同比 2020 年/%	同比 2019 年/%	均价/美元·吨$^{-1}$	同比 2020 年/%	同比 2019 年/%
1	镀层板（带）	1537.4	38.6	25.6	1096.5	57.3	58.2
2	中厚宽钢带	914.4	40.4	4.7	805.2	38.5	28.5
3	涂层板（带）	645.2	-1.9	-2.9	1136.6	58.3	53.9
4	冷轧薄宽钢带	473.0	145.3	89.1	867.0	56.7	55.6
5	棒材	408.1	13.7	-16.4	989.3	45.4	40.7
6	焊接钢管	377.5	4.5	-4.6	1572.7	50.3	52.5
7	无缝钢管	339.5	3.8	-22.0	1507.8	23.7	16.7
8	中板	325.2	-8.9	-37.6	1008.4	51.6	57.8
9	线材	323.4	12.3	-23.9	814.6	47.9	43.6
10	冷轧薄板	242.9	37.0	31.0	2231.0	69.4	76.5

续表 4-2

排名	指标名称	数量/万吨	同比 2020 年/%	同比 2019 年/%	均价/美元·吨$^{-1}$	同比 2020 年/%	同比 2019 年/%
11	大型型钢	126.8	23.7	5.5	1020.0	36.8	54.2
12	热轧薄宽钢带	119.0	1101.2	589.7	1056.7	-23.1	-20.8
13	中小型型钢	108.6	-31.8	-40.2	857.8	42.5	34.5
14	电工钢板（带）	97.8	87.0	99.6	1571.2	38.1	42.1
15	冷轧窄钢带	51.6	73.4	110.0	3499.6	67.6	79.0
16	钢筋	45.0	5.3	-2.8	796.5	38.7	38.4
17	铁道用钢材	39.0	4.8	-18.4	1040.6	19.7	9.6
18	厚钢板	32.2	1699.3	1011.8	995.0	-6.3	30.9
19	热轧窄钢带	21.7	-18.9	-22.4	1922.1	61.0	70.2
20	特厚板	11.9	2473.2	561.8	1024.3	-4.7	15.3
21	热轧薄板	8.6	42.2	23.5	1562.4	16.6	46.2

数据来源：海关总署。

（三）东盟出口占比最大，南美洲增速最高

从出口区域来看，我国向东盟出口占比最大，南美洲增长最高。2021 年我国向东盟累计出口钢材 1916.7 万吨，同比增长 11.0%，占总量比重的 28.7%；向南美洲出口钢材 773.8 万吨，同比增长 78.4%；向欧盟 27 国加英国出口钢材 318.4 万吨，同比增长 52.4%，从 6 月份起累计同比增速由负转正且逐步扩大。前 10 大出口目的地中，亚洲国家有 7 个，南美洲有 3 个。其中，向韩国累计出口量 706.5 万吨，居于首位；4 个东盟国家（越南、泰国、菲律宾、印尼）排名分列 2-5 名；向巴西、土耳其出口量同比分别增长 171.6% 和 164.6%（图 4-8）。

三、中国钢材进口情况

（一）进口数量重回疫情前水平

近十年我国钢材进口总量保持平稳，尤其是近五年进口总量在 1300 万吨上下。2020 年中国钢材进口量因国内需求率先复苏、海外资源价格优势显著等原因大幅增长至 2023.3 万吨，2021 年钢材进口量重回疫情前

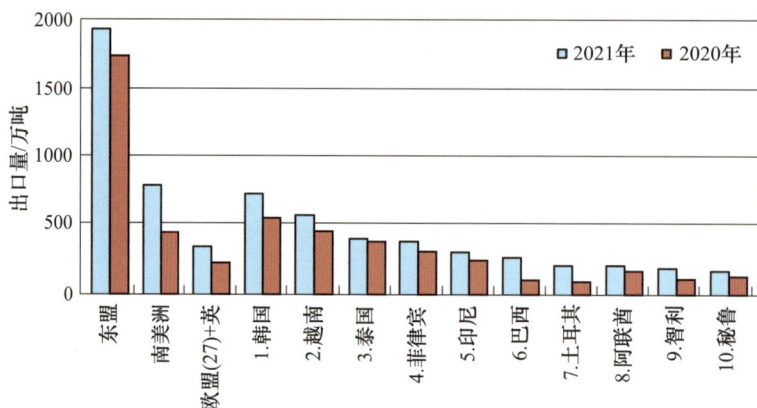

图 4-8　2020-2021 年中国钢材出口量（分国家和地区）
（数据来源：海关总署）

平均水平，但高基数效益下同比降幅较为显著。从单月进口变化来看，全年进口量保持平稳，运行区间在 100 万-142 万吨。2021 年海外需求恢复力度超过预期，供应存在缺口，导致海外钢价高于国内，出口资源向美欧等高价区域流动，进口成本显著提升，抑制了国内企业进口积极性等原因造成了全年进口量同比大幅减少（图 4-9）。

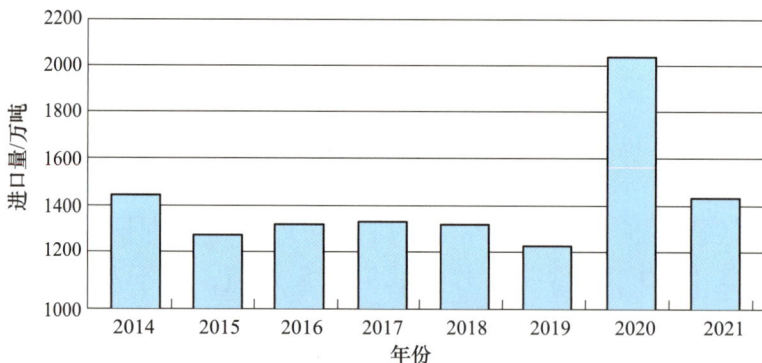

图 4-9　2014-2021 年中国钢材进口变化趋势
（数据来源：海关总署）

（二）多数钢材品种进口数量减少，价格上涨

我国钢材进口以板材为主，2021 年累计进口板材 994.7 万吨，占进口总量的 69.7%，较 2020 年减少 38.2%。2021 年以来我国钢材月进口均价持续攀升至 1500 美元/吨以上，较 2020 年同期上涨逾 50%，上次进口

均价超过 1500 美元还是在 2008 年，进口成本显著提升、进口投机热情降温，导致多数品种进口量较 2020 年显著下滑（表 4-3）。

表 4-3　2021 年主要钢材品种进口情况

排名	指标名称	数量 /万吨	同比 2020 年 /%	同比 2019 年 /%	均价 /美元·吨$^{-1}$	同比 2020 年 /%	同比 2019 年 /%
1	镀层板（带）	205.3	−0.5	−5.3	1169.8	28.0	22.1
2	钢筋	182.0	32.5	5744.1	588.3	43.0	−1.6
3	冷轧薄宽钢带	162.1	−30.1	−5.5	895.8	50.8	34.0
4	中厚宽钢带	160.3	−11.0	−11.3	1047.8	60.5	32.0
5	中板	149.3	−29.6	−10.7	1030.5	23.9	1.3
6	冷轧薄板	108.2	52.9	91.2	1938.4	29.7	26.7
7	线材	102.7	−19.3	75.2	1020.4	49.3	2.2
8	热轧薄宽钢带	79.9	−85.7	−29.9	924.0	103.2	38.3
9	棒材	61.9	10.4	10.7	2323.8	16.4	14.9
10	电工钢板（带）	45.5	5.9	8.6	1204.0	47.0	39.5
11	厚钢板	39.2	−40.2	−5.5	775.5	40.4	14.9
12	大型型钢	24.3	−20.2	7.7	1051.1	52.0	29.7
13	焊接钢管	21.9	−2.8	18.2	2670.8	18.3	3.3
14	冷轧窄钢带	17.2	1.4	−5.2	3237.3	15.8	13.6
15	热轧薄板	14.2	1084.4	2769.9	2232.4	211.0	38.2
16	无缝钢管	13.1	−13.8	−5.9	5768.9	13.2	15.5
17	涂层板（带）	9.4	−10.1	−18.1	1596.6	22.4	25.4
18	热轧窄钢带	6.1	8.3	3.8	4110.3	14.7	2.1
19	铁道用钢材	5.8	53.6	272.2	1111.6	−2.7	−47.0
20	特厚板	3.2	−56.0	−47.1	973.6	46.8	9.2
21	中小型型钢	1.8	−25.5	−43.1	2512.9	51.7	46.0

数据来源：海关总署。

（三）日韩进口占比最大，东盟增长较快

从进口区域来看，我国自日韩进口占比最大，东盟增长较快。日韩是我国钢材传统进口国，2010-2019 年两国进口量平均占总量的 73%，但近

两年进口占比已逐步下滑至五成左右，反映出中国钢材进口来源更加多元化。其中，2021 年我国自韩国累计进口钢材 317.5 万吨，同比大幅下降37.4%。2021 年东盟已跃升为我国钢材第二来源地，累计进口量 355.3 万吨，较 2020 年、2019 年同期分别增长 8.2% 和 5.1 倍，进口占比从 2020年的 16.2% 进一步提升至 24.9%，主要与东盟钢材产能提升、出口具备价格优势等因素有关。前 10 大进口来源地集中在亚洲和欧洲，其中，自越南、中国台湾累计进口数量分别大幅回落 43.5% 和 39.6%；自马来西亚、印尼累计进口量均突破 100 万吨水平，同比分别增加 13.7% 和18.6%（图 4-10）。

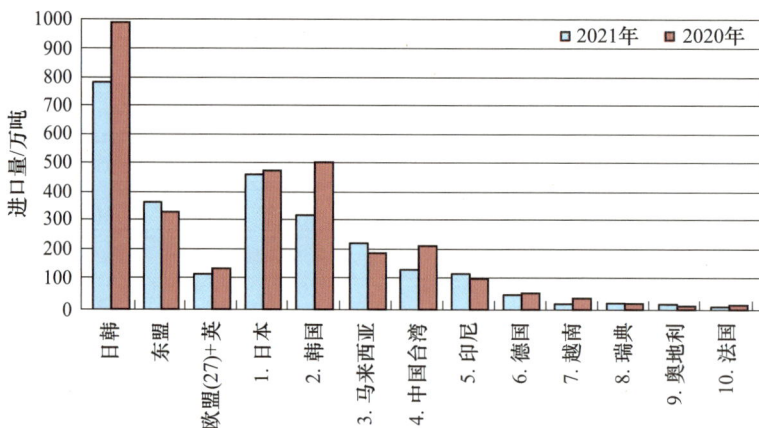

图 4-10　2020-2021 年中国钢材进口量（分国家和地区）

（数据来源：海关总署）

（四）初级产品进口量同比下滑

2021 年 5 月 1 日起，我国对生铁、直接还原铁、再生钢铁原料、铬铁等钢铁初级产品共计 20 个税则号实施税率为 0 的进口暂定税率。政策的出台有利于降低进口成本、鼓励初级产品进口、扩大钢铁资源渠道，也有助于引导行业降低能源消耗总量，促进行业转型升级和高质量发展。然而，受 2021 年国内外供求关系、全球市场资源调配以及市场价格等变化影响，多数钢铁初级产品未能实现明显增量。2021 年我国钢坯、生铁、直接还原铁、再生钢铁原料进口量分别为 1371.6 万吨、198.9 万吨、158.9 万吨和 55.6 万吨，除再生钢铁原料外，其他初级产品进口量不及2020 年，但均较 2019 年有明显增长（图 4-11）。

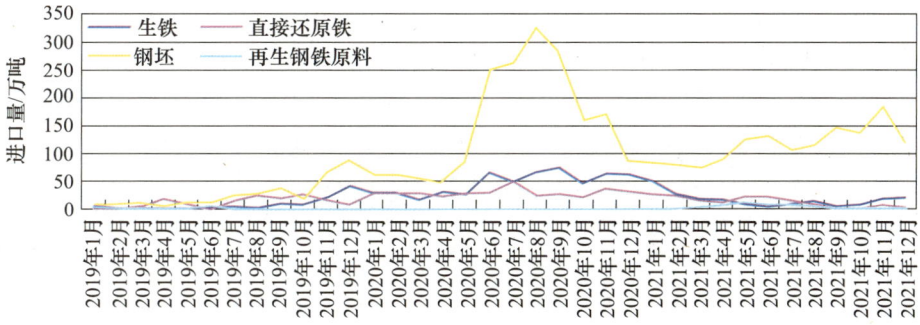

图 4-11　2019-2021 年初级产品当月进口情况

（数据来源：海关总署）

（本章撰写人：樊璐，中国钢铁工业协会）

第5章

2021年主要钢材品种生产、消费情况分析

一、2021年主要长材生产消费情况

（一）2021年钢筋供需情况

1. 表观消费情况

2021年我国钢筋表观消费量25343万吨，同比减少1228万吨，下降4.6%。其中国内生产25206万吨，同比减少1271万吨，下降4.8%；进口182万吨，同比增加45万吨，上升32.5%；出口45万吨，同比增加2万吨，上升5.3%（图5-1）。

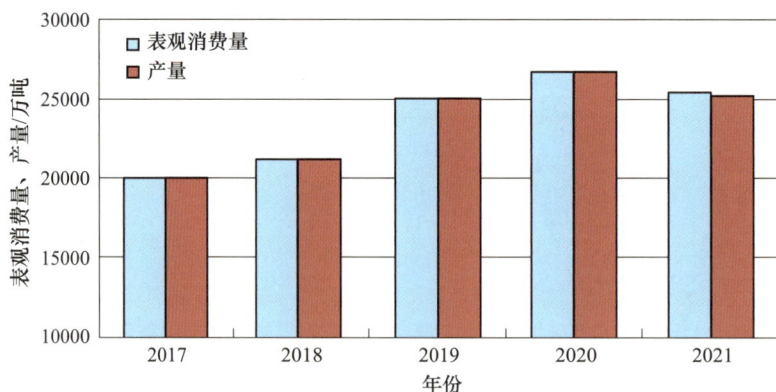

图5-1　2017-2021年我国钢筋表观消费量及产量情况

2021年，全国钢材总产量为133667万吨，同比增长0.9%，钢筋产量增速低于钢材平均增速5.4个百分点；钢筋产量占钢材总产量的比重为

18.9%，较上年下降 1.19 个百分点。

2. 进出口情况

我国钢筋进口量多年维持在 10 万吨以下，近两年连续大幅增长，进口均超过 100 万吨。根据海关总署统计，2021 年我国进口钢筋 182 万吨，同比增加 45 万吨，上升 32.5%，高于钢材进口平均增幅 62 个百分点。出口钢筋 45 万吨，同比增加 2 万吨，上升 5.3%，低于钢材出口平均增幅 19.3 个百分点（图 5-2）。

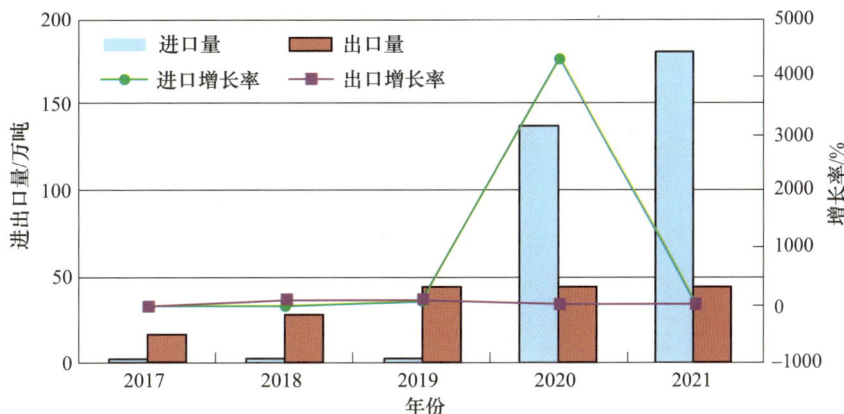

图 5-2 2017-2021 年我国钢筋进出口情况

3. 消费情况

2021 年我国钢筋消费增长幅度较上年有所下降。从钢协重点统计会员企业钢筋销售流向来看，华东地区依然是我国钢筋流入最大区域，2021 年占全国比重为 42.0%，其次中南占比 23.6%，西南占比 14.0%，西北占比 8.4%，华北占比 7.6%，东北占比 4.0%；出口占比 0.5%。对比 2021 年和 2020 年钢筋流向比重，流向华东、西北地区比重上升，其他地区均有不同程度下降，出口占比持续下降（表 5-1）。

表 5-1 2017-2021 年钢协会员企业钢筋产品流向区域情况　　　　%

年份	华北	东北	华东	中南	西北	西南	出口
2017	10.2	4.1	40.6	20.0	6.5	16.4	2.2
2018	8.8	3.8	40.5	21.7	5.7	18.1	1.3
2019	7.9	3.9	41.5	23.9	6.0	16.0	0.9
2020	8.0	4.5	39.7	25.2	6.9	15.0	0.6
2021	7.6	4.0	42.0	23.6	8.4	14.0	0.5

（二）2021 年线材供需情况

1. 表观消费情况

2021 年我国线材表观消费量为 15365 万吨，同比减少 1269 万吨，下降 7.6%；其中国内生产 15585 万吨，同比减少 1209 万吨，下降 7.2%；进口 103 万吨，同比减少 25 万吨，下降 19.3%；出口 323 万吨，同比增加 35 万吨，上升 12.3%（图 5-3）。

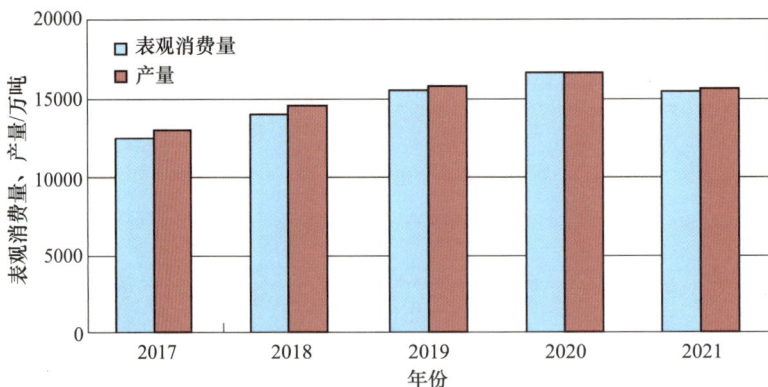

图 5-3　2017-2021 年我国线材表观消费量及产量情况

2021 年线材产量增速低于钢材平均增速 7.8 个百分点；线材产量占钢材总产量比重为 11.7%，较上年下降 0.88 个百分点。

2. 进出口情况

我国线材进口量多年保持在 50 万吨左右，近两年增量较大，进口连续超过 100 万吨。2021 年进口量 103 万吨，同比减少 25 万吨，下降 19.3%，高于钢材进口平均增幅 10.2 个百分点。出口连续 5 年下降后 2021 年有所上升，2021 年出口 323 万吨，同比增加 35 万吨，上升 12.3%，低于钢材出口平均增幅 12.3 个百分点（图 5-4）。

3. 消费情况

2021 年我国线材消费有所下降，其中华东地区仍为主要流入地，2021 年占比达到 39.6%；中南占比 20.6%，华北地区占比 17.9%，西南占比 10.8%，西北占比 6.0%，东北占比 2.9%，出口占比 2.2%。对比 2021 年和 2020 年流向比重，流向华东、华北地区占比上升，其他地区下降，出口占比连续 5 年下降（表 5-2）。

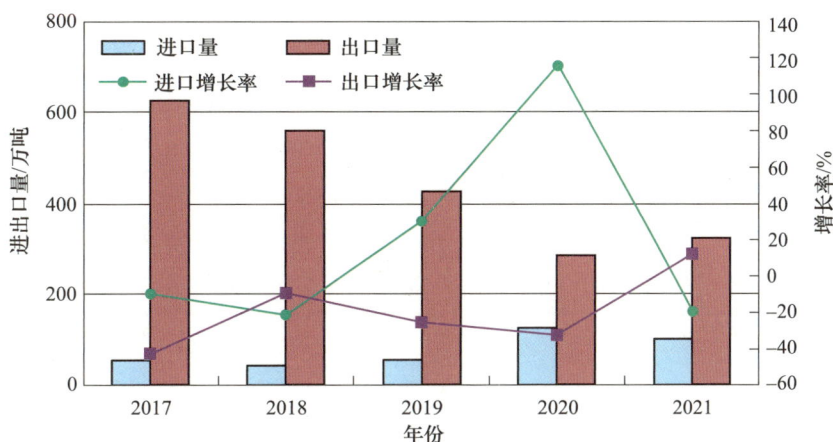

图 5-4　2017-2021 年我国线材进出口情况

表 5-2　**2017-2021 年钢协会员企业线材产品流向区域情况**　　　%

年份	华北	东北	华东	中南	西北	西南	出口
2017	18.6	3.2	42.0	15.8	5.3	8.7	6.3
2018	20.4	2.5	39.7	17.0	6.8	8.6	5.0
2019	18.8	2.7	37.5	19.4	6.1	11.6	3.8
2020	17.7	3.0	38.1	21.0	6.4	11.2	2.6
2021	17.9	2.9	39.6	20.6	6.0	10.8	2.2

（三）2021 年焊接钢管供需情况

1. 表观消费情况

2021 年我国焊接钢管表观消费量 5528 万吨，同比减少 243 万吨，下降 4.2%；其中国内生产 5883 万吨，同比减少 226 万吨，下降 3.7%；进口 22 万吨，同比减少 1 万吨，下降 2.8%；出口 377 万吨，同比增加 16 万吨，上升 4.5%（图 5-5）。

2021 年焊接钢管产量同比增速低于钢材平均增速 4.3 个百分点；产量占钢材总产量比重为 4.4%，较上年下降 0.24 个百分点。

2. 进出口情况

近几年我国焊接钢管进出口波动幅度不大，进口量一直保持在 20 万

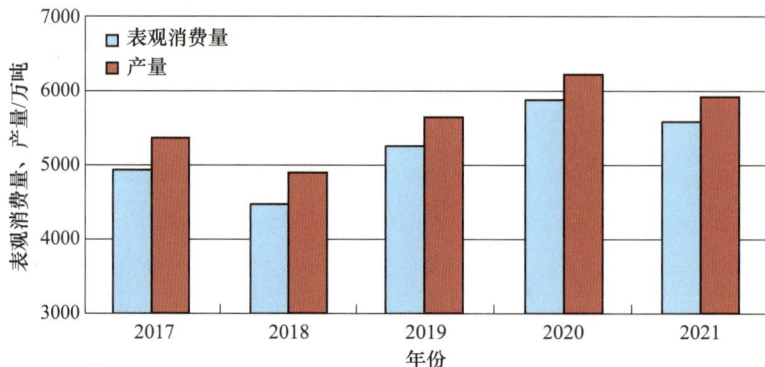

图 5-5　2017-2021 年我国焊管表观消费量及产量情况

吨左右，2021 年焊接钢管进口量为 22 万吨，同比减少 1 万吨，下降
2.8%，高于钢材进口平均增幅 26.7 个百分点。出口量前期保持在 400 万
吨左右，近两年有所下降，2021 年出口 377 万吨，同比增加 16 万吨，上
升 4.5%，低于钢材出口平均增幅 20.1 个百分点（图 5-6）。

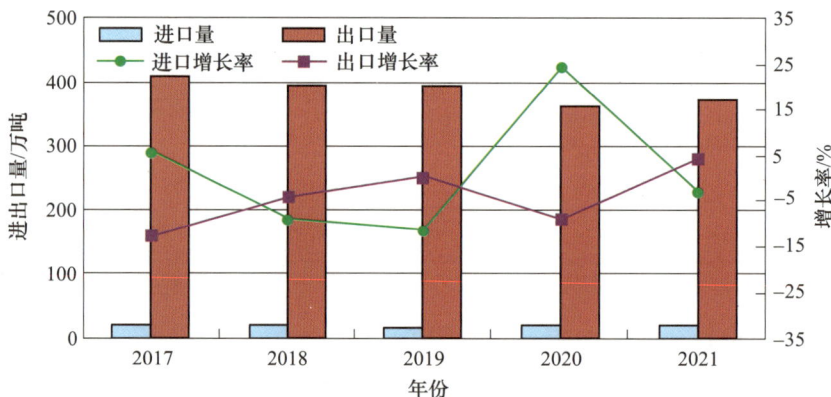

图 5-6　2017-2021 年我国焊接钢管进出口情况

3. 消费情况

2021 年我国焊接钢管消费较上一年下降较多，其中华东、华北地区
为主要流入地，2021 年占比分别为 44.9% 和 39.4%；东北地区占比
3.7%，西北占比 3.5%，中南占比 1.4%，西南占比 0.6%；出口占比
6.6%。对比 2021 年和 2020 年流向比重，华东地区占比下降较多，华北
占比上升较多（表 5-3）。

表 5-3　2017-2021 年钢协会员企业焊接钢管产品流向区域情况　　%

年份	华北	东北	华东	中南	西北	西南	出口
2017	30.9	4.5	44.1	4.4	1.9	1.9	12.3
2018	32.2	8.0	47.0	1.0	2.5	0.9	8.3
2019	19.6	7.7	58.5	3.5	2.2	2.0	6.5
2020	14.8	8.6	60.2	2.3	6.3	1.0	6.7
2021	39.4	3.7	44.9	1.4	3.5	0.6	6.6

二、2021 年主要板带材生产消费情况

（一）2021 年中厚宽钢带供需情况

1. 表观消费情况

2021 年我国中厚宽钢带表观消费量 17179 万吨，同比增加 457 万吨，上升 2.7%。其中国内生产 17933 万吨，同比增加 739 万吨，上升 4.3%；进口 160 万吨，同比减少 20 万吨，下降 11.1%；出口 914 万吨，同比增加 263 万吨，上升 40.4%（图 5-7）。

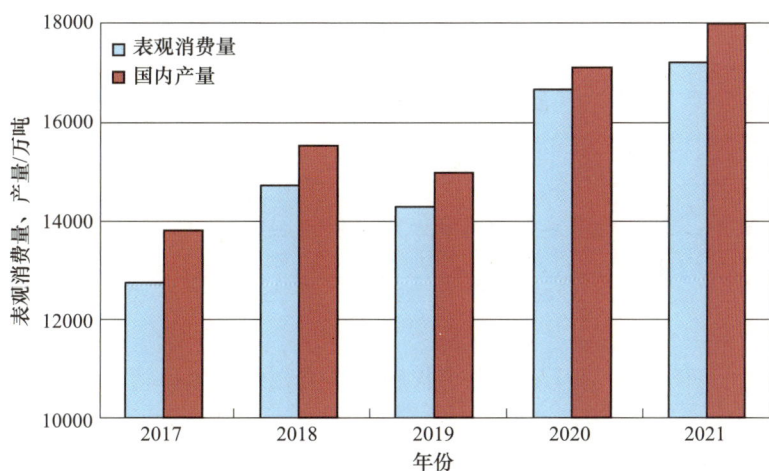

图 5-7　2017-2021 年我国中厚宽钢带表观消费量及产量情况

2021 年中厚宽钢带产量增速高于钢材平均增速 3.7 个百分点；产量占钢材总产量比重为 13.4%，较上年上升 0.55 个百分点。

中厚宽钢带是热连轧机的主要产品之一，在钢协重点统计会员企业

中，2021 年中厚宽钢带产量占热连轧机总产量的 43.4%，同比下降 1.63 个百分点；下工序用料占全部轧机产量的 42.1%，同比下降 0.26 个百分点；热轧薄宽钢带占全部轧机产量的 14.6%，同比上升 1.89 个百分点。

2021 年，钢协重点统计会员企业的热连轧机生产中，中厚宽钢带的主要品种板产量同比大部分呈上升趋势，其中汽车板产量 698 万吨，同比增加 73 万吨，上升 11.7%；集装箱板产量 276 万吨，同比增加 123 万吨，上升 79.7%；管线钢板产量 198 万吨，同比减少 2 万吨，下降 1.0%；热轧酸洗板产量 385 万吨，同比增加 36 万吨，上升 10.5%。

2. 进出口情况

我国中厚宽钢带进出口量均保持在较高水平，2021 年进口 160 万吨，同比减少 20 万吨，下降 11.1%，降幅低于钢材进口平均水平 18.4 个百分点。出口逐年下降，2020 年为最低水平，2021 年有所回升，出口量 914 万吨，同比增加 263 万吨，上升 40.4%，高于钢材出口平均增幅 15.8 个百分点（图 5-8）。

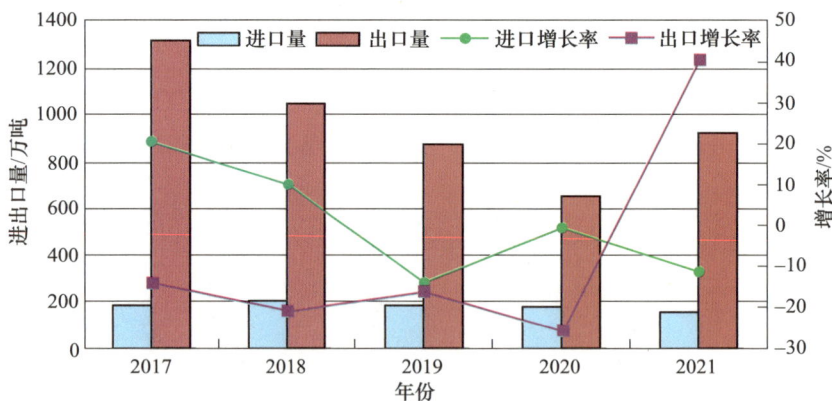

图 5-8　2017-2021 年我国中厚宽钢带进出口情况

3. 消费情况

近几年我国中厚宽钢带消费呈现较快增长，华东、华北地区仍为主要流入地，2021 年占比分别达到 38.3% 和 26.8%；中南占比 16.1%，东北占比 8.1%，西南占比 6.6%，西北占比 2.2%；出口占比 2.0%。对比 2021 年和 2020 年流向比重，华北、东北地区占比上升幅度较大，中南、西南和西北地区占比有所下降，出口占比连续下降（表 5-4）。

表 5-4　2017-2021 年钢协会员企业中厚宽钢带产品流向区域情况　%

年份	华北	东北	华东	中南	西北	西南	出口
2016	29.5	5.5	32.1	17.2	2.6	5.7	7.3
2017	26.3	5.0	36.0	17.1	2.6	7.1	5.9
2018	25.0	5.9	37.6	15.8	2.5	8.8	4.3
2019	25.1	6.7	38.2	16.6	2.5	7.7	3.2
2020	26.8	8.1	38.3	16.1	2.2	6.6	2.0

（二）2021 年冷轧薄板供需情况

1. 表观消费情况

2021 年全国冷轧薄板表观消费量 4376 万吨，同比增加 440 万吨，上升 11.2%。其中国内生产 4511 万吨，同比增加 469 万吨，上升 11.6%；进口 108 万吨，同比增加 37 万吨，上升 52.9%；出口 243 万吨，同比增加 66 万吨，上升 37.0%（图 5-9）。

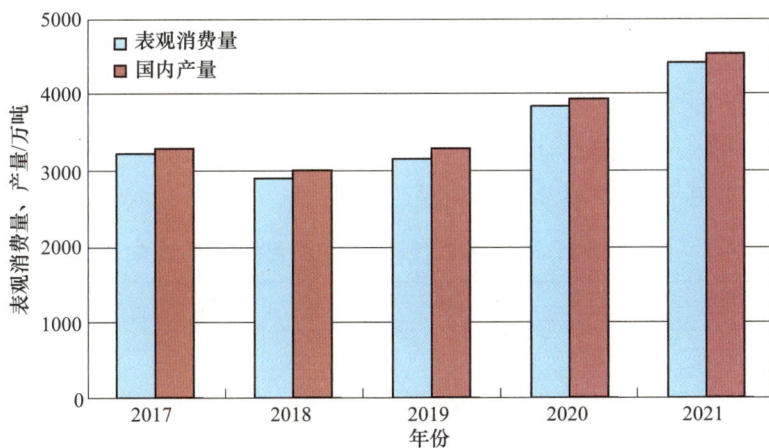

图 5-9　2017-2021 年我国冷轧薄板表观消费量及产量情况

2021 年冷轧薄板产量增速高于钢材平均增速 11 个百分点；产量占钢材总产量比重为 3.4%，较上年上升 0.42 个百分点。

2. 进出口情况

我国冷轧薄板进出口量均保持在较高水平，2021 年进口 108 万吨，同比增加 37 万吨，上升 52.9%，高于钢材进口平均增幅 82.4 个百分点。

出口量前期维持在 180 万吨左右，2021 年上升幅度较大，出口 243 万吨，同比增加 66 万吨，上升 37.0%，高于钢材出口平均增幅 12.4 个百分点（图 5-10）。

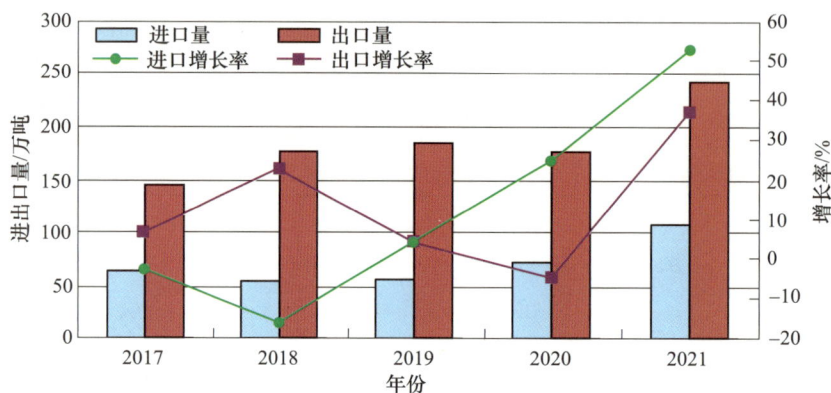

图 5-10 2017-2021 年我国冷轧薄板进出口情况

3. 消费情况

近两年我国冷轧薄板消费增长较快，华东仍为主要流入地区，2021年占比 63.4%；华北占比 14.5%，中南占比 11.8%，东北占比 4.2%，西南占比 0.7%，西北占比 0.1%；出口占比 5.4%。对比 2021 年和 2020 年流向比重，流向华东地区上升幅度较大，中南、西南地区流向占比下降较大，出口占比有所回升（表 5-5）。

表 5-5 2017-2021 年钢协会员企业冷轧薄板产品流向区域情况   %

年份	华北	东北	华东	中南	西北	西南	出口
2017	14.2	4.6	41.6	23.3	1.6	7.8	6.9
2018	23.2	2.5	44.7	16.7	3.6	2.4	6.8
2019	10.6	4.4	44.8	25.2	1.4	7.7	5.8
2020	11.2	4.3	45.4	25.5	1.5	8.0	4.1
2021	14.5	4.2	63.4	11.8	0.1	0.7	5.4

（本章数据来源：国家统计局，海关总署，中国钢铁工业协会。

本章撰写人：刘彪，汤宏雪，徐晶，中国钢铁工业协会）

第6章
2021年中国铁矿石进口情况分析

2021年，中国生铁和粗钢产量双双出现下滑，生铁产量8.69亿吨，同比下降4.3%，占全球产量的65.5%；粗钢产量为10.35亿吨，同比下降2.8%，占全球产量的53.1%。

尽管中国生铁和粗钢产量出现下滑，但在全球其他主要国家经济复苏的推动下，2021年全球生铁和粗钢产量仍实现增长，生铁产量达到13.54亿吨，同比增长0.9%；粗钢产量达到19.51亿吨，同比增长3.8%。鉴于此，2021年，世界铁矿石进口总量同比增长2.8%，达到16.63亿吨。

基于我国庞大的高炉生铁生产规模，以及国产铁矿石原矿品位偏低，我国每年需要大量进口铁矿石来满足国内需求，是世界最大的铁矿石进口国。2016年以来，我国铁矿石进口量虽然出现波动，但总体均保持在10亿吨以上水平，其中2020年进口量创下11.70亿吨的历史新高。在生铁产量下降的推动下，2021年我国铁矿石进口量自历史高位下滑至11.24亿吨，同比下降3.9%，占世界铁矿石进口总量的67.6%（图6-1）。

与2020年相比，2021年我国铁矿石进口的结构性变化主要表现为：

一是我国进口铁矿石主要来源地依然是澳大利亚和巴西，并且占我国进口铁矿石总量的比重均有所上升，2020年澳大利亚占61.0%、巴西占20.2%，2021年澳大利亚占61.7%、巴西占21.1%，即进口来源趋于集中。

二是我国来自南美国家的铁矿石进口均保持增长，而来自其他主要国家铁矿石进口均有不同程度的下降。

三是铁矿石月度进口量总体保持在9000万吨左右水平，波动性减小，

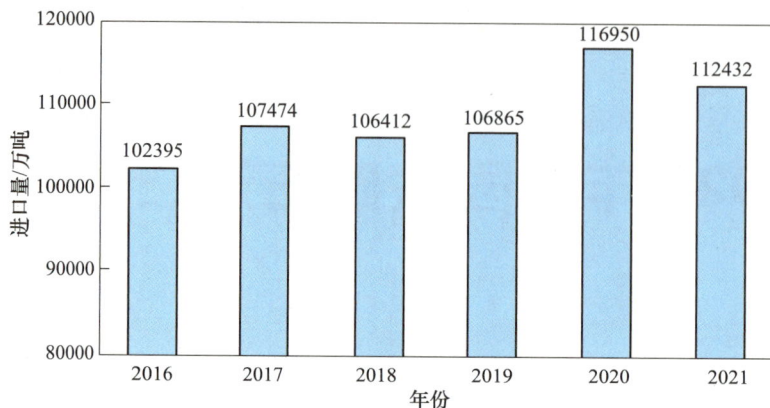

图 6-1　2016-2021 年我国铁矿石进口量变化

仅个别月度出现明显增长。

四是进口铁矿石港存量月度持续攀升。12 月末，进口铁矿石港存量达到 1.56 亿吨，创近三年新高。

五是进口铁矿石价格创历史新高。上半年，进口铁矿石价格波动攀升，6 月末，进口铁矿石到岸价突破 200 美元/吨大关，达到 218.9 美元/吨，创历史新高；下半年进口铁矿石价格波动下行，但年末又出现反弹。

六是进口铁矿石海运费高位波动。全年巴西和西澳至青岛铁矿石海运费呈现出先涨后跌走势，9 月末巴西图巴朗至中国青岛铁矿石海运费达到 45.4 美元/吨、西澳至中国青岛铁矿石海运费达到 21.5 美元/吨的高位，之后逐步回落至正常偏高水平。

2020-2021 年我国铁矿石主要进口来源见表 6-1，2020 年我国铁矿石主要进口来源占比见图 6-2，2021 年我国铁矿石主要进口来源占比见图 6-3，2019-2021 年我国铁矿石进口量及同比增长见图 6-4，2019-2021 年我国进口铁矿石港存量月度变化见图 6-5，2020-2021 年铁矿石价格变化见表 6-2，2020-2021 年巴西和西澳至青岛铁矿石海运费变化见表 6-3。

表 6-1　2020-2021 年我国铁矿石主要进口来源　　　　　　　万吨

国家	2021 年	2020 年	增减量	增减幅/%
进口总量	112432	116950	-4518	-3.9
澳大利亚	69390	71313	-1923	-2.7
巴西	23756	23574	182	0.8
南非	4027	4640	-613	-13.2

国家	2021 年	2020 年	增减量	增减幅/%
印度	3356	4484	−1128	−25.1
乌克兰	1745	2482	−737	−29.7
秘鲁	1699	1359	340	25.0
加拿大	1482	1735	−253	−14.6
智利	1376	1308	68	5.2
俄罗斯	851	1264	−413	−32.7
毛里塔尼亚	809	880	−71	−8.1
蒙古	732	837	−105	−12.5

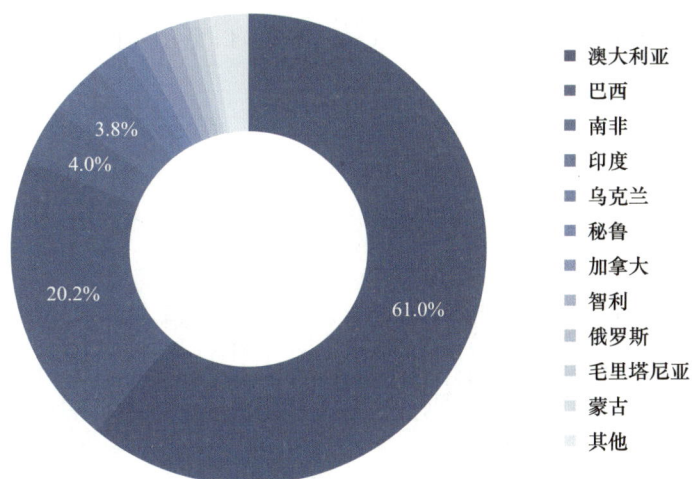

图 6-2　2020 年我国铁矿石主要进口来源占比

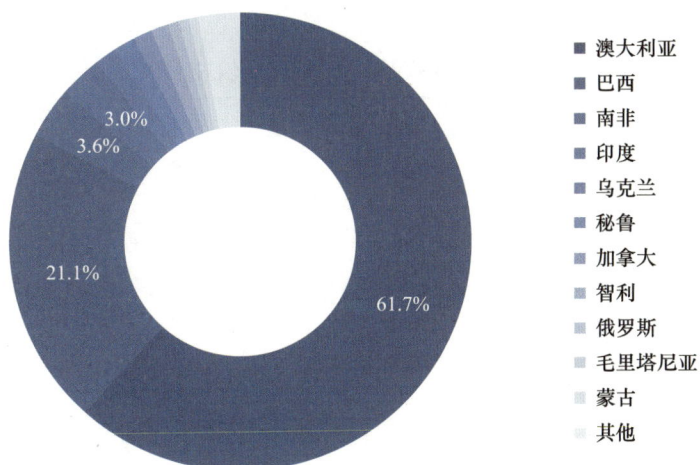

图 6-3　2021 年我国铁矿石主要进口来源占比

图 6-4　2019-2021 年我国铁矿石进口量及同比增长

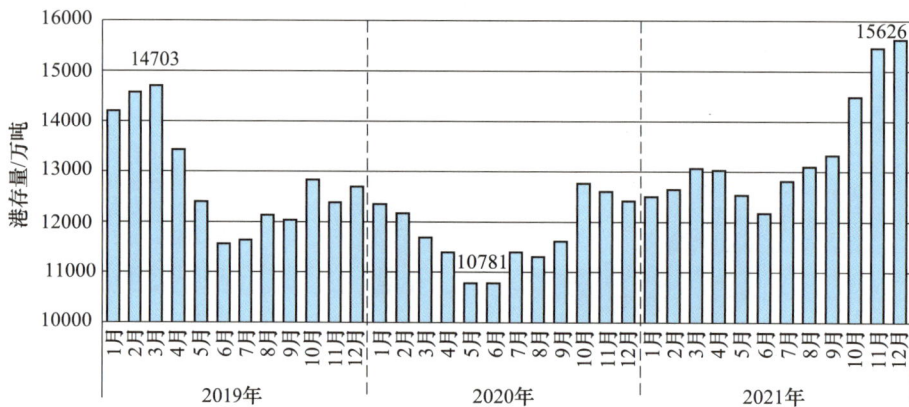

图 6-5　2019-2021 年我国进口铁矿石港存量月度变化

表 6-2　2020-2021 年铁矿石价格变化

时间	中国铁矿石价格指数	国产铁矿石价格/元·吨⁻¹	进口铁矿石到岸价格/美元·吨⁻¹	进口铁矿石现货贸易含税价格/元·吨⁻¹
2020 年 1 月	345.0	715.6	94.2	680.5
2 月	311.3	714.4	83.4	681.6
3 月	309.2	703.6	83.0	709.3
4 月	306.5	686.0	82.5	699.7
5 月	359.8	715.5	91.6	815.9
6 月	364.4	768.8	99.2	839.8
7 月	399.6	787.8	110.0	920.0

时间	中国铁矿石价格指数	国产铁矿石价格/元·吨⁻¹	进口铁矿石到岸价格/美元·吨⁻¹	进口铁矿石现货贸易含税价格/元·吨⁻¹
8 月	443.5	825.6	123.3	1033.4
9 月	432.5	815.5	120.0	983.1
10 月	421.4	816.7	116.4	941.0
11 月	465.2	832.6	130.1	974.7
12 月	566.7	967.6	159.5	1191.2
2021 年 1 月	562.5	1047.8	156.3	1194.7
2 月	618.7	1286.9	173.8	1286.9
3 月	586.2	1062.8	163.6	1218.6
4 月	665.2	1152.2	186.9	1409.6
5 月	704.0	1257.9	196.9	1508.4
6 月	775.5	1299.2	218.9	1624.6
7 月	654.2	1334.4	179.1	1365.8
8 月	557.3	1149.6	152.3	1151.9
9 月	439.7	975.2	118.6	945.6
10 月	402.0	943.5	107.2	888.3
11 月	373.6	798.0	101.5	717.2
12 月	433.4	871.4	118.9	863.2

注：国产铁矿石和进口澳大利亚铁矿石（品位 62%）月末价格。

表 6-3　2020-2021 年巴西和西澳至青岛铁矿石海运费变化

美元/吨

时间	巴西图巴朗-青岛	西澳-青岛
2020 年 1 月	16.7	6.3
2 月	12.6	5.3
3 月	10.3	5.4
4 月	10.0	4.3
5 月	8.1	4.1
6 月	21.1	10.5
7 月	17.5	7.2

续表 6-3

时间	巴西图巴朗–青岛	西澳–青岛
8 月	18.3	8.1
9 月	21.5	8.7
10 月	15.1	7.1
11 月	13.7	7.0
12 月	16.1	8.1
2021 年 1 月	17.2	6.1
2 月	15.5	7.2
3 月	21.0	8.9
4 月	29.1	13.2
5 月	24.3	11.2
6 月	27.3	12.1
7 月	28.9	15.1
8 月	34.9	13.8
9 月	45.4	21.5
10 月	28.1	12.5
11 月	29.8	13.9
12 月	22.2	8.8

注：国际铁矿石海运月末价格。

2021 年，在我国高炉生铁减产和进口铁矿石总量下降的大背景下，我国进口铁矿石到岸价格却从年初的 156 美元/吨飙升至 6 月末的 219 美元/吨，12 月末虽回落至 119 美元/吨，但仍处于高位，导致全年铁矿石进口量下降 3.9%，但进口金额却同比大幅上涨 49.3%，严重侵蚀中国钢铁业利润，其主要根源就在于国际铁矿石供应市场的高度垄断。

目前，国际上主要铁矿石供应商包括巴西淡水河谷和澳大利亚力拓、必和必拓、FMG。"四大矿"合计产量约占全球的 50%，出口量占全球接近 70%，依托规模优势、成本优势（比世界平均成本低 1/3）、品质优势（"四大矿"铁矿石平均品位在 60% 左右，全球平均品位为 44.7%）等，使国际铁矿石供给市场呈现寡头垄断格局。2021 年，由于"四大矿"铁矿石出口价格显著上涨，其盈利水平明显提升。

综上，有五点值得特别关注：

第一，自普氏指数成为定价基准起，真实成交样本量小和不公开、不透明等问题就饱受多方质疑。国外铁矿石供给的高度垄断使得任何市场手段的定价最终演变成几大矿山控制的交易，往往通过少数几单平台的交易或高报价就能影响价格和市场情绪。同时，尽管指数有其方法论，但样本的具体情况和编制等是个"暗箱"，金融属性越来越强。

商品价格由供需决定，铁矿石期货改变不了供需关系，却可以明显影响价格涨跌的幅度，助跌推涨作用明显。所以，无论供需关系及价格如何变化，铁矿石期货本身应始终推进完善相关规则和制度，打击违法违规行为和加强市场监管，创造真正有利于产业和国家、真正服务实体经济的环境。为此，需要推进完善和优化期货交易和现货平台交易来促进完善铁矿石定价机制，推动建立更加公开、公正、透明的铁矿石定价体系。

第二，基于通过生铁产量估算我国铁矿石消费量，按品位 60% 的铁矿石估算，2021 年我国铁矿石消费量达到 14.48 亿吨，铁矿石进口量为 11.24 亿吨，因此铁矿石对外依存度高达 77.7%（图 6-6）。虽然我国是全球最大的铁矿石进口国和消费国，却没有铁矿石定价权。目前旨在加强铁矿石资源保障的"基石计划"获得推进。"基石计划"即用 2-3 个"五年规划"时间，改变中国铁资源来源构成，从根本上解决钢铁产业链资源短板问题，进而降低铁矿石对外依存度。

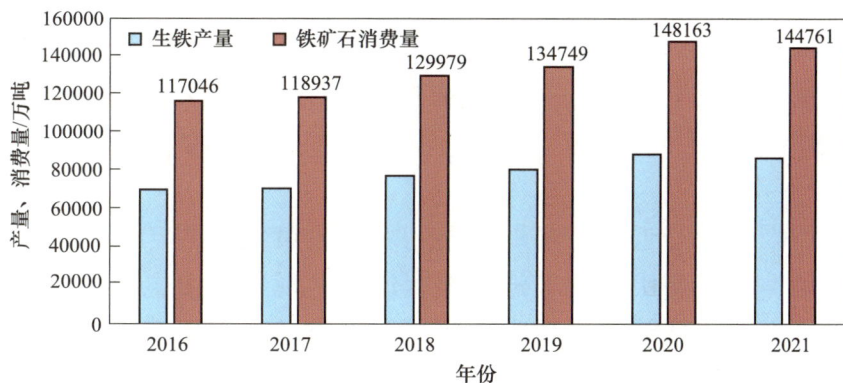

图 6-6 2016-2021 年我国铁矿石消费量变化

第三，据不完全统计，目前我国在境外拥有的铁矿石权益资源量超过 240 亿吨，但有相当多的资源因投资强度大、投资周期长、投资主体单一而未开发，亟待成立投资主体多元化的境外铁矿资源开发集团，统筹所有海外资源，集中资金、资源、力量，促进海外资源开发和扩产，减少对"四大矿"的依存度。

第四，我国铁矿石生产分布不均，从 2021 年全国各省市铁矿石产量来看，排名前三的省份是河北、辽宁和四川，三省合计产量占全国总产量超过三分之二（图 6-7）。其中，河北省是全国最大的铁矿石生产地区，铁矿石原矿产量超过 4 亿吨，占全国总产量的比重接近 41%。

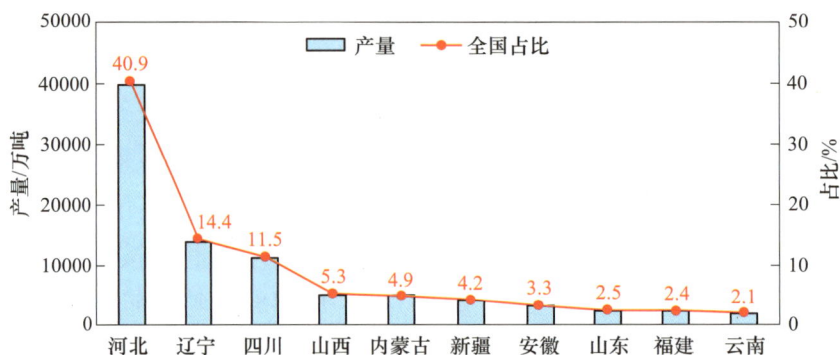

图 6-7　2021 年我国前十大省市铁矿石原矿产量及占比

第五，进口铁矿石价格飙升牵引国产铁矿石价格的"水涨船高"，2021 年我国黑色金属采矿业利润总额同比大增 113.5%，但高矿价却没能刺激国产铁矿石投资和产量的激增，进而未能通过国产铁矿石产量的大幅释放来平衡供求关系和抑制进口铁矿石价格的上涨。2021 年，我国黑色金属矿采选业固定资产投资额同比增长 26.9%；铁矿石原矿产量 9.81 亿吨，同比增长 13.1%；成品矿产量达到 2.85 亿吨，同比仅增长 4.4%（图 6-8）。

究其原因，一是近年来各地严格的环保政策使得国产铁矿的生产规模被严格控制，一些矿山企业被迫关停、退出，现有矿山也由于在重点区域范围内原则上禁止新建露天矿山项目，对已有矿山露天矿山禁止平面扩大范围、由露天改为地下等要求；二是近年来我国对新建铁矿资源的勘探力度明显滞后，国内铁矿山资源禀赋差、采选难度大，投资收益预期低，国产铁矿山固定资产投资下降；三是国内铁矿山开采项目受国土、环保、安全等方面的限制较多，行政许可事项多、环节多、周期长，不利于国产矿供给能力的提升。

图 6-8   2016-2021 年中国铁矿石原矿及成品矿产量

鉴于此，应在认识上将铁矿石作为战略性金属资源，维持国内铁矿石供应的一定弹性是保障我国钢铁行业产业安全的重要之举。对铁矿石生产企业，政府部门应给予一定的融资和税收支持，以及做好停产期间的员工安置或补助工作；鼓励企业和地方政府合作勘探开发新的铁矿石资源，弥补存量老矿山资源的枯竭；加快国内铁矿石企业的联合重组，通过整合形成合力和协同优势；推进智慧矿山建设，以科技赋能传统矿山，降低国内铁矿石生产成本，进而保持和提升国产铁矿石的有效供给能力。具体措施有：

首先，应加强国内资源勘查，力争实现找矿突破。围绕 26 个重点成矿区带，开展 1 : 5 万矿产地质调查和区域地质调查，解决制约矿产勘查开发的关键地质问题。完善风险勘查市场，鼓励社会资本投入，加大探矿权投放力度，开展隐伏和深部矿床找矿，实现探明储量较快增长。

其次，应优化铁矿开发格局，稳定铁矿供应能力。加快 25 个铁矿资源基地建设和 28 个国家规划矿区勘查开发，构建以大中型矿山为主体的供应格局。确保现有铁矿供应能力稳步提升，积极推进一批资源有保障、区位有优势、产业有基础的铁矿建设项目，保障合理的用矿、用地需求，新增一批优质产能，稳定铁矿石年开采量在 3 亿吨左右（品位 62%）。

最后，应优化铁矿资源开发利用结构，切实提高规模集约开发利用水平。加大中小型及以下铁矿整合力度，适度控制千米以下深矿井和小规模低品位铁矿开发，不再新建 30 万吨/年以下露天铁矿、10 万吨/年以下地下铁矿。积极推进铁矿资源综合利用，合理开发利用铁矿共伴共生资源，减少固废排放。

总之，要继续加大对国内铁矿开发的支持力度，研究建立部门协同机制，打通国内铁矿开发上的政策堵点，不断提升我国铁矿石自主保障能力，维护我国钢铁行业产业链、供应链安全。

（本章撰写人：赵磊，马续香，冶金工业经济发展研究中心）

第 7 章

2021 年矿山、废钢、焦化行业运行情况

一、2021 年冶金矿山行业运行基本情况及主要工作

2021 年冶金矿山行业坚定不移贯彻新发展理念，紧扣高质量发展主题，坚持稳中求进，坚持系统观念，着眼"提高资源保障能力、市场竞争能力、可持续发展能力"等三大能力建设，扭住资源和投资两个关键，持续推进转型升级和绿色发展，促进了量的较快增长和质的明显提升，实现了"十四五"的良好开局。

（一）2021 年冶金矿山行业运行情况

全行业聚焦市场、立足现场，面对难得的市场机遇，努力克服环保限产、安全停产、拉闸限电、极端天气、原燃料价格上涨等诸多不利因素，抢抓机遇、攻坚克难，生产经营迈上新台阶。通过加强生产组织协调、调整供矿结构、优化生产工艺、升级改造设备，扎实推动生产经营工作，保持了生产稳定均衡高效。

1. 铁矿石生产增长较快，增速创八年来新高

全年规模以上企业生产铁矿石 9.81 亿吨，同比增长 9.4%，创 2014 年以来最高增速；折合统计铁精粉产量 2.85 亿吨，同比增长 5.2%。分季度看，一季度受国内外需求拉动，规模以上企业铁矿石产量 23454.9 万吨，同比增长 21.6%；二季度受价格大幅上涨拉动，规模以上企业铁矿石产量 25626.2 万吨，同比增长 13.4%；下半年随着国家调控政策的落地，粗钢产量连续 6 个月保持同比下降，铁矿石需求迅速减少，价格大幅

波动，三季度规模以上企业铁矿石产量 25255.7 万吨，同比增长 13.7%；四季度规模以上企业铁矿石产量 23716 万吨，同比下降 1.5%。

全年国内生铁产量 86856.8 万吨，同比减少 3903 万吨，减少铁矿石消费量约 6240 万吨，而实际供给量下降了 3100 万吨，整体处于供需宽松状态。（图 7-1、表 7-1 和表 7-2）。

图 7-1　2014-2021 年国产铁矿石生产及增长情况

表 7-1　2021 年全国铁矿石产量　　　　　　　　　　万吨

地区	2021 年	2020 年	与上年同期比		各区占全国总量比重/%	
			增量	%	2021 年	2020 年
全国	98052.70	89627.70	8425.00	9.40	100.00	100.00
华北地区	51175.66	42834.59	8341.07	19.47	52.19	47.79
北京	1064.74	1457.65	−392.91	−26.96	1.09	1.63
河北	40109.74	32117.60	7992.14	24.88	40.91	35.83
山西	5169.80	4986.71	183.09	3.67	5.27	5.56
内蒙古	4831.38	4272.63	558.75	13.08	4.93	4.77
东北地区	15138.46	14175.26	963.20	6.79	15.44	15.82
辽宁	14154.49	13311.26	843.23	6.33	14.44	14.85
吉林	703.38	608.30	95.08	15.63	0.72	0.68
黑龙江	280.59	255.70	24.89	9.73	0.29	0.29
华东地区	8749.28	8661.97	87.31	1.01	8.92	9.66
江苏	67.53	61.95	5.58	9.01	0.07	0.07

地区	2021 年	2020 年	与上年同期比		各区占全国总量比重%	
			增量	%	2021 年	2020 年
安徽	3237. 30	2615. 67	621. 63	23. 77	3. 30	2. 92
福建	2392. 53	2080. 08	312. 45	15. 02	2. 44	2. 32
江西	599. 10	756. 64	−157. 54	−20. 82	0. 61	0. 84
山东	2452. 82	3147. 63	−694. 81	−22. 07	2. 50	3. 51
中南地区	**3003. 57**	**2516. 10**	**487. 47**	**19. 37**	**3. 06**	**2. 81**
河南	774. 23	601. 34	172. 89	28. 75	0. 79	0. 67
湖北	748. 96	591. 49	157. 47	26. 62	0. 76	0. 66
湖南	100. 13	109. 78	−9. 65	−8. 79	0. 10	0. 12
广东	765. 25	593. 37	171. 88	28. 97	0. 78	0. 66
广西		7. 14	−7. 14	−100. 00	0. 00	0. 01
海南	615. 00	612. 98	2. 02	0. 33	0. 63	0. 68
西南地区	**13592. 03**	**13080. 01**	**512. 02**	**3. 91**	**13. 86**	**14. 59**
四川	11258. 09	10796. 36	461. 73	4. 28	11. 48	12. 05
贵州	201. 34	99. 83	101. 51	101. 68	0. 21	0. 11
云南	2031. 14	2170. 30	−139. 16	−6. 41	2. 07	2. 42
西藏	101. 46	13. 52	87. 94	650. 44	0. 10	0. 02
西北地区	**6393. 70**	**5403. 76**	**989. 94**	**18. 32**	**6. 52**	**6. 03**
陕西	1233. 56	1355. 97	−122. 41	−9. 03	1. 26	1. 51
甘肃	1034. 33	970. 02	64. 31	6. 63	1. 05	1. 08
青海		0. 89	−0. 89	−100. 00	0. 00	0. 00
新疆	4125. 81	3076. 88	1048. 93	34. 09	4. 21	3. 43

注：2020 年全国产量合计数，根据国家统计局发布的 2021 年全国铁矿石产量降幅推算出来
　　的，2020 年分省合计数为上年月报累计数 86671. 69 万吨，两个数据没有直接的对等
　　关系。

表 7-2　2021 年 CIOPI 中国铁矿石价格指数变化情况

项　　目	2021 年 1 月末	2020 年 12 月末	环比升降	升降幅/%
CIOPI 中国铁矿石价格指数	562. 45	566. 71	−4. 26	−0. 75
1. 国产铁矿石价格指数	476. 42	439. 98	36. 44	8. 28
2. 进口铁矿石价格指数	578. 71	590. 67	−11. 96	−2. 02

续表 7-2

项 目	2月末	1月末	环比升降	升降幅/%
CIOPI 中国铁矿石价格指数	618.66	562.45	56.21	9.99
1. 国产铁矿石价格指数	488.37	476.42	11.95	2.51
2. 进口铁矿石价格指数	643.29	578.71	64.58	11.16
项 目	3月末	2月末	环比升降	升降幅/%
CIOPI 中国铁矿石价格指数	586.23	618.66	-32.42	-5.24
1. 国产铁矿石价格指数	483.25	488.37	-5.12	-1.05
2. 进口铁矿石价格指数	605.7	643.29	-37.59	-5.84
项 目	4月末	3月末	环比升降	升降幅/%
CIOPI 中国铁矿石价格指数	665.24	586.23	79	13.48
1. 国产铁矿石价格指数	523.89	483.25	40.64	8.41
2. 进口铁矿石价格指数	691.96	605.7	86.26	14.24
项 目	5月末	4月末	环比升降	升降幅/%
CIOPI 中国铁矿石价格指数	704.04	665.24	38.8	5.83
1. 国产铁矿石价格指数	571.97	523.89	48.08	9.18
2. 进口铁矿石价格指数	729.00	691.96	37.05	5.35
项 目	6月末	5月末	环比升降	升降幅/%
CIOPI 中国铁矿石价格指数	771.62	704.04	67.58	9.60
1. 国产铁矿石价格指数	592.71	571.97	20.74	3.63
2. 进口铁矿石价格指数	805.44	729	76.44	10.49
项 目	7月末	6月末	环比升降	升降幅/%
CIOPI 中国铁矿石价格指数	654.18	771.62	-117.44	-15.22
1. 国产铁矿石价格指数	606.74	592.71	14.03	2.37
2. 进口铁矿石价格指数	663.15	805.44	-142.29	-17.67
项 目	8月末	7月末	环比升降	升降幅/%
CIOPI 中国铁矿石价格指数	557.31	654.18	-96.87	-14.81
1. 国产铁矿石价格指数	522.69	606.74	-84.05	-13.85
2. 进口铁矿石价格指数	563.86	663.15	-99.29	-14.97
项 目	9月末	8月末	环比升降	升降幅/%
CIOPI 中国铁矿石价格指数	439.70	557.31	-117.61	-21.10
1. 国产铁矿石价格指数	443.41	522.69	-79.28	-15.17
2. 进口铁矿石价格指数	439.00	563.86	-124.85	-22.14
项 目	10月末	9月末	环比升降	升降幅/%
CIOPI 中国铁矿石价格指数	401.96	439.70	-37.74	-8.58
1. 国产铁矿石价格指数	428.99	443.41	-14.42	-3.25
2. 进口铁矿石价格指数	396.85	439.00	-42.15	-9.60

项　目	11 月末	10 月末	环比升降	升降幅/%
CIOPI 中国铁矿石价格指数	373.59	401.96	−28.37	−7.06
1. 国产铁矿石价格指数	362.84	428.99	−66.15	−15.42
2. 进口铁矿石价格指数	375.63	396.85	−21.23	−5.35
项　目	12 月末	11 月末	环比升降	升降幅/%
CIOPI 中国铁矿石价格指数	433.35	373.59	59.76	16.00
1. 国产铁矿石价格指数	396.22	362.84	33.38	9.20
2. 进口铁矿石价格指数	440.37	375.63	64.75	17.24

2. 铁矿石需求稳中趋降，基本面逐渐宽松

全年进口铁矿石 11.24 亿吨，同比减少 4519 万吨，下降 3.9%；国产铁精矿增加 1450 万吨，增长 5.4%；12 月末港口库存 15626 万吨，与上年同期比增加 3210 万吨，增长 25.8%；钢厂库存 10982 万吨，与上年同期比减少 483 万吨，下降 4.2%（图 7-2）。

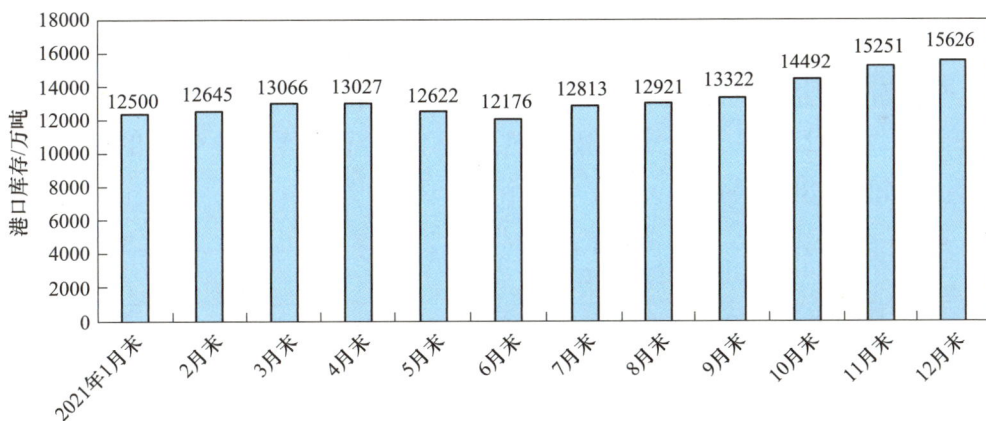

图 7-2　2021 年进口铁矿石港口库存变化图

3. 铁矿石市场剧烈波动，价格高位大幅回落

受全球新冠肺炎疫情、天气、港口泊位和矿山检修等因素影响，国际铁矿石供给端不确定性因素加强，上半年矿山生产、港口发货恢复缓慢。而需求保持高增长，支撑铁矿石价格大幅上涨，5 月中旬普氏 62% 铁矿石价格指数上涨至 233.10 美元/吨，创历史新高。随后高位剧烈波动，并随矿山发货量增加、钢铁需求下降、粗钢产量压减、出口政策调整、疫情反复等因素影响高位跳水，11 月 18 日跌至年内新低 87.5 美元/吨。全年普氏 62%铁矿石价格指数平均 161.56 美元/吨，同比上涨 48.4%。铁矿石进口平均到岸价格 164.25 美元/吨，同比上涨 55.2%（图 7-3）。

图 7-3　2021 年进口铁矿石普氏 62%价格走势

4. 黑色产业链投资高位回落，上下游继续严重分化

全年钢铁冶炼及压延完成固定资产投资同比增长 14.6%，其中民间投资同比增长 22.2%。投资增幅虽然连续 9 个月回落，但今年的投资强度处于历史高位（图 7-4）。

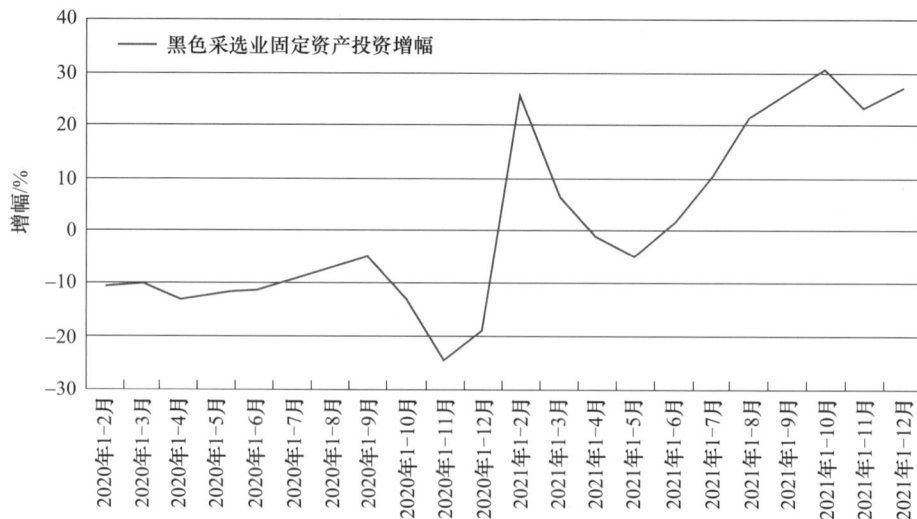

图 7-4　2020-2021 年黑色采选业固定资产投资增幅情况

铁矿采选业完成固定资产投资同比增长 26.9%，其中民间投资同比增长 21.9%。投资由负转正，连续七个月回升，但投资强度处于历史低位。政策约束和许可手续复杂是投资下降的主要因素，造成新建大型矿山项目建设放缓、资源接续工程和矿山技改项目进度不理想，严重影响国内矿山产能的释放。

5. 矿山企业继续好转远超预期

规模以上铁矿企业实现销售同比增长 34.3%，利润总额同比增长 113.5%，营业收入利润率由上年的 9.63% 提升到 13.3%，盈利能力继续增强。折合统计的 70 家重点企业主营业务收入同比增长 58.96%，实现利润同比增长 132.7%，销售收入利润率达到 26.9%。

（二）冶金矿山行业开展的主要工作

1. 重点项目稳步推进，资源保障取得新进展

深入学习贯彻习近平总书记关于资源安全保障的重要论述，落实"保障能源和战略性矿产资源安全"国家战略，勇担"中国铁矿石资源安全保障"国家使命，制定铁矿开发利用规划，聚焦资源保障，加快资源开发和产业布局，明确国内生产自给的战略底线，发挥国有企业特别是龙头企业支撑托底作用，以项目驱动促进钢铁产业链供应链安全，铁矿资源基地和重点项目建设实现实质性推进，固定资产投资持续恢复，2021 年固定资产投资同比增长 26.9%，其中民间投资增长 21.9%，投资中技改项目完成 326 亿元，扩建工程完成 254.5 亿元，新建项目完成 312.9 亿元，新增铁矿石原矿产能 5000 万吨以上，国产矿对粗钢产量的贡献提高了 1 个百分点。

经过兼并重组，积极稳妥有序推进专业化整合融合，鞍钢矿业、宝武资源已进入世界前 10 大铁矿石生产和供应商，进一步促进形成产业发展新格局，促进了产业集中度和钢铁原料保障供应水平的提升，强化了上下游企业的协作，增强了资源整合能力、矿山投资建设能力、创新引领能力和产业链整体竞争优势。

首钢集团马城铁矿、本溪龙新思山岭铁矿、太钢袁家村铁矿扩建项目、马钢罗河铁矿一期扩能工程、中钢集团山东矿业二期工程等一批重点项目加快推进，鞍钢矿业西鞍山铁矿、四川攀枝花红格南矿区、山钢矿业彭集铁矿等特大型项目前期工作稳步推进，河钢矿业田兴铁矿等大型停建

项目复工建设，海南矿业悬浮磁化焙烧等一批综合利用项目开工建设或加快推进。

2. 加强管理体系和管理能力建设，提质增效取得新成效

坚持问题导向，大力推进管理变革，全面开展对标找差，瞄准行业一流标杆和极致成本效率，以"抓重点、补短板、强弱项"为提升方向，分层分类系统梳理资源、管理、技术、设备、劳动等潜力点，通过工艺攻关、流程优化以及管理提升降低生产消耗、提高资产使用效率和企业效益。钢协重点统计企业全员实物劳动生产率提高 3.9%，金属回收率提高 0.5 个百分点，主要设备故障率下降 0.6 个百分点，铁精矿生产成本同口径比下降 2.5%，资产负债率降低 0.4 个百分点，营业收入利润率创历史最好水平，达到 27%，同比提高 18.4 个百分点，企业运行质量持续提升。落实国企改革三年行动方案，不断完善企业法人治理结构，规范董事、监事、高级管理人员的行为，将"依法合规"纳入企业核心价值观，不断提升依法治企水平。

河钢矿业从细化预算管理、严控费用支出、开展横纵向对标、加强督导考核等方面入手，开展成本分析，制定管控措施，压紧压实成本管控责任，全年成本挖潜 3.46 亿元。通钢矿业坚持预算为纲、成本炼精、效益提升、指标优化原则，推行成本日核算、周分析、月总结，深入开展内部挖潜，全年制造成本下降 7.2%。

3. 持续构建创新体系、加大科研投入，科技创效成果显著

落实建设创新型国家的决策部署，围绕国家发展战略目标，依托国家重点实验室和工程研究中心等创新联合体，紧扣安全、绿色、智慧、高效和可持续五大要素，持续构建创新体系，开展矿产资源高效利用、节能绿色技术、低碳冶金炉料等方面研发，集中力量解决制约生产效率、效能和"双碳"、安全等"卡脖子"难题，不断提升核心竞争力。马钢矿业入选国家企业技术中心，酒钢、大红山、中冶北方、丹东东方测控、山东临工、中钢天源等国家企业技术中心通过评价。南方锰业集团广西汇元锰业荣获 2021 年国家技术创新示范企业。

"十三五"国家重点研发计划"金属非金属矿重大灾害致灾机理及防控技术"等项目顺利通过验收；固废资源化专项等 10 余项课题按计划推进；编写《战略性矿产资源开发利用》实施方案，申报国家重点科技专项"复杂难处理铁矿资源高效开发利用技术"等项目。对重大科研项目

注重专利群申报战略布局，强化专利技术和专有技术的转化应用，2021年申请专利560件，其中发明专利240件。获第25届全国发明展金奖6项、银奖22项。参与2项国际标准制定工作，开展《铁矿行业绿色工厂评价导则》等40余项标准制修订工作。

大幅提高科技研发费用投入强度，鞍钢矿业、攀钢矿业、太钢矿业、马钢矿业、中钢矿业、山钢矿业等企业的科技研发费用投入强度超过3.0%。科技创效显著，全年实施重点科研项目640余项，创效40.58亿元；推进全员创新，职工创新工作室完成创新项目2000余项，创效18.6亿元。

4. 坚持绿色低碳发展，铸就行业发展新模式

坚定不移走"生态优先、绿色发展"的高质量发展新路子，统筹推进生产经营发展和生态环境保护，常态化推进绿色矿山建设，落实生态环保责任，加强源头治理，打好污染防治攻坚战，因地制宜进行绿色化改造和生态保护修复，走人与自然和谐共生可持续发展道路，塑造绿色矿山新形象。积极践行实现"双碳"目标，全面梳理和整治无组织排放，开展厂区环境综合整治工程，实施新能源光伏电站建设等绿电开发利用、推进电卡替代燃油卡，开展节能降碳宣传教育和节能低碳专项培训，大力倡导绿色低碳生产生活方式，积极营造全员减污降碳浓厚氛围，实现资源效益、生态效益、经济效益和社会效益的统一。钢协重点统计企业全年投入环境保护和生态修复资金33.2亿元，完成生态修复治理面积2650万平方米，种植树木393.4万株。通过系统节能措施，能源消耗强度下降1.5%，水循环利用率达到98%，环保本质化水平全面提升。

宝武资源提出了"2023年碳排放强度达峰，2025年碳排放总量达峰，2035年减碳30%，2050年力争实现碳中和"的碳减排时间表以及碳排放与碳中和路线图，并通过6项主要任务进行落实。中钢矿业制定了以优化生产工艺、提高新能源使用比例、淘汰落后高耗能设备、倡导绿色出行及推行节能新产品为主要手段的减排路径。京城矿业对采区、排土场、尾矿库采用边坡裸岩钻孔客土复绿法等12种生态治理方法，打造了集矿山风景区、边坡生态网、平台经济林、道路绿化带为一体的生态矿山新模式。

5. 持续打造绿色建材基地，固废综合利用产业开启新篇章

强化资源综合利用，持续打造绿色建材基地，提高产品转化率，提升产品附加值，延伸建材产业链，增强资源综合利用能力。宝武资源所属矿

山生产资源综合利用产品 4000 万吨，实现综合利用创效超 5 亿元；首钢矿业生产资源综合利用产品 1244 万吨，实现营收 2.11 亿元；河钢矿业综合利用 7200 余万吨，创效 2 亿元；华夏建龙实现 430 万吨砂石进京，资源综合利用创效 3600 万元。

鞍钢矿业积极推进尾矿焙烧再选综合利用项目建设，建成后将年处理尾矿 2400 万吨，回收 65% 的铁精矿 220 万吨。马钢矿业采用共伴生资源回收利用、建材化利用及深加工、充填或作为环境治理的骨料等方式对固废资源进行利用，支撑了国家大宗固体废弃物综合利用基地建设。梅山矿业经过多年研究独创了磨后细粒湿尾综合利用新技术新工艺，解决了微细粒级尾矿浓缩、脱水难的行业性技术瓶颈与难题，实现了磨选后湿尾全粒级全量资源化综合利用处理。四川安宁铁钛突破攀西钒钛磁铁矿资源禀赋劣势，创造性地生产出 TFe61% 钒钛铁精矿产品，可有效降低高炉焦比，提高冶炼效率，满足了高端制造业和新材料产业对含钒优质原料的需求。

6. 以智能矿山建设为抓手，持续深化转型发展

以打造数字化矿山为目标，通过聚焦"现场无人化"、推进"操控集约化"、提升"管理智慧化"，践行"两化深度融合"，强化系统应用，推进流程自动控制，实施生产组织、劳动组织和产业结构优化，建设安全高效、少人无人、绿色发展的智能矿山。钢协重点统计企业全年智能矿山建设投入资金 48.5 亿元，高效实施了 235 项智能制造项目，398 项信息化改造项目，一批矿山企业在自动控制、远程遥控、无人驾驶、远程运维、安全监控、智能选矿、综合管控等方面的智能化达到国内先进水平。

河钢矿业中关铁矿揭榜智能制造试点示范工厂，内蒙古包钢钢联股份有限公司入选智能制造优秀场景名单，鞍钢矿业组建全国首个数字矿山联合创新中心，齐大山铁矿智慧矿山和关宝山铁矿智能工厂两个试点示范项目建成应用。武钢资源创办智慧制造实验室，大力推进"采矿技术数字化、装备及装备故障诊断智能化、安全管控和管控中心及运营管理智慧化"等模块建设，实现智能化、可视化、全流程统一协调组织生产。首钢矿业杏山铁矿电动铲运机远程操控、井下电机车无人驾驶投入运行，释放人力 408 人。

7. 夯实安全基础管理，提高本质安全水平

矿山行业的安全生产风险比较高，安全责任重大，全行业深入学习贯彻习近平总书记关于安全生产的重要论述，坚持"人民至上、生命至

上"，贯彻落实新《安全生产法》《金属非金属矿山安全规程》等法律法规和标准规范，深入推进安全生产专项整治三年行动，压实安全责任，狠抓安全工作的源头控制和现场过程管控，筑牢高质量发展的安全堤坝，切实保障广大职工的生命安全。贯彻落实"违章就是犯罪"理念，严肃员工违章行为责任追究，岗位人员按标准作业的意识持续提升。大力开展外包工程专项整治工作，严把相关方准入关，确保相关方作业安全。加强应急管理和系统风险防控，开展各类应急演练 500 余次。加大安全投入，全面推行应用新技术、新设备、新工艺，不断提升本质化安全水平。深入推进安全生产标准化建设，标准化作业区、标准化班组创建稳步推进。开展尾矿库在线监测监控升级改造和尾矿库在线监测四级联网工作，尾矿库安全管理进一步强化。

钢协重点统计企业全年安全生产费用投入超过 30 亿元，开展了 33.4 万人次的安全培训，累计排查治理安全隐患 18500 多处，矿山安全事故起数和死亡人数分别下降 10.8%和 8.9%，安全本质化水平持续提升。

大红山铁矿通过"思想治安、制度立安、行动抓安、考监推安、科技强安"，做到"完善硬件、强化软件、不碰红线、守住底线、防范虚线"，形成极具特色的"11538"安全管理体系。包钢巴润矿业深入推进双重预防机制建设，重新进行安全风险辨识评价，绘制安全风险空间分布图，针对重大风险设置公告栏，进行分级管控。山钢矿业开展了为期半年的拉网式、起底式安全生产大排查、大整治行动，取得良好效果。海南矿业推行 OPL 点滴教育、"安全主题月"、班前会制度、安全例会制度、各级领导重心下移参加班组安全学习等行之有效的安全工作方式方法。

8. 加强人才队伍建设，夯实行业高质量发展基础

人力资源是企业发展的第一资源，只有把职工队伍的整体素质和技能水平提上去，培养造就一批创新型、应用型、技能型人才队伍，才能实现高水平的管理、高效率的产出，才能实现技术进步、转型升级。矿山企业高度重视人才队伍建设，通过联合高校创办矿业学院，开办矿长培训班、中层领导人员研修班、创新人才能力提升培训班，组织青年干部下基层锻炼，持续推进人才队伍建设。开展员工技能等级鉴定工作，扎实推进人才培养工程和导师带徒活动，组织开展各种劳动竞赛，创新组织机器人大赛，举办职业技能竞赛，参加内外部竞赛，拓宽技能人才成长平台。

积极培树先进典型，弘扬工匠精神、劳模精神、劳动精神。海南矿业

股份有限公司选矿一厂抓斗吊组组长李月兰被授予"全国五一劳动奖章",首钢集团有限公司矿业公司计控检验中心马著创新工作室、武钢资源集团程潮矿业公司采矿分公司东采工区采矿甲班、中国宝武宝钢资源马钢矿业资源集团南山矿业公司高村铁矿穿爆工段爆破班、四川安宁铁钛股份有限公司一车间机修班等集体荣获"全国工人先锋号"称号。马钢矿业卜维平创新工作室荣获"全国示范性劳模和工匠人才创新工作室"称号。

9. 幸福矿业谱新篇,和谐矿山展新貌

践行共享理念,坚持以人民为中心的发展思想,不断改善民生环境,实实在在地保障职工切身利益,实现企业与职工共同发展。深入开展党史学习教育,扎实开展"我为群众办实事"实践活动,解决职工"急难愁盼"问题,实施民生实事项目,系统解决职工就餐、作业环境改善、生活区域绿化美化等一系列民生问题,职工生活质量进一步提高,职工收入持续增长,开展形式多样、健康有益的文体活动,丰富职工业余文化生活,不断增强职工的获得感、安全感、幸福感。

开展思想文化建设示范点创建,以点带面,推动企业文化在基层落地生根。通过"管理者说""员工一人一讲""文化实践案例展示"等形式,深入发掘选树符合文化导向的行为榜样,让话先进、立典型成为主流,用"好故事"传播"正能量"。

面对国内疫情多点散发和局部聚集性爆发的复杂严峻形势,矿山企业始终把疫情防控作为重大政治任务和重大民生工程摆在首位,毫不松懈常态化做好疫情防控工作,有力地保障了职工群众的生命安全和身体健康。

二、2021 年废钢铁产业运行情况

2021 年,国内钢铁行业连续多年来第一次实现产量下降,废钢行业受钢铁行业限产政策影响较大,全年行业运行基本平稳。

(一) 废钢消耗总量下降,废钢比小幅增长

2021 年我国粗钢产量实现下降,受钢铁行业限产影响,全国废钢消耗总量小幅减少,但废钢比仍然实现同比增长。全国废钢铁消耗总量 22621 万吨,同比减少 641 万吨,降幅 2.8%,综合废钢单耗

219.03 千克/吨，同比增加 0.53 千克/吨，增幅 0.2%，其中转炉废钢单耗 166.9 千克/吨，同比增加 2 千克/吨，增幅 1.2%；电炉废钢单耗 654 千克/吨，同比减少 27.5 千克/吨，降幅 4%；废钢比 21.9%，同比增加 0.05 个百分点；电炉钢比 10.7%，同比增加 0.33 个百分点。2021 年全国废钢铁资源总量约 2.7 亿吨，同比增长约 1000 万吨。其中自产废钢 5780 万吨，占资源总量的 21.4%；社会废钢资源量 2.12 亿吨，占资源总量的 78.6%（图7-5）。

图 7-5　2021 年全国炼钢废钢消耗情况

（二）废钢价格随限产政策波动，仍然维持在较高水平

2021 年上半年，钢铁企业利润率较高，多用废钢的意愿强烈，废钢用量增加，价格大幅上涨，三季度废钢价格维持在高位运行，四季度受钢铁行业限产政策影响，废钢用量出现了下降，价格出现回调，但仍然保持在较高水平（图 7-6）。

（三）再生钢铁原料进口放开，进口量不及预期

自再生钢铁原料放开进口以来，国内企业进口意向较为积极，2021 年上半年进口量增速较快，试单的企业较多，下半年国外钢铁行业开始从疫情影响中恢复，废钢用量大幅增加，导致国际市场废钢价格持续高位运

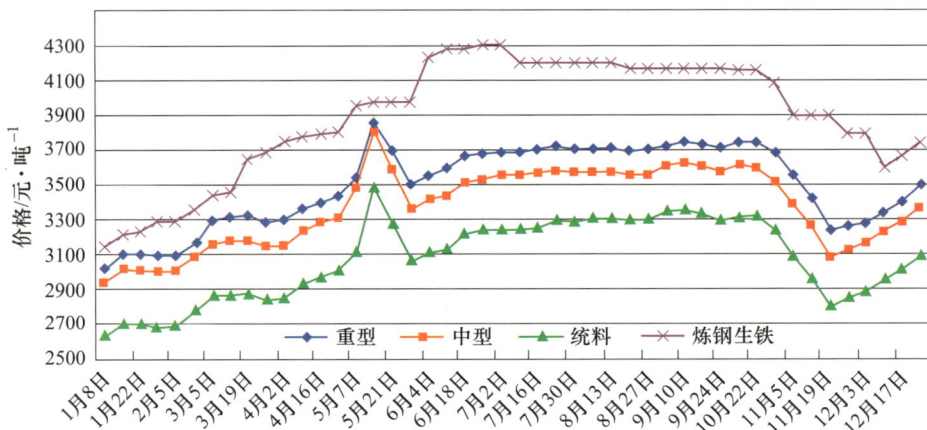

图 7-6　2021 年全国主要废钢品种价格周报

行，与国内价格形成倒挂，另外受疫情影响导致海运费用增加，通关不确定性变强，企业进口积极性下降，全年进口总量不及预期。2021 年全年累计进口 55.55 万吨，进口来源国家和地区排名前 10（根据进口量从大到小）为：日本、韩国、马来西亚、中国香港、中国台湾、英国、泰国、俄罗斯联邦、加拿大、德国。其中从日本进口 39.2 万吨，占全年总进口量的 70.6%，从韩国进口 9.57 万吨，占总全年进口量 17.2%。全年进口量仅占全球废钢资源流通量的不到 1%。

（四）废钢行业增值税政策调整，税收政策仍需继续优化

2021 年 12 月 31 日，财政部和国家税务总局发布 2021 年 40 号公告《关于完善资源综合利用增值税政策的公告》，允许废钢回收企业按简易计税方法缴纳 3% 的增值税，废钢加工准入企业有条件地实行增值税即征即退 30%，并限制违法违规的财政补贴行为。该政策降低了回收环节的增值税税负，规范了加工环节的退税要求，对于资源综合利用行业的增值税政策进行了完善。但是，废钢回收加工企业所得税核定方法仍然不明确，企业面临较大的税务风险，"40 号公告"虽然对于地方政府"违法违规"的财政补贴进行了限制，却没有对"违法违规"的范围进行明确，使得政策执行过程中地区差异较大，税收政策仍然需要继续优化完善，以促进行业健康发展。

三、2021 年焦化行业运行情况

2021 年，焦化行业受能耗双控、限产或停产等影响，产能释放受限；气候变化、水灾风灾影响生产和物流顺行，对市场供需衔接有一定影响；产业结构、能源结构调整、减煤措施等，对产业链合理配置和稳定造成一定冲击；全球经济中基础原材料工业快速回升，大宗原燃料供销两旺，金融资本炒作，对现货市场价格造成较大影响，导致煤焦钢供需上的错配，焦炭价格出现大涨大跌、宽幅震荡、重心上移的走势。

（一）总体运行平稳，产量略有下降

2021 年，我国焦炭产量 46445.8 万吨，占世界焦炭产量 68.8%，其中，钢铁联合焦化企业焦炭产量为 10952.3 万吨，同比增长 5.5%，其他焦化企业焦炭产量为 35493.7 万吨，同比下降 4.3%。

按地区统计，因环境重点监管地区部分焦化企业关停退出，产能置换后新建项目产能未完全释放，及受重污染天气限产影响，全国环境重点监管地区主要焦炭生产省焦炭产量呈下降走势，其中河南减产 18%、陕西减产 13.9%、河北减产 12.7%、山东减产 11.0%；非环境重点监管地区焦炭产量普遍增加，如广西增产 32.0%、云南增产 16.9%、黑龙江增产 16.2%、新疆增产 12.1%、内蒙古增产 9.8%。

（二）焦炭价格起伏跌宕

2021 年焦炭价格整体波动远超往年，价格涨跌幅超过 100%。从价格数据来看，Mysteel 焦炭价格指数年内最高点一度达到 4090.5 元/吨，最低点出现在 4 月中旬，价格 2033.9 元/吨，差值高达 2056.6 元/吨。其原因主要是：焦炭市场受新冠肺炎疫情、重污染天气限产、重点地区去产能政策（产能置换）、限煤政策叠加影响，焦钢双方限产幅度的差异，导致供需上的错配，焦炭价格大涨大跌、宽幅震荡、重心上升。

分时间段来看，2021 年焦炭价格大起大落，可分为三个阶段：第一阶段，一季度焦炭价格震荡下跌，主要是前期产能置换项目陆续投产，供应上升，再有当时钢厂利润偏低，叠加一季度本身钢材需求低位，钢厂出现了明显减产，价格下跌。第二阶段，二、三季度焦炭价格快速上涨，在疫情后全球经济复苏背景下，钢材消费高涨，尤其是海外需求旺盛，使得

焦炭消费大增，钢厂在高利润刺激下，虽然一季度之后原料供应受到安监环保限制，但是开工率仍维持偏高水平，在供需存在缺口情况下，库存逐步减少，焦炭价格一路上涨；三季度末到四季度初，焦炭市场供需两弱，钢厂、焦化厂限产均有加强，但原材料短缺的问题开始显现，尤其在保电煤政策下，加剧了焦煤紧张局面，动力煤挤压炼焦煤，双焦成本直线上升，成本支撑成为焦炭价格上涨的最大推力。第三阶段，受四季度价格快速回落，焦炭消费受粗钢产量压减、宏观环境疲软、钢厂限产预期加强等因素影响，下游钢材消费下滑，焦炭需求开始下降，而且政策面对于煤炭保供限价，进口蒙煤通关量上升，港口堆积澳煤放量，焦煤紧张局面得到缓解，焦炭成本支撑坍塌，价格从高位直线下跌，至 12 月焦化企业出现亏损，随后大幅限产以及原料焦煤上涨支撑，焦炭价格止跌企稳。

（三）焦炭供需情况

2021 年，焦炭供应受多因素影响，环保限产、能耗双控政策制约焦化企业产能释放，同时焦煤供应不足也造成部分企业被动减产，加上新建焦化产能投放不及预期，整体产量低于往年。

需求方面，全年受压减粗钢产量政策影响，焦炭消费量低于往年。一季度，受环保因素影响，钢厂被动减产，但随着经济复苏推动，钢材消费高涨，尤其是海外需求旺盛，使得焦炭消费大增，钢厂在高利润刺激下，积极组织生产，焦炭消费一直处于上升趋势。进入 9 月，全国多省份密集发布压减粗钢产量通知，"全力确保压减目标实现"成为下半年钢铁行业运行的主基调，焦炭消费加速下滑。

（四）焦炭出口量大幅增长，进口量明显下降

据海关总署公布的数据显示，2021 年我国焦炭累计出口 644.93 万吨，同比增长 75.38%，累计出口平均价格为 366.66 美元/吨，同比上涨65.53%；从我国进口焦炭前三名的国家是日本、印度尼西亚和印度，共进口我国焦炭 356.03 万吨，占我国出口总量的 55.20%。我国累计进口焦炭 133.34 万吨，同比下降 55.25%，进口焦炭平均价格为 337.94 美元/吨，同比上涨 45.74%；向我国出口焦炭前三名的国家是日本、波兰和韩国，合计向我国出口焦炭 107.65 万吨，占我国进口总量的 80.73%。2021年我国出口焦炭总量比进口焦炭多 511.59 万吨。

2021 年焦炭进口量明显减少、出口量大幅增加，全球钢铁产业复苏明显。

（五）推进低碳发展新目标

2021 年以来，国家围绕贯彻落实中共中央《关于制定国民经济和社会发展第十四个五年规划和二〇三五年远景目标的建议》，重点任务目标之一就是实现绿色低碳发展。2021 年 10 月 21 日，国家发展改革委等五部门发布《关于严格能效约束推动重点领域节能降碳的若干意见》（以下简称《意见》），并附上了《冶金、建材重点行业严格能效约束推动节能降碳行动方案（2021-2025 年）》（以下简称《行动方案》），提出到 2025 年，通过实施节能降碳行动，钢铁等行业能效达到标杆水平的产能比例超过 30%，行业整体能效水平明显提升，碳排放强度明显下降，绿色低碳发展能力显著增强。《意见》给出能效的"标杆水平"和"基准水平"两个指标，引导未达到基准水平的企业，对照标杆水平实施改造升级。《行动方案》的出台，将企业能效水平约束提高到了一个新的高度，是继污染物超低排放、能耗"双控"之后的又一新竞争领域。低效产线将会被纳入能效清单中对外公开并接受监督，也会成为国家、地方各级检查的重点。

2021 年 10 月 29 日，国家发展改革委等 10 部门印发的《"十四五"全国清洁生产推行方案》提出：大力推进重点行业清洁低碳改造。严格执行质量、环保、能耗、安全等法律法规标准，加快淘汰落后产能。全面开展清洁生产审核和评价认证，推动能源、钢铁、焦化等重点行业"一行一策"绿色转型升级，加快存量企业及园区实施节能、节水、节材、减污、降碳等系统性清洁生产改造。在钢铁、焦化、建材、有色金属、石化化工等行业选择 100 家企业实施清洁生产改造工程建设，推动一批重点企业达到国际清洁生产领先水平。到 2025 年工业领域清洁生产全面推行，清洁生产整体水平大幅提升，能源资源利用效率显著提高，重点行业主要污染物和二氧化碳排放强度明显降低，清洁生产产业不断壮大。

面对新的形势任务，焦化企业要对国家及地方规定的定量性指标逐项核对，尽快制定具体的规划措施，主动作为，尽早实现目标要求。

（本章撰写人：马增风，中国冶金矿山企业协会；
王方杰，中国废钢铁应用协会；
崔丕江，中国炼焦行业协会）

第 8 章

2021 年会员钢铁企业经济效益及财务状况分析

2021 年，国民经济持续恢复，为钢铁行业发展提供了良好的外部环境，主要用钢行业保持增长，钢铁市场供需两端基本平衡。上半年，受旺盛需求拉动，粗钢日产保持高位，钢材价格持续攀升，企业效益大幅增长；下半年，受需求回落、原燃料价格上涨、双控措施收紧等因素影响，钢铁产量持续减少，钢材价格明显回落，企业效益环比上半年有所下滑。纵观全年，行业总体运行态势良好，钢铁企业经济效益明显提高，资产负债结构进一步优化，为满足下游行业用钢需求和保障国民经济持续复苏做出了突出贡献。

一、经济效益及财务状况分析

（一）主要效益指标同比增长

据钢协统计，2021 年会员钢铁企业实现营业收入 69308 亿元，同比增长 32.68%；营业成本 61807 亿元，同比增长 31.49%，收入增幅高于成本增幅 1.19 个百分点。实现利税 4983 亿元，同比增长 52.62%；利润总额 3524 亿元，同比增长 59.67%。全年钢协会员钢铁企业销售利润率5.08%，同比上升 0.85 个百分点；12 月末会员钢铁企业资产负债率60.80%，同比下降 1.24 个百分点（表 8-1）。

（二）销售利润率总体高于上年

2021 年，钢协会员钢铁企业销售利润率 5.08%，同比上升 0.85 个百分点。

表 8-1　2021 年钢协会员钢铁企业主要效益指标　　　亿元

指标名称	2021 年	2020 年	增减额	增减幅度/%
营业收入	69308	52236	17072	32.68
营业成本	61807	47005	14802	31.49
期间费用	3719	3128	591	18.90
实现利税	4983	3265	1718	52.62
利润总额	3524	2207	1317	59.67
销售利润率/%	5.08	4.23	上升 0.85 个百分点	
资产负债率/%	60.80	62.04	下降 1.24 个百分点	

从两年月度销售利润率趋势看，2020 年 2-4 月份受疫情影响，各月利润率均不足 3%。5 月开始，月度利润率逐步回升，6 月达到全年最高值 5.79%，下半年各月份虽有所回落，仍维持在较高水平波动。2021 年 1-2 月销售利润率维持在 4% 左右，较 2020 年年底略有下降。随着"春节"后国内市场钢材价格持续上涨，月度利润率从 3 月起逐步攀升，到 5 月达到全年最高值 9.22%。转至下半年，随着需求收缩、钢价下跌以及原燃料价格高位，钢铁企业盈利空间收缩，销售利润率在 6-10 月逐渐回落，10 月降至 4.48%。11 月、12 月受部分企业跨周期调节、处理历史遗留问题等因素影响，销售利润率大幅下跌，12 月为 -0.63%。

（三）资产负债率同比下降

2021 年，钢铁企业继续深化供给侧结构性改革，积极提高资产使用效率，年末资产总额同比增长 8.06%，负债总额同比增长 5.90%，资产总额增幅高于负债总额增幅 2.16 个百分点。同时，企业优化债务结构，增加长贷比例，长期借款同比增长 6.34%，短期借款同比下降 4.85%（表 8-2）。

表 8-2　2021 年钢协会员钢铁企业资产负债情况　　　亿元

项目	2021 年末	2020 年末	增减额	增幅/%
资产总额	60873	56334	4539	8.06
负债总额	37009	34948	2061	5.90
银行借款	12123	12114	9	0.07
其中：短期借款	6454	6783	-329	-4.85
长期借款	5669	5331	338	6.34

通过加快资金周转，改善贷款结构，2021 年会员钢铁企业资产负债率进一步降低，年末为 60.80%，同比下降 1.24 个百分点，创近年最优值。流动比率、速动比率较上年同期均微幅下降，分别下降 0.47 和 0.92 个百分点（表 8-3）。

表 8-3　2021 年钢协会员钢铁企业资产负债率、流动比率、速动比率　%

项目	2021 年末	2020 年末	增减百分点
资产负债率	60.80	62.04	-1.24
流动比率	95.11	95.58	-0.47
速动比率	68.43	69.35	-0.92

二、影响效益变化的原因分析

（一）钢材结算价格同比上升

2021 年，钢材综合平均结算价格同比上升 1308 元/吨，升幅为 35.9%。其中：长材上升 34.18%，板带材上升 37.13%，管材上升 24.75%。长材与板带材价格升幅高于管材。从分月情况看，1-4 月呈上行走势，5-10 月高位震荡，11-12 月后价格下降且降幅较大（表 8-4）。

表 8-4　2021 年钢协会员钢铁企业钢材结算价格　　　元/吨

项目	2021 年	2020 年	增减额	增减率/%
钢材综合	4951	3643	1308	35.90
其中：长材	4605	3432	1173	34.18
板带材	5211	3800	1411	37.13
管材	6165	4942	1223	24.75

从主要钢材品种的结算价格看，所有品种结算价格均同比上升。其中中厚宽钢带、热轧薄宽钢带、热轧窄带钢价格同比上升最多，升幅达到 38% 以上（表 8-5）。

表 8-5　2021 年钢协会员钢铁企业主要钢材品种结算价格　　元/吨

项目	2021 年	2020 年	增减额	幅度/%
钢筋	4411	3289	1122	34.11
线材	4690	3471	1219	35.12

项目	2021 年	2020 年	增减额	幅度/%
厚板	5091	3856	1235	32.03
中板	5175	3891	1284	33.00
中厚宽钢带	4870	3507	1363	38.87
热轧薄宽钢带	4897	3528	1369	38.80
冷轧薄宽钢带	5775	4235	1540	36.36
热轧窄带钢	4545	3274	1271	38.82
热轧无缝钢管	6450	5243	1207	23.02

（二）主要原燃料采购成本大幅上升

2021 年，原燃材料市场总体呈现供不应求的偏紧局面，价格呈大幅、持续上涨走势。2021 年，国产铁精矿、进口粉矿、废钢平均采购成本均同比上升，炼焦煤、冶金焦和喷吹煤平均采购成本同比涨幅均高于 50%（表 8-6 和图 8-1 至图 8-3）。

表 8-6　2021 年钢协会员钢铁企业主要原燃料采购成本　　元/吨

项目	2021 年	2020 年	同比增加	同比增幅/%
国产铁精矿	1113	785	328	41.78
进口粉矿	1109	793	316	39.85
炼焦煤	1901	1233	668	54.18
冶金焦	2862	1883	979	51.99
喷吹煤	1348	814	534	65.60
废　钢	3240	2420	820	33.88

（三）期间费用同比增长，研发费用增幅较大

2021 年，钢协会员钢铁企业期间费用 3719 亿元，同比增加 591 亿元，增长 18.90%。其中，销售费用同比下降 20.59%，主要是 2021 年根据新收入准则，部分企业将运输费调整至营业成本中；研发费用同比增长 75.58%，主要是各企业增加了对研发的投入（表 8-7）。

2021 年，国民经济运行总体平稳，钢铁行业按照高质量发展要求，

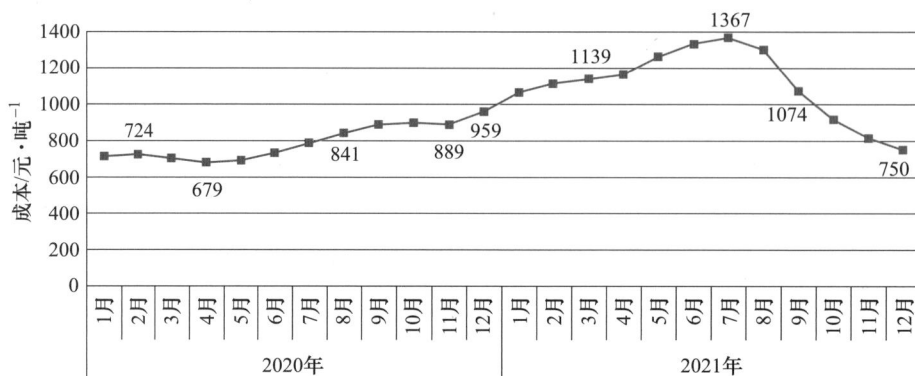

图 8-1　2020-2021 年钢协会员钢铁企业进口铁矿石采购成本走势图

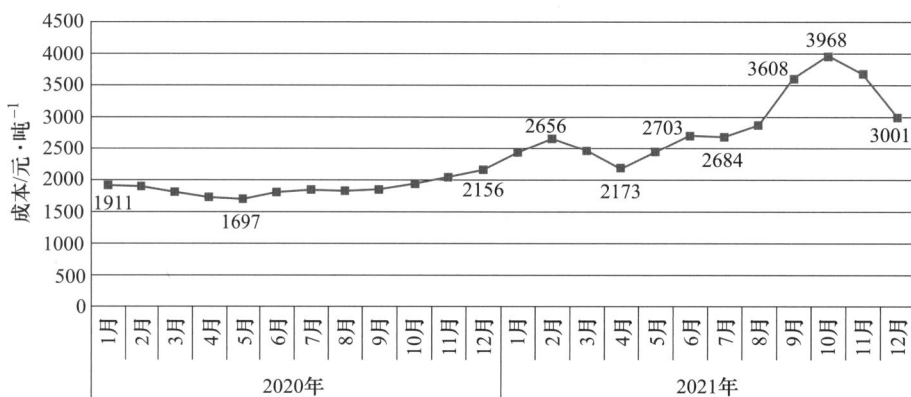

图 8-2　2020-2021 年钢协会员钢铁企业冶金焦采购成本走势图

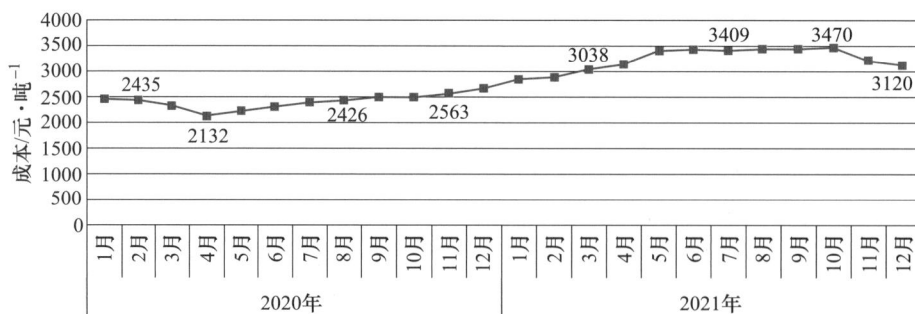

图 8-3　2020-2021 年钢协会员钢铁企业废钢采购成本走势图

认真落实"双控"要求，稳步推进"双碳"工作。各会员钢铁企业深化改革、强化管理、挖潜增效，积极应对国内外需求形势变化，努力克服原

表 8-7　**2021 年钢协会员钢铁企业期间费用情况**　　亿元

项目	2021 年	2020 年	增减额	增幅/%
期间费用合计	3719	3128	591	18.90
其中：销售费用	481	605	−125	−20.59
管理费用	1335	1156	179	15.44
研发费用	1142	650	491	75.58
财务费用	762	716	46	6.39

燃料价格高位运行和环保成本大幅上升等因素影响，行业效益创历史最好水平，应对挑战的能力和韧性进一步增强，行业健康发展的基础更加牢固。

（本章撰写人：董志强，中国钢铁工业协会）

第9章
2021年国内外钢材市场价格走势分析

2021年，面对复杂严峻的外部环境，以及国内经济恢复中需求收缩、供给冲击、预期转弱三重压力，在党中央的坚强领导下，我国经济发展和新冠肺炎疫情防控保持全球领先地位，改革开放向纵深推进，新发展格局迈出新步伐，高质量发展取得新成效，国民经济运行总体平稳。主要用钢行业保持增长，钢铁市场供需基本平衡。从全年运行情况看，钢材价格震荡上行，总体水平高于上年同期。

一、2021年国内市场钢材价格总体走势

（一）国内市场

2021年，中国钢材价格指数（CSPI）平均值为142.03点，同比上升36.46点，升幅为34.53%。从分月情况看，1-4月呈上升走势，5-6月呈冲高回落走势，7-9月震荡回升，10-12月明显回落（图9-1和表9-1）。

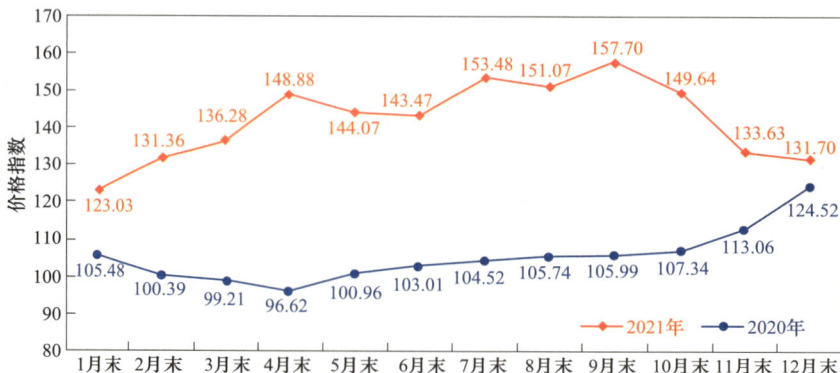

图9-1　2020-2021年中国钢材价格指数（CSPI）走势图

表 9-1　2021 年 CSPI 中国钢材价格平均指数变化情况

项目	2021 年平均	2020 年平均	同比增加	同比增长/%
综合指数	142.03	105.57	36.46	34.53
长材	145.91	109.76	36.15	32.93
板材	141.40	103.63	37.77	36.45

从大品种情况看，CSPI 长材指数平均值为 145.91 点，同比上升 36.15 点，升幅为 32.93%；CSPI 板材指数平均值为 141.40 点，同比上升 37.77 点，升幅为 36.45%。板材价格升幅比长材高 3.52 个百分点（图 9-2 和图 9-3）。

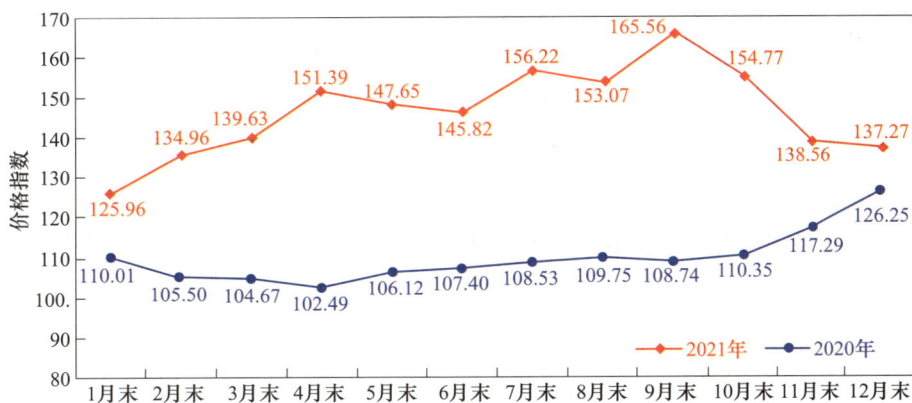

图 9-2　2020-2021 年 CSPI 长材价格指数走势图

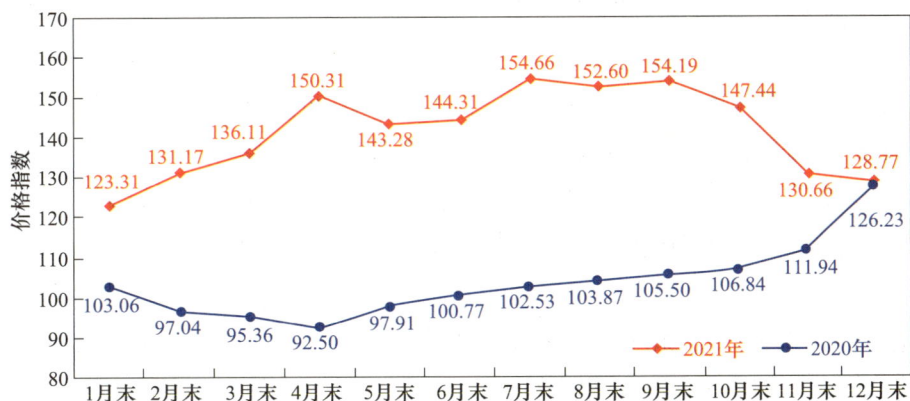

图 9-3　2020-2021 年 CSPI 板材价格指数走势图

1. 主要钢材品种价格变动情况

2021 年，钢协监测的八大钢材品种中，热轧卷板和中厚板涨幅较大，分别上涨 1427 元/吨和 1410 元/吨；无缝管涨幅较小，上涨 1418 元/吨（表 9-2）。

表 9-2　2021 年主要钢材品种平均价格变化情况　　　　　　元/吨

钢材品种	2021 年平均	2020 年平均	同比增加	同比增长/%
高线 HPB300	5229	3916	1314	33.55
螺纹钢 HRB400	4925	3725	1200	32.23
角钢 Q235	5292	3931	1362	34.64
中厚板 Q235	5317	3906	1410	36.11
热轧卷板 Q235	5346	3919	1427	36.41
冷轧薄板 SPCC	6067	4534	1532	33.79
镀锌板 SGCC	6330	4737	1594	33.65
无缝管 20#	6056	4637	1418	30.58

2. 主要区域市场钢材价格变化情况

2021 年，各大地区钢材价格平均指数均有所上升，东北地区升幅相对较大，同比上升 36.22%；西南和中南地区升幅相对较小，升幅为 31.59% 和 33.45%；华北、华东及西北地区指数分别上升 35.73%、34.19% 和 33.82%（表 9-3）。

表 9-3　CSPI 分地区钢材价格指数变化情况

CSPI 地区指数	2021 年平均	2020 年平均	同比增加	同比增长/%
华北地区	141.02	103.90	37.12	35.73
东北地区	140.72	103.30	37.41	36.22
华东地区	144.07	107.36	36.71	34.19
中南地区	145.50	109.03	36.47	33.45
西南地区	141.21	107.31	33.90	31.59
西北地区	143.31	107.09	36.22	33.82

（二）国际市场

2021 年，CRU 国际钢材价格平均指数为 296.9 点，同比上升 141.7 点，升幅为 91.31%，升幅大于国内 56.78 个百分点（图 9-4、表 9-4、图 9-5 和图 9-6）。

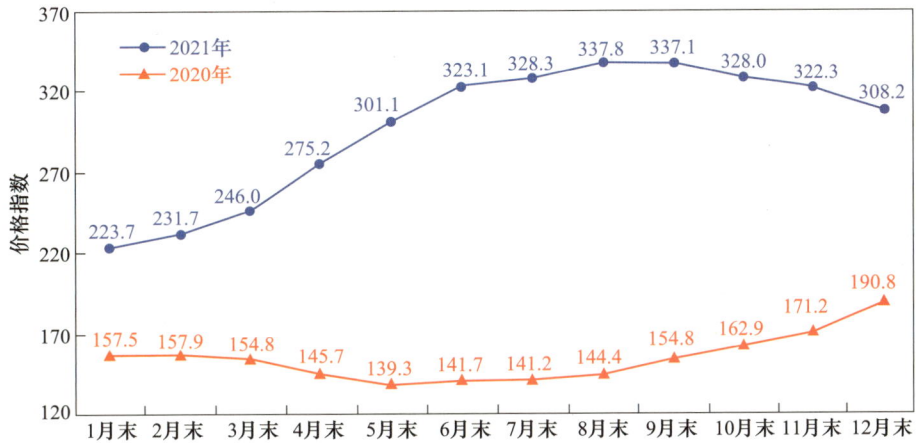

图 9-4　2020-2021 年 CRU 国际钢材价格指数走势

表 9-4　2021 年 CRU 国际钢材价格平均指数变化情况

项目	2021 年平均	2020 年平均	同比升降	升降幅/%
钢材综合	296.9	155.2	141.7	91.31
长　材	255.6	161.1	94.5	58.67
板　材	317.4	151.7	165.7	109.24
北美市场	371.5	164.2	207.4	126.31
欧洲市场	305.9	160.9	145.0	90.12
亚洲市场	247.9	146.7	101.2	69.02

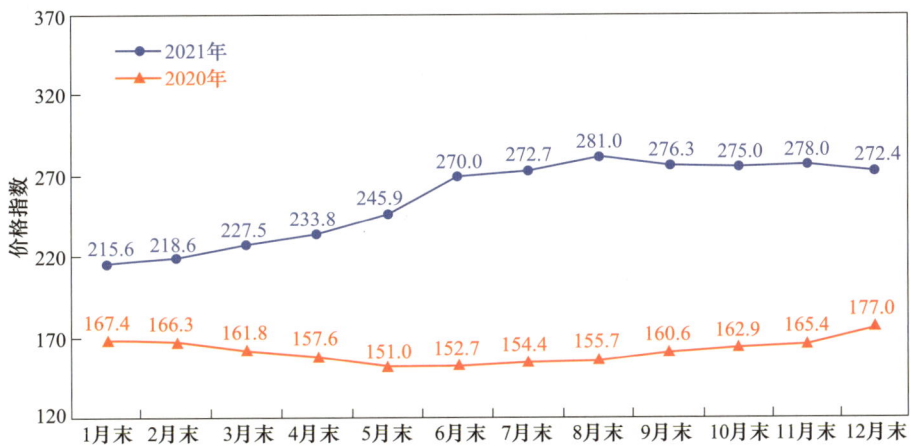

图 9-5　2020-2021 年 CRU 长材价格指数走势图

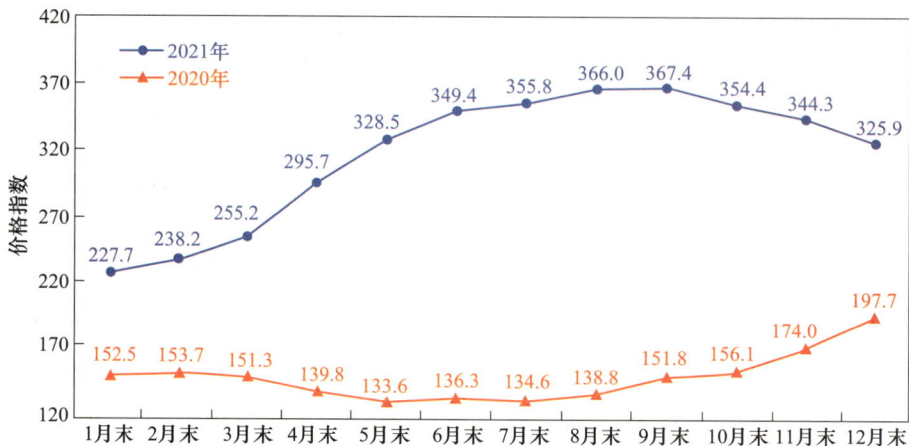

图 9-6　2020-2021 年 CRU 板材价格指数走势图

（三）进出口价格变化情况

受全球钢铁需求复苏、美元量化宽松导致大宗商品价格普涨以及去年基数较低等因素影响下，2021 年钢材平均出口价格同比增长。2021 年，中国出口钢材平均单价 1223.9 美元，同比上升 44.5%；进口钢材平均价格为 1312.4 美元/吨，同比上升 57.8%。

二、2021 年国内钢材市场价格走势分析

2021 年，全国认真落实党中央国务院各项决策部署，科学统筹疫情防控和经济社会发展，有效应对疫情、汛情等多重考验，国民经济持续恢复发展，带动国内市场钢材需求保持增长。

（一）国民经济持续恢复，为钢材价格上涨奠定了基础

2021 年，我国经济发展前高后低，宏观经济运行稳中加固、符合预期。2021 年国内生产总值 1143670 亿元，按不变价格计算，比上年增长 8.1%，两年平均增长 5.1%。分季度看，一季度同比增长 18.3%，二季度增长 7.9%，三季度增长 4.9%，四季度增长 4.0%。虽然二、三季度受基数较快抬升影响，工业、消费、投资等主要经济指标增速回落，但两年平均增速仍处在合理区间。

（二）投资增速缓中趋稳，仍对钢材需求有所支撑

2021 年，国家着力推进重大项目建设，积极扩大有效投资，固定资产投资缓中趋稳，结构不断优化。受基数抬升、疫情散发等因素影响，2021 年全国固定资产投资同比增速有所放缓。2021 年全国固定资产投资（不含农户）544547 亿元，比上年增长 4.9%；两年平均增长 3.9%。其中，制造业投资增长 13.5%，仍保持了较快增长；基础设施投资增长 0.4%，房地产开发投资增长 4.4%。分产业看，第一产业投资增长 9.1%，第二产业投资增长 11.3%，第三产业投资增长 2.1%。高技术产业投资增长 17.1%，快于全部投资 12.2 个百分点。其中，高技术制造业、高技术服务业投资分别增长 22.2%、7.9%。

从主要用钢工业品产量看，金属集装箱、金属切削机床、金属冶炼设备和家用洗衣机产量保持增长，且同比增速有所加快；挖掘机、大型拖拉机、中型拖拉机产量保持增长，但同比增速有所收窄；大气污染防治设备、小型拖拉机、汽车、房间空气调节器等有所增长；家用电冰箱和彩色电视机产量有所下降。

（三）粗钢产量同比下降，钢材出口增加，进口减少，钢材供给量有所减少

2021 年下半年受需求回落、原燃料价格大幅上涨、双控措施收紧等因素影响，钢铁产量持续减少。2021 年全国累计生产粗钢 10.35 亿吨，同比下降 2.8%；生产生铁 8.69 亿吨，累计同比下降 2.3%；生产钢材 13.37 亿吨，累计同比增长 0.9%。与上年同期增速相比，生铁和粗钢产量增速由正转负，钢材产量增速收窄 9.1 个百分点。2021 年累计出口钢材 6690 万吨，同比增长 24.7%。同期，累计进口钢材 1427 万吨，同比下降 29.5%。

（四）原燃材料价格上涨，对钢价有支撑作用

由于钢铁生产保持增长，对原燃材料需求不断释放，叠加铁矿石供给端高度垄断、进口焦煤渠道受阻等原因，原燃材料市场总体上呈现资源偏紧、价格大幅上涨的局面。分品种看，铁矿石走势呈倒"V"形大幅波动走势，上半年延续 2020 年以来的上涨走势，下半年由于钢铁双限等政策

执行，铁矿石市场价格持续下降；而下半年煤炭供给存在缺口等因素，煤炭等燃料的市场价格延续上升走势。据钢协监测，2021 年，CIOPI 进口铁矿石价格升至 156.05 美元/吨，同比上涨 47.60 美元/吨，涨幅为 43.89%；国产铁精矿价格 1224 元/吨，同比上涨 337 元/吨，涨幅为 37.99%；炼焦煤、冶金焦价格同比上涨 989 元/吨和 1006 元/吨，涨幅分别为 69.80% 和 53.51%；废钢价格同比上涨 871 元/吨，涨幅为 32.81%。原燃材料价格明显上涨，对钢材价格有一定的支撑作用（表 9-5）。

表 9-5　2021 年主要原燃材料市场价格变动情况表

项目	单位	2021 年平均	2020 年平均	同比上升	同比上升/%
国产铁精矿	元/吨	1224	887	337	37.99
CIOPI 进口矿	美元/吨	156.05	108.45	47.60	43.89
炼焦煤	元/吨	2406	1417	989	69.80
冶金焦	元/吨	2886	1880	1006	53.51
废　钢	元/吨	3526	2655	871	32.81

（本章撰写人：邹昆昆，尹东玲，中国钢铁工业协会）

第 **10** 章
2021 年会员钢铁企业钢材流通
情况分析

参与钢协营销统计的会员企业粗钢产量约占全国的 75%。因此，这些企业在钢材流通方面出现的新变化、新特点，在一定程度上代表了全国钢铁企业钢材流通方面的调整与演变。

一、2021 年钢材销售基本情况

钢材销售情况通常与钢材价格走势密切相关。2021 年钢材价格指数（CSPI）年度算术平均值为 142.85（点），处于历史高位。其中较 2019 年高出 34.7（点），增幅为 32.08%；较 2020 年高出 37.88（点），增幅为 36.08%。2021 年钢材价格保持历史高位，表明局部时段市场需求较为旺盛，钢材供需基本平衡，2021 年会员企业钢材销售情况整体要略好于 2020 年（图 10-1）。

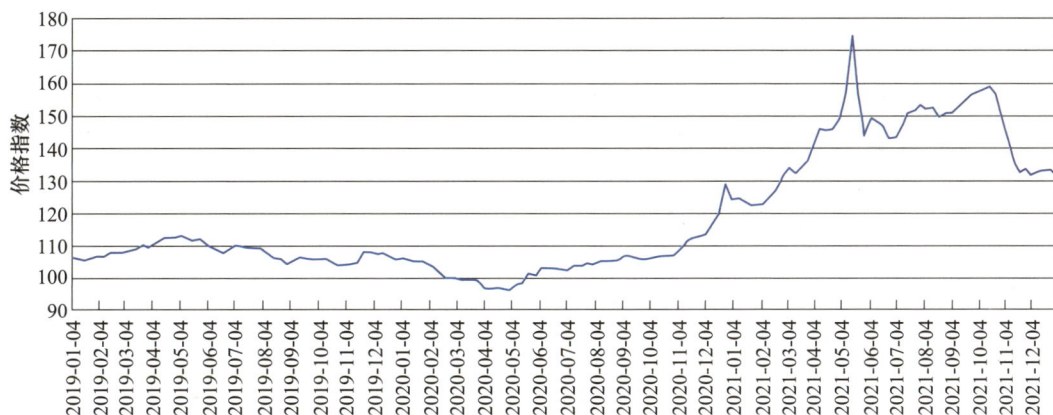

图 10-1　2019-2021 年钢材价格指数

2021 年钢材价格指数（CSPI）可划分三个阶段：第一阶段是 1 月至 5 月中旬，价格指数呈现快速上升态势，由年初的 129.14（点）上升至 5 月中旬的 174.81（点），增幅为 35.36%；第二阶段是 5 月下旬至 10 月中旬，价格指数在 150（点）上下波动；第三阶段是 10 月下旬至 12 月底，价格指数快速下跌，由 10 月中旬的 159.09（点）降至 12 月底的 131.70（点），降幅为 17.22%。据此可判定，会员企业 2021 年 1 月至 10 月中旬，钢材销售情况均比较乐观；2021 年 10 月下旬至年底，会员企业钢材销售出现下滑态势，突出表现是会员企业年底钢材库存 1446.44 万吨，为 2012 年以来历史同期新高，并较年初增长 60.8 万吨（图 10-2）。

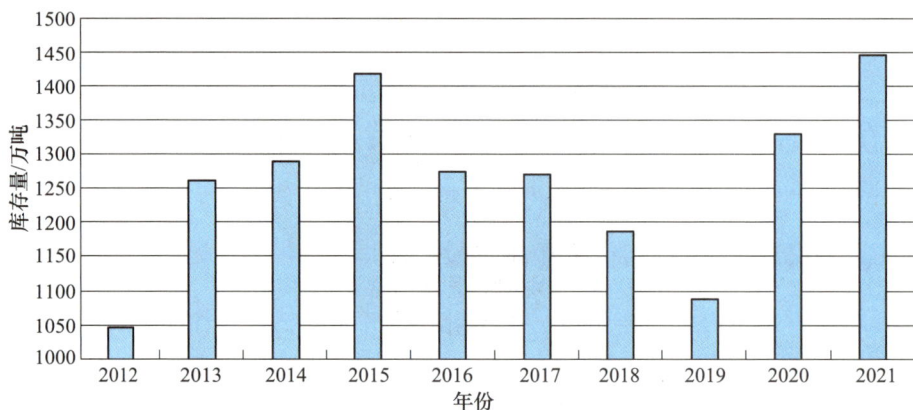

图 10-2　2012-2021 年会员企业钢材年末库存量

年末钢材库存量是反映钢材销售情况的一个重要参考指标。2015 年是 2010 年以来钢材销售状况最差的一年，对应着 2015 年末钢材库存量 1418 万吨，在常态化（没有新冠肺炎疫情发生）年份中为年末钢材库存量最大值。2020 年、2021 年会员企业年末钢材库存量均在 1300 万吨以上，其中有参与营销统计会员企业数量增加的影响，也有疫情的影响。

钢材产量、钢材销量、出口量都是周期性统计，即产量、销量、出口量在年初时都要清零。但钢材库存量是连续统计，与钢材产量、钢材销量统计周期相匹配的是钢材库存转化量（钢材年末库存量−钢材年初库存量）。如果库存转化量为正值，则通常意味着年底钢材销售较年初出现下降态势，反之亦然。如 2012-2015 年，钢材价格呈现逐年下降的态势，2015 年年底钢材价格指数降至 55（点），为 2000 年以来的历史最低点，对应着会员企业钢材销售情况逐年趋弱，各年钢材库存转化量均为正值（忽略各年营销统计中企业数量的差异），钢材库存占用资金规模在增长，对会员企业现金流产生负面影响。2016-2019 年，国家全力推进钢材行业供给侧结构性改革，2017 年 6 月 30 日前彻底清除地条钢。受益于供给侧结构性改革的影响，2016 年、2017 年钢材价格保持稳步增长，2018 年、2019 年在 110（点）左右波动，对应着会员企业钢材销售情况逐年向好，各年钢材库存转化量均为负值，钢材库存占用资金规模在下降，对会员企业现金流产生积极影响（图 10-3）。

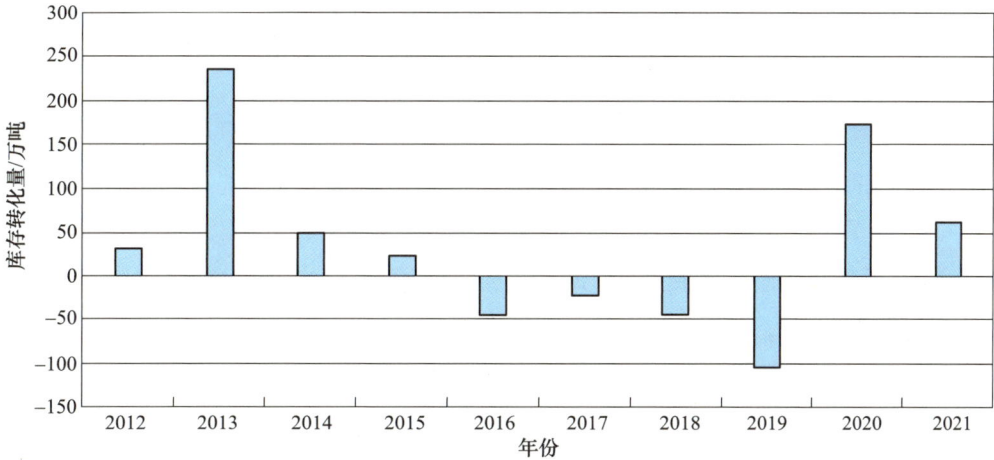

图 10-3　2012-2021 年会员企业钢材库存转化量

2020 年钢材库存转化量正增长，主要受新冠肺炎疫情冲击影响，同时与钢材消费结构适度调整相关联；2021 年钢材库存转化量正增长，既受疫情反复的影响，同时与 2021 年 10-12 月钢材价格快速下降 17%、钢材整体销售不畅相关。

二、各区域市场钢材流入量增减情况及钢材消费结构分析

（一）华北市场钢材流入量增减情况及钢材消费结构

从钢材流入的增量角度看，2021 年会员企业对华北市场的钢材流入量与 2020 年名义比较下降 44.71 万吨，其中长材流入量下降了 374.39 万吨，板带材流入量增长 350.09 万吨（图 10-4），即华北市场钢材流入量下降主要由长材流入量下降所致。据此判定华北市场 2021 年板带材消费增长情况要好于长材。

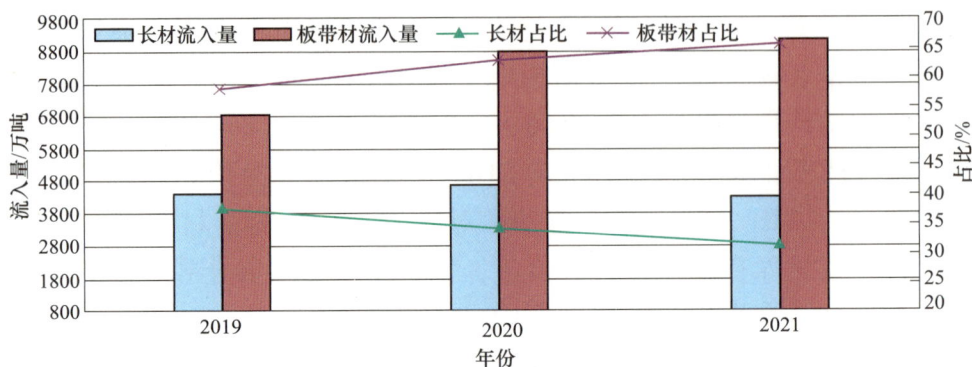

图 10-4　华北市场近 3 年长材和板带材流入量及占比

由于 2021 年华北市场板带材流入量增长而长材流入量下降，因此 2021 年板带材流入量占华北市场钢材流入量比重（简称"板带材流入量占比"）较 2020 年高出 2.72 个百分点，提高至 65.67%，而长材流入量占华北市场钢材流入量比重（简称"长材流入量占比"）较 2020 年下降了 2.58 个百分点，降至 31.1%。

对近 3 年华北市场长材流入量、板带材流入量进行比较可知，华北市场板带材流入量规模始终大于长材，同时板带材流入量保持连年增长，且增量规模大于长材，因此华北市场板带材流入量占比连续 2 年（2020-2021 年）增长，且对长材流入量占比的领先优势不断扩大，如 2019 年华北市场板带材流入量占比高出长材 20.3 个百分点，2020 年高出 29.27 个百分点，2021 年扩大至 34.57 个百分点（图 10-4），据此判定华北市场板带材消费规模要高于长材消费规模，且板带材市场占比持续扩大。

（二）东北市场钢材流入量增减情况及钢材消费结构

从钢材流入的增量角度看，2021 年会员企业面向东北市场的钢材流入量与 2020 年名义比较下降 71.45 万吨，其中长材流入量下降了 141.36 万吨，板带材流入量增长 66.93 万吨（图 10-5），即东北市场钢材流入量下降主要由长材流入量下降所致。由于 2021 年东北市场板带材流入量增长而长材流入量下降，因此 2021 年东北市场板带材流入量占比较 2020 年高出 3.1 个百分点，提高至 59.13%，而长材流入量占比较 2020 年下降了 3.24 个百分点，降至 37.94%。据此判定东北市场 2021 年板带材消费增长情况要好于长材，板带材份额得以小幅提升。

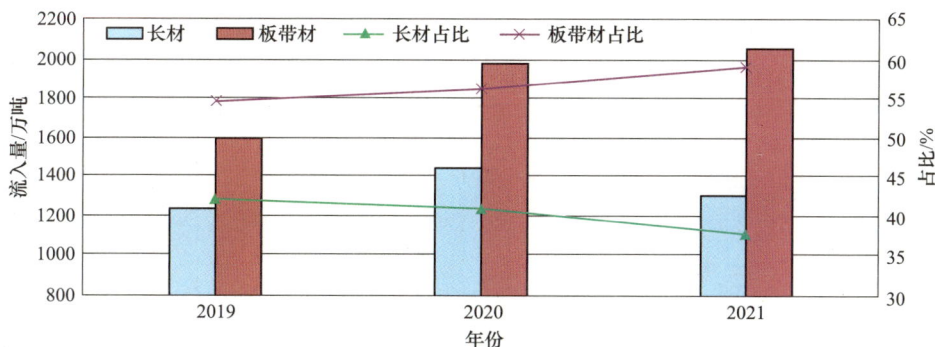

图 10-5 东北市场近 3 年长材和板带材流入量及占比

对近 3 年东北市场长材流入量、板带材流入量进行比较可知,东北市场板带材流入规模要远远大于长材,且板带材流入规模连续 2 年增长,且流入增量大于长材,因此东北市场板带材流入量占比逐年提高,2019 年板带材流入量占比较长材高出 12.64 个百分点,2020 年高出 14.85 个百分点,2021 年进一步扩大至 21.19 个百分点(见图 10-5),据此判定东北市场板带材消费规模高于长材消费规模,且板带材市场占比持续扩大。

(三)华东市场钢材流入量增减情况及钢材消费结构

从钢材流入的增量角度看,2021 年会员企业面向华东市场的钢材流入量与 2020 年名义比较增长 1437.48 万吨,增幅为 4.79%。其中长材流入量增长 386.4 万吨,增幅为 2.67%;板带材流入量增长 924.05 万吨,增幅为 6.22%(图 10-6),即华东市场钢材流入量增长要由长材、板带材共同拉动,其中板带材作用更为突出一些。由于 2021 年华东市场板带材流入增幅大于长材流入增幅,因此 2021 年华东板带材流入量占比较 2020 年高出 0.67 个百分点,提高至 50.21%,而长材流入量占比较 2020 年下降了 0.97 个百分点,降至 47.22%。据此判定 2021 年华东市场板带材及长材消费状况良好,但板带消费走势要略好于长材。

对近 3 年华东市场长材流入量、板带材流入量进行比较可知,华东市场板带材流入量规模略大于长材;板带材、长材的流入量均连续 2 年增长,但板带材增量要大于长材增量,因此华东市场板带材流入量占比逐年小幅提高。鉴于板带材流入量占比与长材流入量占比的差值控制在 3 个百分点以内,其中 2019 年板带材流入量占比仅高出长材 0.23 个百分点,

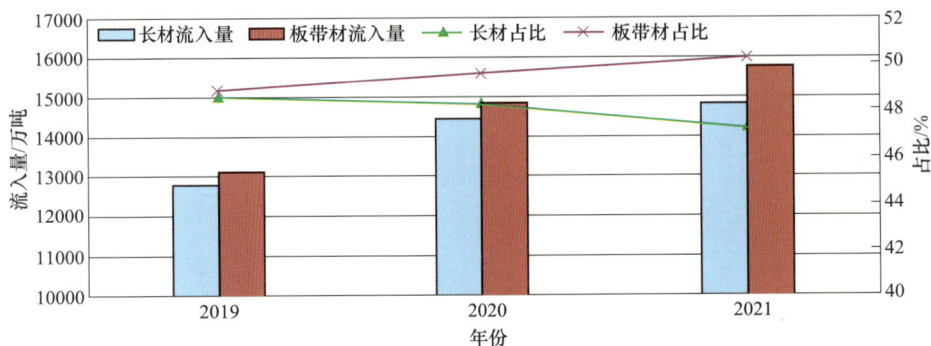

图 10-6　华东市场近 3 年长材和板带材流入量及占比

2020 年高出 1.34 个百分点，2021 年仅高出 2.99 个百分点，据此判定华东市场板带材消费规模与长材消费规模基本相当，但板带材占比优势呈现小幅扩大的态势。

（四）中南市场钢材流入量增减情况及钢材消费结构

从钢材流入的增量角度看，2021 年会员企业面向中南市场的钢材流入量与 2020 年名义比较增长 84.37 万吨，其中长材流入量下降了 538.49 万吨，板带材流入量增长 580.45 万吨（图 10-7），即中南市场钢材流入量小幅增长主要由板带材流入量增长所拉动。由于 2021 年中南市场板带材流入量增长而长材流入量下降，因此 2021 年中南板带材流入量占比较 2020 年高出 3.65 个百分点，提高至 49.31%，而长材流入量占比较 2020 年下降了 3.93 个百分点，降至 49.01%。据此判定 2021 年中南市场板带材消费增长情况要明显好于长材。

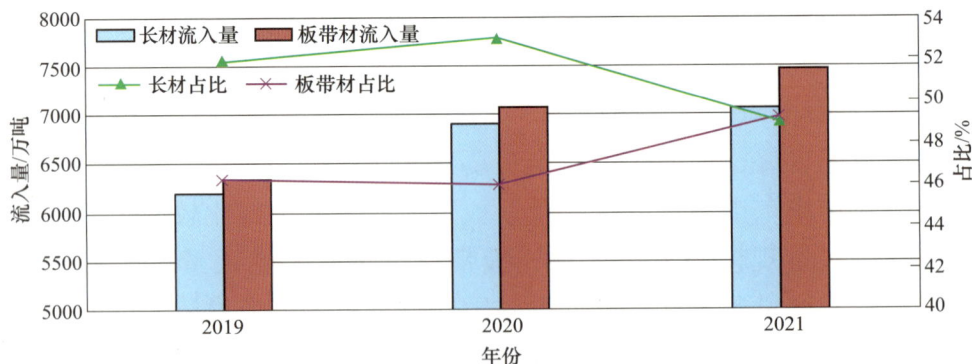

图 10-7　中南市场近 3 年长材和板带材流入量及占比

对近 3 年中南市场长材流入量、板带材流入量进行比较可知，2019-2020 年中南市场长材流入量大于板带材流入量，其中 2020 年长材流入量高出板带材 1075 万吨；2021 年板带材流入量首次大于长材流入量，但仅多出 43.7 万吨。因此，2019-2020 年长材流入量占比具有领先优势，其中 2019 年高出板带材 5.42 个百分点，2020 年扩大至 7.28 个百分点。2021 年板带材流入量占比首次领先长材占比，但仅微弱领先 0.29 个百分点。据此判定 2021 年中南市场长材消费占比优势减弱，板带材消费规模已增长至与长材消费规模基本相当的水平。

（五）西南市场钢材流入量增减情况及钢材消费结构

从西南市场钢材流入的增量角度看，2021 年会员企业面向西南市场的钢材流入量与 2020 年名义比较下降 246.57 万吨，其中长材流入量下降了 236.03 万吨，板带材流入量下降了 1.49 万吨（图 10-8），即西南市场钢材流入量下降主要由长材流入量下降所致。由于 2021 年西南市场板带材流入减少量低于长材流入减少量，因此 2021 年西南板带材流入量占比较 2020 年高出 1.2 个百分点，提高至 33.32%，而长材流入量占比较 2020 年下降了 1.13 个百分点，降至 65.14%。据此判定 2021 年西南市场钢材需求较 2020 年有所下降，其中长材需求状况弱于板带材，但钢材消费依然以长材消费为主。

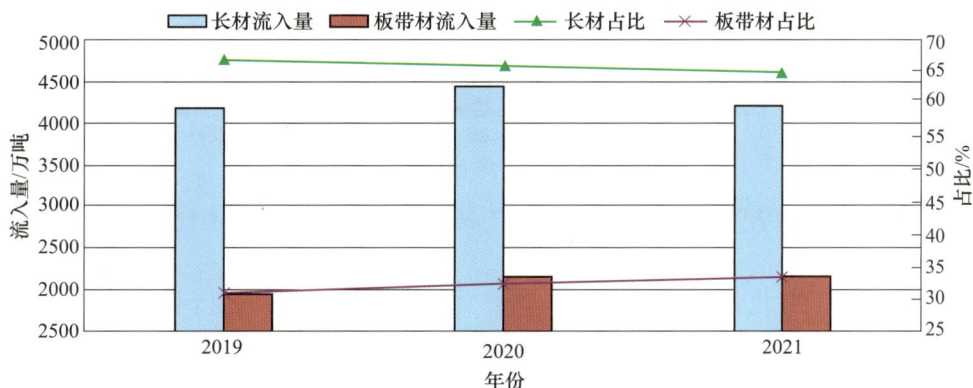

图 10-8　西南市场近 3 年长材和板带材流入量及占比

对近 3 年西南市场长材流入量、板带材流入量进行比较可知，西南市场长材流入量始终大于板带材，长材流入量基本是板带材的 2 倍，但长流入量占比与板带材流入量占比的差值有所缩小，如 2019 年长材流入量占比高出板带材 36.07 百分点，2020 年高出 34.15 个百分点，2021 年二者差值回落至 31.82 个百分点，据此判定 2021 年西南市场钢材消费中长材占比优势依然明显，但板带材消费走势要好于长材。

（六）西北市场钢材流入量增减情况及钢材消费结构

从西北市场钢材流入的增量角度看，2021 年会员企业面向西北市场的钢材流入量与 2020 年名义比较增长 221.25 万吨，增幅为 7.48%。其中长材流入量增长了 149.25 万吨，增幅为 7.3%；板带材流入量增长了 83.23 万吨，增幅为 10.5%（图 10-9），即西北市场钢材流入量增长是由长材、板带材共同拉动，其中长材增量规模较大，拉动作用更为突出一些。由于 2021 年西北市场板带材流入量增幅大于长材流入量增幅，故板带材流入量占比较 2020 年高出 0.75 个百分点，提高至 27.56%，而长材流入量占比较 2020 年下降了 0.12 个百分点，降至 69.01%。据此判定 2021 年西北市场钢材需求较 2020 年有所增长，其中长材消费增量优势及占比优势明显。

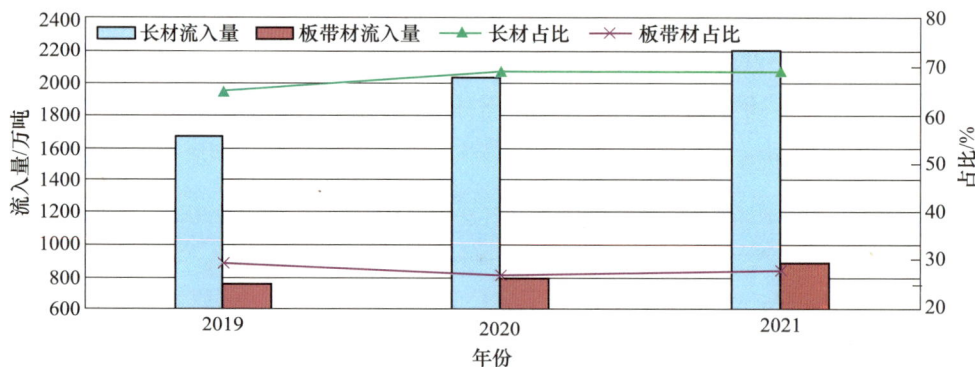

图 10-9 西北市场近 3 年长材和板带材流入量及占比

对近 3 年西北市场长材流入量、板带材流入量进行比较可知，西北市场长材流入量始终大于板带材，长材流入量基本是板带材的 2 倍以上。2019 年长材流入量占比高出板带材 35.81 百分点，2020 年长材流入量增幅高于板带材流入量增幅，二者差值扩大至 42.33 个百分点。但 2021 年二者差值小幅回落至 41.46 个百分点，据此判定 2021 年西北市场钢材消费中长材占比优势依然明显，且长材消费增量优势依然好于板带材。

三、钢材流通渠道分析

（一）直供渠道是消化国内市场钢材销售增长量的主渠道

会员企业 2020 年在国内市场共销售钢材 73293.35 万吨，较 2020 年名义增长 1380.37 万吨，名义增幅为 1.92%。各渠道钢材销量增减量情况如下：会员企业通过直供渠道在国内市场销售的钢材数量（简称"钢材直供销量"）比 2020 年增长了 1117.84 万吨，占国内市场钢材销售总增长量的比重为 80.98%；通过分销渠道销售的钢材数量（简称"钢材分销销量"）比 2020 年增加了 376.68 万吨，占国内市场钢材销售总增长量的比重为 27.29%；通过企业分支机构在国内市场销售的钢材数量（简称"钢材分支机构销量"）比 2020 年增加了 252.82 万吨，占国内市场钢材销售总增长量的比重为 18.32%；通过零售渠道在国内市场销售的钢材数量（简称"钢材零售销量"）比 2020 年减少了 366.97 万吨，占国内市场钢材销售总增长量的比重为 -26.58%。上述数据表明 2021 年面对新冠肺炎疫情的反复，以及钢材需求的巨大波动，特别是年底钢材需求的回落，会员企业钢材销售的增量首先是通过直供渠道来完成的，其次是分销渠道，揭示出会员企业在 2021 年进一步加大了对钢材终端用户的销售力度。

从各渠道钢材销售增幅的角度看，会员企业 2021 年钢材直供销量为 33455.96 万吨，与 2020 年名义比较增长了 3.46%；钢材分销销量为 28337.26 万吨，名义增幅为 1.35%；钢材分支机构销量为 7488.32 万吨，名义增幅为 3.49%；钢材零售销量为 4011.81 万吨，名义降幅为 8.38%。鉴于直供渠道、分支机构渠道钢材销量增幅均高于同期会员企业国内市场钢材销量增幅，故直供渠道钢材销量占钢材总销量比重（简称"钢材直供销量占比"）提高了 0.68 个百分点，达到了 45.65%；分支机构渠道钢材销量占钢材总销量比重（简称"钢材零售销量占比"）提高了 0.16 个百分点，达到了 10.22%。鉴于分销渠道、零售渠道钢材销量增幅低于同期会员企业国内市场钢材销量增幅，则分销渠道钢材销量占钢材总销量比重（简称"钢材分销销量占比"）下降了 0.22 百分点，降至 38.66%；零售渠道钢材销量占钢材总销量比重（简称"钢材分支机构销量占比"）下降了 0.62 个百分点，降至 5.47%。

对近 10 年（2012-2020 年）会员企业钢材直供销量占比、钢材分销销量占比进行比较（图 10-10）可知，2019 年钢材直供销量占比 42.22%，高出钢材分销销量占比降 1.75 个百分点。这是 2012 年以来，会员企业钢材直供销量占比首次高于钢材分销销量占比；2020 年会员企业钢材直供销量占比进一步提升至 44.97%，高出钢材分销销量占比 6.09 个百分点；2021 年会员企业钢材直供销量占比进一步提升至 45.65%，高出钢材分销销量占比 6.98 个百分点。表明 2020 年会员企业直供渠道优势在 2020 年有了进一步提升。总体看，会员企业近 10 年钢材直供销量占比呈现提升态势，2021 年钢材直供销量占比较近 10 年来的历史低点（2012 年）高出了 10.1 个百分点；对应着 2021 年钢材分销销量占比创历史新低，较近 10 年来的历史高点（2012 年）下降了 8 个百分点。这一现象表明钢铁企业与下游钢材用户之间的紧密度在加强，钢铁企业正在从钢材生产商向钢材综合服务商转变。

图 10-10 近 10 年会员企业钢材直供销量、钢材分销销量占比

2013-2015 年钢材分销销量占比下降，主要源于这 3 年钢铁行业产能过剩矛盾逐年突出，钢材价格呈现总体下行态势，经销商经营效益大幅下滑，业务扩展动力明显不足，钢铁企业只能加大直供渠道的销售力度，以将增产钢材销售出去；2018-2021 年钢材分销销量占比下降，主要源于钢铁企业主动加强了直供渠道销售力度，即加强了与钢材终端用户的直接贸易，提高了对钢材终端用户的服务力度及服务体系建设。

（二）直供渠道中长材、板带材销量情况

会员企业 2021 年直供渠道钢材销量较 2020 年名义增长 1117.84 万吨，其中直供渠道长材销量下降 424.76 万吨，占直供钢材销售增量的比重为-38%；直供板带材销量增长 1368.13 万吨，占直供钢材销售增量的比重为 122.39%。这表明直供渠道钢材销量的增长主要由直供渠道板带材销量增长所拉动。

从直供渠道钢材销量的增幅角度看，会员企业 2021 年直供渠道钢材销量 33455.96 万吨，较 2020 年名义增长 3.46%。其中直供长材销量 11502.3 万吨，较 2020 年名义下降 3.56%；板带材直供销量 20871.1 万吨，较 2020 年名义增长 7.01%。由于直供板带材销量增幅高于直供渠道钢材销量增幅，故会员企业 2021 年直供渠道板带材销量占直供渠道钢材销量的比重（简称"直供销量长材占比"）较 2020 年提高了 2.07 个百分点，提高至 62.38%；由于直供长材销量出现下降，故会员企业 2021 年直供渠道长材销量占直供渠道钢材销量的比重（简称"直供销量板带材占比"）较 2020 年降低了 2.5 个百分点，降至 34.38%。总体看，直供渠道中仍以板带材销售为主，再次印证板带材具有较好的直供流通属性。

对近 10 年直供销量板带材占比、直供销量板带材占比进行比较（图10-11）可知，直供渠道板带材销量占比始终高于直供渠道长材销量占比。2012-2014 年，二者差值在 16 个百分点以内；此后 7 年，二者差值基本在 20 个百分点以上，2021 年二者差值扩大至 27.09 个百分点，表明直供渠道中板带材占比优势持续扩大。

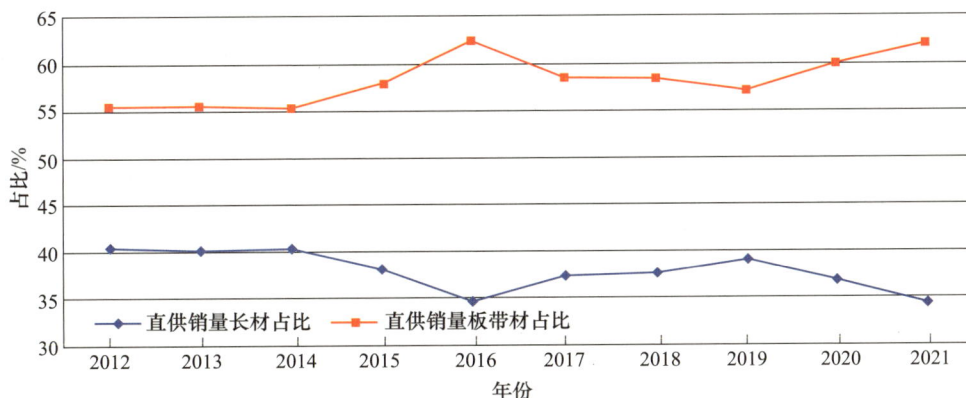

图 10-11　近 10 年直供销量板带材占比、直供销量长材占比

对近 10 年直供销量板带材占比进行比较可知，2012-2014 年，直供销量板带材占比保持在 55.5%左右；2015 年、2017-2019 年，直供销量板带材占比保持在 58%左右；2016 年、2020-2021 年，直供销量板带材占比保持在 61%左右，即如果剔除 2016 年这一阶段性峰值，其他年份直供渠道板带材销量占比呈稳中有升的态势。与此相对应，近 10 年直供销量长材占比保持稳中有降的态势，2021 年直供销量长材占比降至近 10 年的最低点。直供销量板带材占比的稳步增长，主要源于直供渠道板带材销量增长幅度要大于长材增长幅度，如 2020 年直供渠道板带材销量增幅 16.14%，直供渠道长材销量增幅仅为 9.99%；2021 年直供渠道板带材销量增幅 4.23%，直供渠道长材销量却下降 2.18%。

（三）分销渠道中长材、板带材销量情况

会员企业 2021 年分销渠道钢材销量较 2020 年名义增长 376.68 万吨，其中分销长材销量下降 87.62 万吨，占分销钢材销售增量的比重为 -23.26%；分销板带材销量增长 470.71 万吨，占分销钢材销售增量的比重为 124.96%。这表明 2021 年分销渠道钢材销量的增长完全由分销板带材销量增长所拉动。

从分销渠道钢材销量的增幅角度看，会员企业 2021 年分销渠道钢材销量 28337.26 万吨，较 2019 年名义增长 1.35%。其中长材分销销量 17040.45 万吨，较 2020 年名义下降 0.51%；板带材分销销量 10761.38 万吨，较 2020 年名义增长 4.57%。由于分销渠道板带材销量增幅高于分销渠道钢材销量增幅，故会员企业 2021 年分销渠道板带材销量占分销渠道钢材销量的比重（简称"分销销量板带材占比"）较 2020 年提高了 1.17 个百分点，增长至 37.98%；由于长材分销销量增幅低于分销渠道钢材销量增幅，故会员企业 2020 年分销渠道长材销量占分销渠道钢材销量的比重（简称"分销销量长材占比"）较 2020 年降低了 0.51 个百分点，降至 60.13%。总体看，分销渠道中仍以长材销售为主，表明长材在流通环节具有较好的分销属性。

对近 10 年分销销量长材占比、分销销量板带材占比进行比较（图 10-12）可知，分销渠道长材占比始终高于分销渠道长材板带材占比。但在 2013-2015 年，二者差值逐年缩小，2015 年二者差值仅为 6.06 个百分点，为近 10 年最小差值；此后 6 年（2016-2020 年），二者差值呈逐年扩

大态势，2020 年二者差值扩大至 24.45 个百分点，为近 10 年最大差值，表明分销渠道中长材占比优势扩大。2021 年底受长材需求回落的影响，分销销量长材占比较 2020 年有所回落。

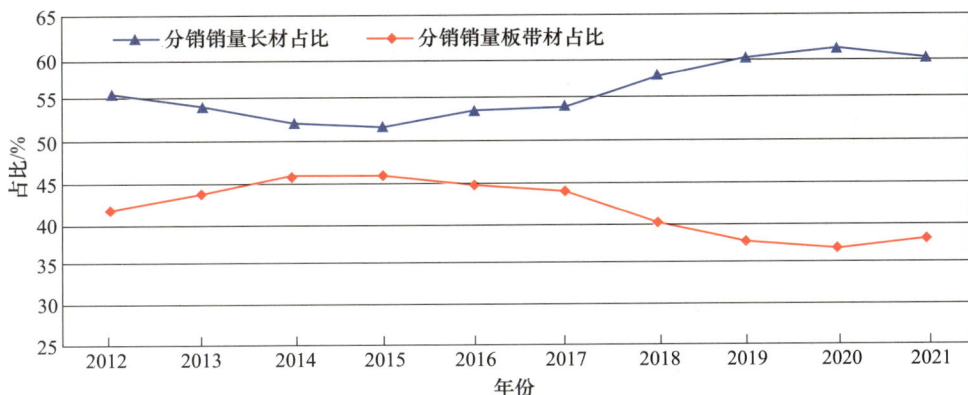

图 10-12　近 10 年分销销量板带材、长材占比

对近 10 年分销销量板带材占比进行比较可知，2013-2015 年，分销销量板带材占比逐年上升，2015 年增长至 45.72%；此后 5 年（2016-2020年）分销销量板带材占比逐年下降，近 3 年（2019-2021 年）保持在 37%左右。近 10 年分销销量长材占比走势与板带材走势截然相反，2013-2015年，分销销量长材占比逐年下降，2015 年降至 51.78%；此后 5 年（2016-2020 年）分销销量长材占比逐年增长，近 3 年（2019-2021 年）保持在 61% 左右。近 3 年分销销量长材占比得以保持在 61% 左右，且于2012-2018 年，主要源于钢筋、线材等建筑类长材需求表现良好，近 3 年长材价格处于历史高位，经销商得以保持较好盈利水平，经销商有较好的扩大长材销售规模的意愿。

（本章撰写人：李拥军，中国钢铁工业协会）

第11章

2021年钢铁工业固定资产投资情况分析

钢铁工业涵盖黑色金属矿采选业（简称"黑色采选业"）、黑色金属冶炼和压延加工业（简称"黑色金属业"）。国家统计局发布的黑色金属矿采选业固定资产投资完成额（累计）同比（简称"黑色采选业投资额增速"）、黑色金属冶炼和压延加工业固定资产投资完成额（累计）同比（简称"黑色金属业投资额增速"）都是基于同口径比较，同口径增速反映的是本年度参与固定资产投资统计的企业今年投资完成额与去年同期投资完成额之间的增减情况。从2018年2月起，国家统计局仅发布各大类工业行业固定资产投资完成额累计同比，不再发布各大类工业行业固定资产投资完成额的具体数值。本章将重点分析黑色采选业投资额增速、黑色金属业投资额增速的变化情况，并对相关影响因素进行探究。

一、黑色采选业投资额增速及相关影响因素

（一）2021年黑色采选业投资额增速创新高

2021年黑色采选业投资额增速26.9%，而2020年为负增长10.3%。2021年黑色采选业投资额增速由负转正，且创2011年以来新高（图11-1）。2021年全国固定资产投资额增速为4.9%，黑色采选业投资额增速高出全国22个百分点。在全国41个工业行业中，黑色采选业投资额增速位居第4名。

2012年起国家统计局发布各主要行业民间固定资产投资投资额增速，2021年全国民间固定资产投资额增速为7%，高出全国投资额增速2.1个百分点，即全国民间投资额增速明显快于全国投资额增速。2021年民间

图 11-1　2011-2021 年黑色金属矿采选业投资额增速及民间投资额增速

黑色采选业投资额增速为 21.9%，而 2020 年为负增长 10.5%。2021 年民间黑色采选业投资额增速由负转正，同样创 2011 年以来新高。民间黑色采选业投资额增速虽然高出全国民间投资额增速 14.9 个百分点，但依然低于黑色采选业投资额增速，意味着在黑色采选业投资中，非民间投资额增速超过了 26.9%。

对 2012-2021 年黑色采选业投资额增速、民间黑色采选业投资额增速进行对比可知，2012-2020 年民间黑色采选业投资额增速绝对值始终大于黑色采选业投资额增速，即民间黑色采选业投资额增速变化幅度大于黑色采选业投资额增速变化幅度。但 2021 年民间黑色采选业投资额增速绝对值小于黑色采选业投资额增速，这是以往年度所没有的，表明民间资本投资黑色采选业的活力还没有完全被激发出来。

2015-2017 年，民间黑色采选业投资额降幅大于该行业降幅，导致民间黑色采选业投资额占行业的比重持续下降，2017 年降至 74.68%（图 11-2），为近 10 年最低值。2018-2019 年，民间黑色采选业投资额增幅大于该行业增幅，带动民间黑色采选业投资额占比回升，2019 年回升至 90.91%，为近 10 年最高值，较 2017 年回升了 16.23 个百分点。总体看，民间资本是黑色采选业固定资产投资的主体，提高国内铁矿石资源对钢铁工业的保障力度，还是要提高民间资本对黑色采选业的投资热情。

（二）对各年黑色采选业投资完成额的评估

假定 2011-2021 年黑色采选业投资完成额的统计口径保持一致，以 2011 年投资额为基数 "1"，根据各年黑色采选业投资额增速，可推算出

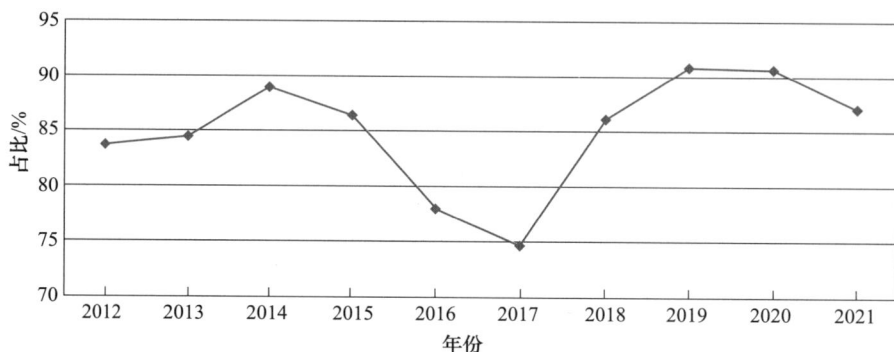

图 11-2　2012-2021 年民间黑色采选业投资额占比

2012-2021 年各年黑色采选业投资额与 2011 年的比值（图 11-3）。从投资额比值角度看，2012-2015 年黑色采选业投资额与 2011 年的比值保持在 1.2-1.4 倍之间，国家统计局发布的这 4 年黑色采选业投资额规模基本保持在 1300 亿元以上，据此可判定这 4 年黑色采选业投资完成额保持了较高的规模，其中 2014 年投资额达到 1690 亿元，为近 11 年最高值。2015 年黑色采选业投资额虽然较 2014 年出现下降，但由于 2014 年投资额保持历史高位，因此 2015 年投资规模依然保持在 1300 亿元以上。

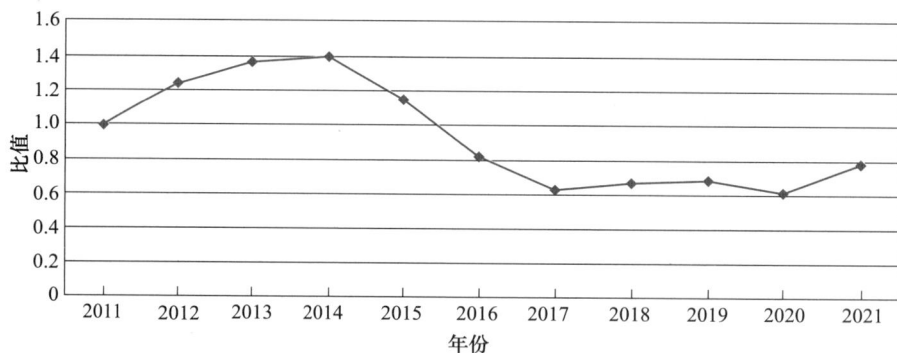

图 11-3　各年度黑色金属矿采选业投资额与 2011 年的比值

2021 年黑色采选业投资额低于 2011-2016 年，依然处于历史较低水平。2017-2020 年黑色采选业投资额是 2011 年的 0.6-0.7 倍，根据统计规则推算出这 4 年黑色采选业投资完成额保持在 700 亿-800 亿元之间，据此可判定这 4 年黑色采选业投资完成额保持了较低规模。2016 年、2021 年黑色采选业投资完成额是 2011 年的 0.8 倍左右，推算出这 2 年黑色采选业投资完成额保持在 900 亿元左右，虽然高于 2017-2020 年，但与 2012-2015 年相比依然保持较大的规模差距。表明 2021 年黑色采选业投资完成额规模仅是有所增长，与投资高峰 2011-2015 年相比，依然有较大差距，相差约 600 亿元。

提高铁矿石投资规模，是加强铁矿石资源保障力度、增加国内铁矿石资源供应的基本前提。因此促进黑色采选业投资力度，不仅要看黑色采选业投资额增速高低，还要评估投资额规模的高低。未来黑色采选业投资额规模要达到 2014 年的 1690 亿元，不仅要让民间资本在这个行业看到较高的投资回报率，更需要政策激励，减少不必要的行政约束。

（三）黑色采选业投资额增速与黑色采选业销售利润率的相关性分析

对 2011-2021 年黑色采选业投资额增速与营业收入利润率进行对比（图 11-4）可知，2011-2013 年、2021 年黑色采选业营业收入利润率在 10% 以上，对应着该行业投资额增速基本保持在 10% 以上，其中 2011 年、2012 年、2021 年保持在 20% 以上；2021 年黑色采选业营业收入利润率高达 13.31%，较 2020 年大幅提高了 3.68 个百分点，且创 2011 年以来新高，对应着 2021 年黑色采选业投资额增速 26.9%，也创 2011 年以来新高。

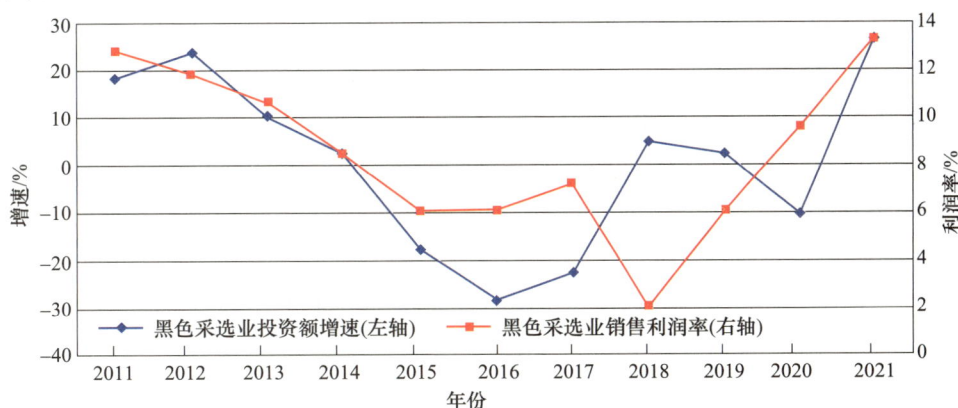

图 11-4　2011-2021 年黑色采选业投资额增速及销售利润率

2014-2019 年黑色采选业营业收入利润率基本保持在 8% 以下，对应着该行业投资额增速基本保持在 5% 以下，2015-2017 年甚至是负增长，降幅均在 17% 以上；2020 年黑色采选业营业收入利润率虽然回升到 9.63%，但该年受疫情冲击，黑色采选业投资额同比下降 10.3%。

上述统计现象表明，黑色采选业销售利润率保持较高水平时，国内黑色采选业投资额增速也会比较高；当黑色采选业销售利润率处于较低水平时，国内黑色采选业投资额增速会出现一定的回落甚至负增长。黑色采选业投资额增速与销售利润率的正相关性揭示出 2021 年黑色采选业较高的行业利润率刺激了行业投资额的大幅增长。

黑色采选业行业利润率通常与进口铁矿石价格高度相关。2021 年进口铁矿石均价达到了 164.25 美元/吨，已经超过了 2011-2020 年的进口铁矿石均价，属于历史上的最高位。受铁矿石价格上涨的影响，2021 年黑色采选业销售利润率 13.31%，为 2014 年以来的最高值（见图 5）。如 2011-2013 年，进口铁矿石价格连续 3 年保持在 120 美元/吨以上，带动国内铁矿石价格的大幅上涨。在此期间，国内铁矿石原矿产量保持较快增长，各年铁矿石原矿产量增速保持在 10% 以上，并远高于 2014-2020 年（图 11-5）。

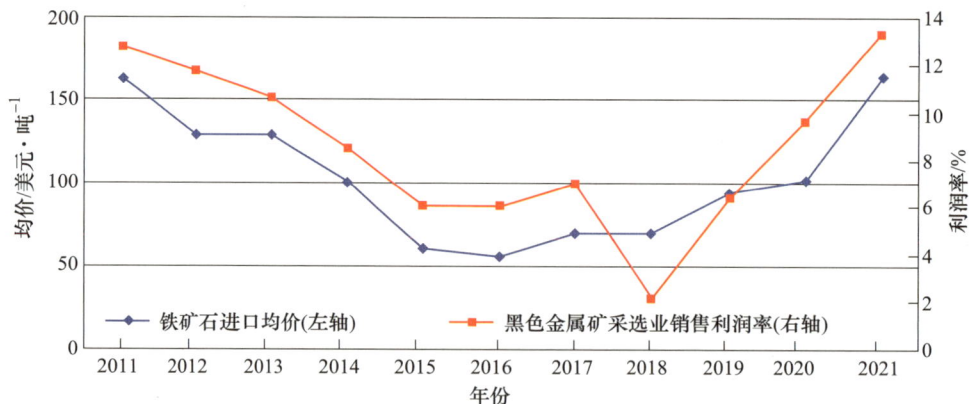

图 11-5 2011-2021 年黑色采选业销售利润率及铁矿石进口均价

2014-2020 年，进口铁矿石价格保持在 102 美元/吨以下，其中 2020 年为 101.65 美元/吨，依然与 2011-2013 年存在一定的差距。因此，2014-2020 年，国内黑色采选业行业利润率保持在 10% 以下，黑色采选业投资额增速保持低位，甚至负增长。这表明在铁矿石价格低迷时期，进口铁矿石以其综合成本优势、质量优势依然保持进口量的适度增长。由于国产矿缺少进口矿的成本优势和质量优势，国内铁矿石企业的生存空间受到进口铁矿石的挤压，因而国内资本对黑色采选业固定资产投资的热情大幅减弱，导致投资额增速回落甚至出现下降。

（四）当前铁矿投资的新挑战

2016 年以来，我国铁矿石投资面临着两大挑战：一是建设绿色矿山挑战，二是采选成本增长的挑战。

建设绿色矿山挑战。2016 年 3 月，国家"十三五"规划将"大力推进绿色矿山和绿色矿业发展示范区建设"作为重点任务和重大工程进行部署。2017 年 5 月，国土资源部、财政部、环境保护部、国家质量监督检验检疫总局、中国银行业监督管理委员会、中国证券监督管理委员会等六部门共同下发了《加快建设绿色矿山的实施意见》，明确了冶金行业绿色矿山建设的要求和标准，要求新建矿山全部达到绿色矿山建设要求，生产矿山加快改造升级，逐步达到要求；要求矿山企业加快绿色环保技术工艺装备升级换代，加大矿山生态环境综合治理力度，大力推进矿区土地节约集约利用和耕地保护，引导形成有效的矿业投资；明确不符合绿色矿山标准的矿山企业逐步退出市场。绿色矿山建设贯穿于矿山生产建设中，即从矿产调查、矿山规划、建设、开采、选矿，直至闭坑、矿山土地复垦和生态环境恢复重建工作的全过程。2018 年，自然资源部发布《冶金行业绿色矿山建设规范》。为此，铁矿石采选企业要进行生产工艺改革、节约能源和原材料的改造，矿山"三废"治理改造，以及劳动条件和生产环境改造等。

如河钢集团司家营铁矿投资 1400 多万元，完成热电厂 4 台燃煤锅炉的超低排放改造和燃煤料场封闭工程，确保满足地方标准要求。石人沟铁矿、柏泉铁矿分别投资 500 多万元在原有除尘系统基础上增加先进的BME 生物纳膜除尘工艺，确保满足《铁矿采选工业污染物排放标准》要求，实现 10 毫克/立方米的特别排放限值要求；2016 年庙沟铁矿投资2000 多万元，用于其东排土场生态修复治理，确保与相邻景观保持一致。

采选成本增长的挑战。我国富铁矿资源极其短缺，97% 的铁矿储量为贫矿，采选难度较大；露天矿越来越少，部分矿山的生产能力逐年衰减，需要采选更低品位的原矿；地下铁矿开采难度大，进一步提高了铁矿采选成本较高；2011 年起，中国铁矿石年度产能规模在 10 亿吨以上，较高的铁矿石产能规模对应着"改建和技术改造"投资规模也较高。总体看，中国铁矿石现有产能规模和资源条件，需要在技术改造方面保持着一定的投资规模，如矿山机器设备和工具的更新改造，用先进的技术代替落后的技术，用先进的工艺和装备代替落后的工艺和装备，以期提高铁矿石采选效率与效益。如鞍钢应用自动控制、智能感知等技术对铁矿石采选工业设备及其他基础设施进行数字化改造，完善工业网络及信息安全建设；中钢矿业开发有限公司利用物联网和工业大数据技术，对矿山提升（设备）、通风、变电、排水、供风、选矿、溜破、充填等系统进行自动化改造，构建了地下矿山智能生产管控集控中心，通过数据的智能分析与决策，形成了统一监控的一站式矿山、一键式生产管理系统，大幅减少了作业人员，实现了大型固定设施（如提升、通风、变电、排水、供风）岗位的无人值守。

二、黑色金属业投资额增速变化

（一）对黑色金属业近 11 年投资额规模的三个阶段划分

2021 年黑色金属业投资额增速为 14.6%，虽然较 2020 年回落了 11.9 个百分点（图 11-6），但依然高出 2021 年全国投资增速 9.7 个百分点；在全国 41 个工业行业中，黑色金属业 2021 年投资额增速位居第 13 名。

图 11-6　2011-2021 年黑色金属业投资额增速

对近 11 年黑色金属业投资额增速进行对比可知，2012-2017 年黑色金属业投资额增速连续 6 年负增长，2015 年黑色金属业投资额增速降至 −11%，为近 11 年投资额降幅最高的一年。2012 年黑色金属业固定资产投资完成额为 5055.48 亿元，同口径比较下降了 2.04%，但名义同比却增长了 30.92%，这主要源于国家统计局 2012 年将黑色金属铸造业纳入黑色金属业所致。2018 年，国家统计局将黑色金属铸造业归入金属制品业，即从 2018 年起黑色金属铸造业不再是黑色金属业的子行业，故 2012-2017 年黑色金属业投资额的企业统计范围要大于以往年度。这 6 年黑色金属业涵盖了黑色金属铸造行业，由于国家统计局不对外公开发布炼铁、炼钢、黑色金属压延、铁合金、黑色金属铸造等子行业的投资情况，因而难以判断这 6 年黑色金属业投资额下降是由哪个子行业所主导的，但可以明确这 6 年黑色金属业固定资产投资额呈现出连续收缩的态势。

2018-2021 年，黑色金属业投资额增速分别为 13.8%、26%、26.5%、14.6%，连续 4 年超过 10%，这是黑色金属业在以往年度中从没有过的投资现象。依据统计规则可测算出 2021 年投资额是 2017 年 2.08 倍，即历经 4 年的时间，黑色金属业投资额规模增长了一倍，表明这 4 年黑色金属业投资较为活跃。在国家严控钢铁新增产能、严格执行新建产能减量置换的大背景下，特别是 2021 年钢铁行业面临着较为严峻的环保限产形势，因此黑色金属业投资额增长并不意味着钢铁产能的净增长，很多企业将更多的投资资金集中于"改建和技术改造"方面，使现有钢铁产能得到了优化与升级，并实现绿色发展。

（二）对各年黑色金属业投资额规模的比较

国家统计局自 2018 年起不再公布各大类工业行业固定资产投资完成额，仅公布各大类工业行业投资完成额增速。鉴于黑色金属铸造业投资额占黑色金属业投资额比重较低，故本节忽略 2012-2017 年与其他年度在统计口径方面的差异性。假定 2011-2021 年黑色金属业投资完成额的统计口径保持一致，以 2011 年投资额为基数"1"，根据各年黑色金属业投资额增速，可推算出 2012-2021 年各年黑色采选业投资额与 2011 年的比值（图 11-7）。

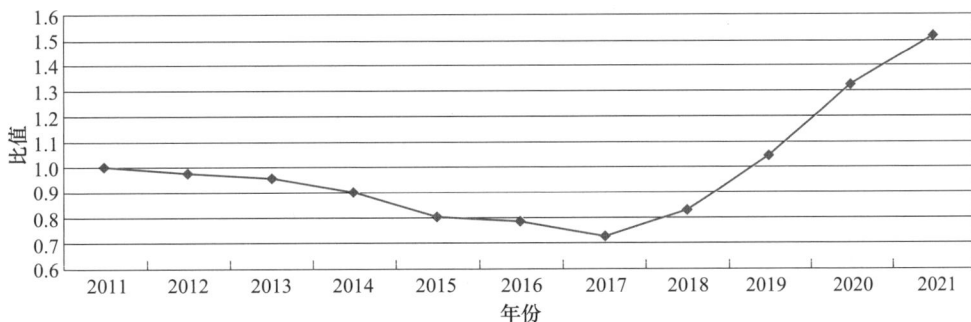

图 11-7   各年黑色金属投资额与 2011 年的比值

从投资额规模的角度看，这 11 年黑色金属业投资可分为三个阶段：第一阶段是 2011-2014 年，该阶段黑色金属业投资额虽然逐年下降，但由于 2011 年投资基数较高，因此这 4 年投资规模依然较大，经测算投资额规模在 3600 亿元上下波动，且各年投资额与 2011 年的比值保持在 0.9-1 倍之间。第二阶段是 2015-2018 年，各年投资额与 2011 年的比值保持在 0.7-0.8 倍之间，投资规模在近 11 年中处于底部，其中 2017 年投资额仅为 2011 年的 0.73 倍，是近 11 年的投资额最低点。2018 年黑色金属业投资额增速虽然高达 13.8%，但由于 2017 年投资规模降至近 11 年最低点，因此 2018 年黑色金属业投资额仅是 2011 年的 0.83 倍。经测算，这 4 年投资额基本在 3000 亿元上下波动。第三阶段是 2019-2021 年，各年黑色金属业投资完成额逐年上升，且各年黑色金属业投资额规模连创新高，分别为 2011 年的 1.05 倍、1.32 倍、1.52 倍。据此推算 2021 年投资额规模约为 5800 亿元，为历史最高值。

从 2012 年起，各年生铁产量保持在 6 亿吨以上，粗钢产量保持在 7 亿吨以上，钢材产量保持在 9 亿吨以上，铁合金产量保持在 3000 万吨以上，意味着从 2012 年起黑色金属业投资额中用于"改建和技术改造"的投资比重将会上升，意味着单位投资额所带来的产能净增量也在下降。

2019-2021 年，各年生铁产量保持在 8 亿吨以上、粗钢产量基本保持在 10 亿吨以上、钢材产量保持在 12 亿吨以上，如此高的产量规模对应着"改建和技术改造"投资规模也较高，如为提高生产效率、提高产出价值所进行的机器设备和工具的更新改造、冶炼及轧钢生产工艺技术改造、智能工厂改造等；国家加强环保倒逼钢铁企业进行节约降耗、"三废"治理、超低排放的改造等。

（三）钢铁工业与相关下游行业投资额增速比较

在制造业中，黑色金属业主要下游大类制造行业有 9 个。通过对黑色金属业与下游 9 个主要制造行业投资额增速的比较，来判断黑色金属业投资与下游制造行业是否匹配。

由于 2020 年存在新冠肺炎疫情冲击，属于非常态化年份，因此 2021 年各行业相对于 2020 年的投资额增速具有不可比性。本节对黑色金属业及其 9 个下游主要制造行业相对于 2019 年（没有新冠肺炎疫情冲击，属于常态化年份）的投资额增速（本节称为"两年累计增速"）进行了推算。黑色金属业投资额两年累计增速为 44.97%，表明 2021 年黑色金属业投资额较 2019 年增长了近 45%。钢铁主要下游制造行业中，金属制品/机械和设备修理业、汽车制造业两年累计增速为负值，即这两个行业 2021 年投资额较 2019 年分别下降 1.35%、15.64%（图 11-8）。假设黑色金属业与主要下游制造行业投资额中用于"改建和技术改造"的投资比重基本相近，则可初步判定汽车制造业等两个行业未来产能及产量的净增量有限。

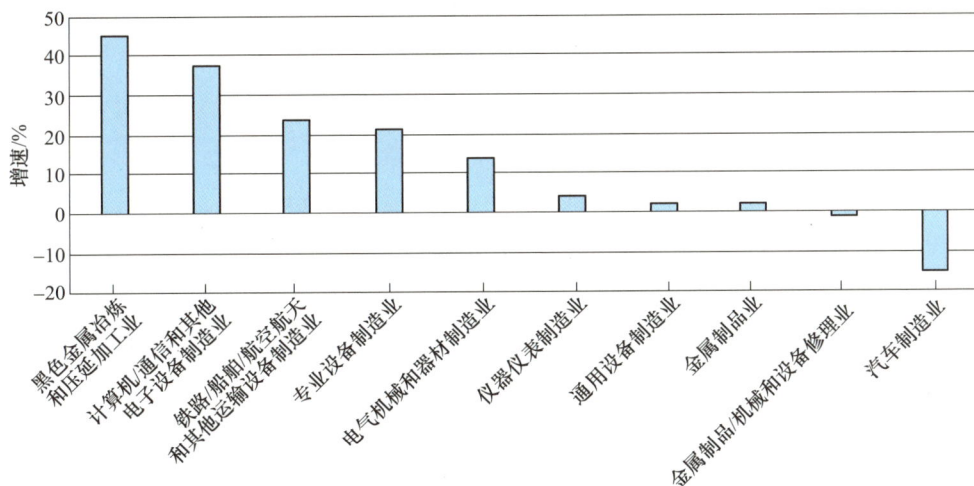

图 11-8　黑色金属业及相关下游制造行业两年累计增速

铁路/船舶/航空航天和其他运输设备制造业等 7 个钢铁主要下游行业投资额两年累计增速虽然为正值，但均低于黑色金属业。其中计算机/通信和其他电子设备制造业低了 7.38 个百分点，铁路/船舶/航空航天和其他运输设备制造业低了 21.46 百分点，专用设备制造业低了 23.53 百分点，电气机械和器材制造业低了 31.04 百分点，仪器仪表制造业低了 40.92 百分点，通用设备制造业低了 42.42 百分点，金属制品业低了 42.70 百分点。表明这 7 个下游行业未来产能及产量的净增量幅度要弱于黑色金属业，即未来制造用钢需求的增量有限，黑色金属业未来存在供应能力相对过剩的可能性。

（四）黑色金属业民间投资额同比情况

民间固定资产投资是指具有集体、私营、个人性质的内资企事业单位以及由其控股（包括绝对控股和相对控股）的企业单位在中华人民共和国境内建造或购置固定资产的投资。民间固定资产投资的统计范围根据固定资产投资项目单位的工商登记注册类型和控股情况来确定，包括：（1）工商登记注册的集体、股份合作、私营独资、私营合伙、私营有限责任公司、个体户、个人合伙等纯民间主体的固定资产投资；（2）工商登记注册的混合经济成分中由集体、私营、个人控股的投资主体单位的全部固定资产投资。国家统计局于 2012 年 3 月开始发布民间投资的统计数据。

2021 年民间黑色金属业投资额增速为 22.2%，较 2020 年回落 5.31 个百分点，但高出 2021 年全国民间投资额增速 15.2 个百分点，同时高出黑色金属业投资额增速 7.6 个百分点。表明民间资本对黑色金属业的投资保持活跃，并拉动整个黑色金属业投资额的增长。

黑色金属业投资额增速自 2012 年起连续 6 年负增长，但黑色金属业民间投资额同比在 2014 年才出现负增长，表明国有及国有控股资本在 2012 年、2013 年对钢铁投资进行收缩时，民营资本存在乘势进行适度扩张的迹象，即使在 2016 年去产能的过程中，经测算非民营投资（主要是国有及国有控股资本）同比下降 25.26%，而民营资本投资同比却增长了 1.8%（图 11-9），依然保持了投资的适度增长。

图 11-9　2011-2021 年黑色金属业民间投资额同比及黑色金属业投资额增速

2012-2021 年，仅 2015 年、2017 年民间黑色金属业投资额降速大于黑色金属业投资额降速，2019 年民间黑色金属业投资额增速低于黑色金属业投资额增速。其他年份民间黑色金属业投资额增速均高出黑色金属业投资额增速 1 个百分点以上，其中 2021 年高出 7.6 个百分点。国家统计局发布过 2012-2017 年各大类工业行业年度固定资产投资额及民间投资额，据此确定 2012-2017 年，民间黑色金属业投资额占整个黑色金属业投资额的比重为 79%左右，由此可确定民营资本在近 9 年的黑色金属业投资中保持了较为明显的主导优势。2018-2021 年民间黑色金属业投资额增速明显高于 2012-2017 年，表明 2018-2021 年钢铁行业盈利水平转好并保持较高水平的背景下，民营资本对钢铁的投资有了较大幅增长，这也是钢铁行业深化供给侧结构性改革的成果。

（本章撰写人：李拥军，中国钢铁工业协会）

第 12 章

2021 年钢铁工业产业布局研究

一、我国钢铁工业产业布局现状

（一）生产布局

长年以来，我国钢铁行业生产力布局呈现北重南轻、东多西少的特点，钢铁企业主要分布在华北、华东地区，主要代表省份为河北、山西、江苏、山东。如图 12-1 所示，根据工业和信息化部公告的前五批符合《钢铁行业规范条件》企业名单，华北、华东地区分别有 96 家和 75 家上榜，企业数量分别占全国的 37% 和 28%。钢铁企业的集中也意味着钢铁

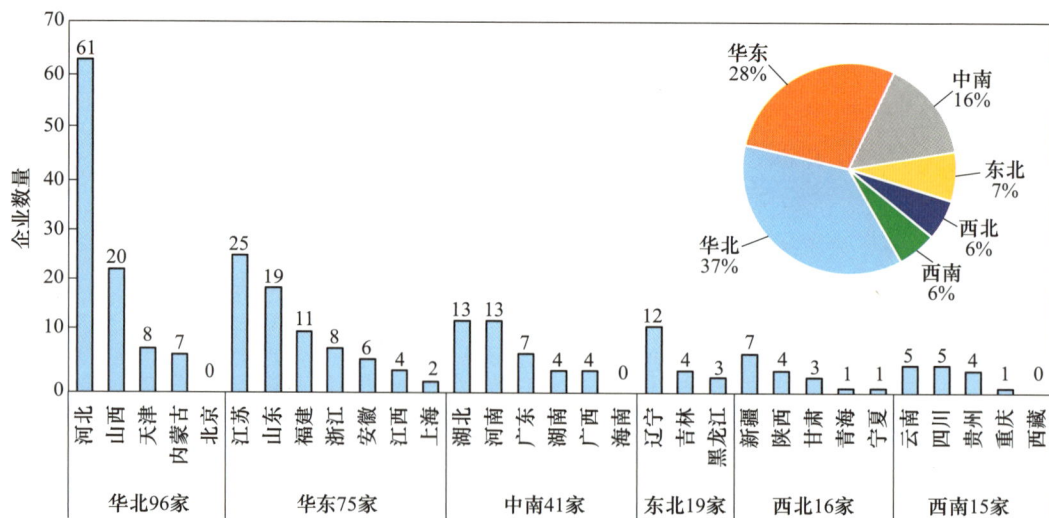

图 12-1　前五批符合《钢铁行业规范条件》的企业分布图

产量的集中。从 2021 年我国各地区粗钢、钢材产量来看，近三分之二的粗钢、钢材产量集中在华北、华东地区（图 12-1 和图 12-2）。

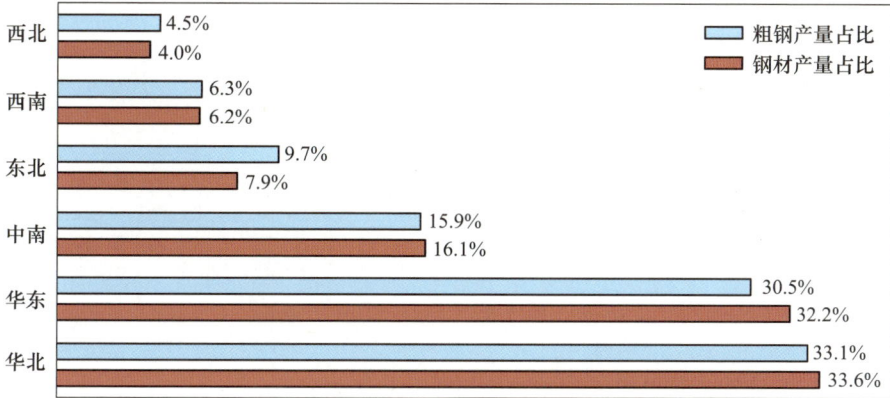

图 12-2　2021 年我国粗钢/钢材产量分布图

华北、华东地区之所以受到广大钢铁企业的青睐，一方面是该地区的工业基础和开放程度相对较高，另一方面也因资源、市场、物流等要素条件具备比较优势。近年来，国家层面通过产业政策和资源、能源、环境等要素约束，引导钢铁产能相对过剩的华北、华东等地区向钢铁产能相对不足的西部地区转移，取得一定进展。以钢铁产能置换项目为例，据汇总整理各地公示公告的钢铁产能置换项目，2016-2021 年期间，各地计划新建炼钢产能 3.5 亿吨，相应退出炼钢产能 3.8 亿吨，河北、广西、山东 3 省（区）建设规模位列前三（图 12-3）。以上拟用于置换退出的炼钢产能中，约 3000 万吨涉及跨省置换，河北、上海、天津为主要的产能出让地，福建、广东、广西为主要的产能受让地。

（二）消费布局

2021 年，我国累计生产粗钢 103524 万吨，出口钢材 6689.5 万吨，出口钢坯 3.6 万吨，进口钢材 1426.8 万吨，进口钢坯 1371.6 万吨，折合粗钢表观消费量为 9.9 亿吨，钢铁生产和消费总体匹配，钢铁产品以满足内需为主，折合粗钢净出口量仅占粗钢总产量的 4% 左右。分地区看，华北、东北地区钢材产量占比超过了其钢材消费占比，为钢材净流出地区（图 12-4 和图 12-5）。与 2020 年相比，除了西南地区 2021 年钢材产量与钢材消费的差值（生产-消费）有所增加以外，其他地区的差值均在不

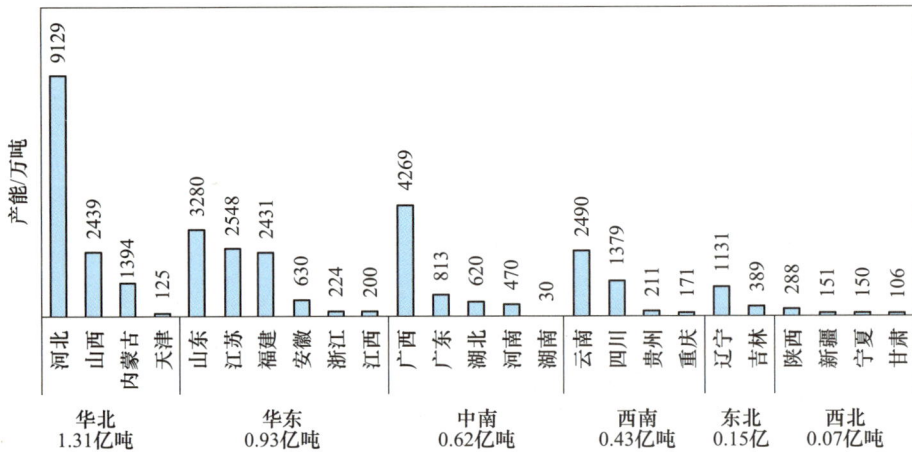

图 12-3　2016-2021 年期间各地公示公告的钢铁产能置换项目汇总情况

同程度地降低，这在一定程度反映了我国钢铁生产和消费结构正在逐渐优化。这一方面得益于钢铁产能的跨地区转移带来的生产力布局重构，另一方面也是由于钢铁行业实行区域性差异化限产带来的市场再分配。

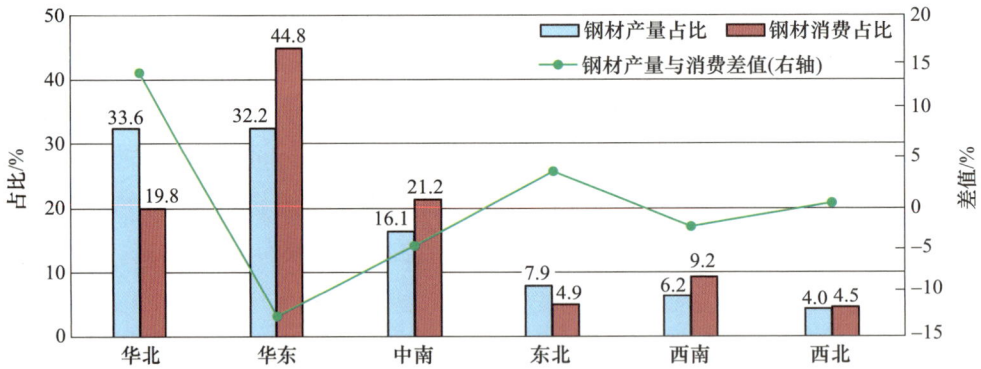

图 12-4　2021 年我国分地区钢材生产及消费结构图

（三）流程布局

　　我国是全球第一产钢国，但以高炉-转炉长流程为主，电炉短流程占比较低。2011 年以来，我国电炉钢产量占全国粗钢产量的比例长期处于10%左右水平，明显低于全球电炉钢平均占比（2020 年为 26.3%）。近年来，国家有关方面多次将提升电炉钢占比作为钢铁行业转型升级、低碳发

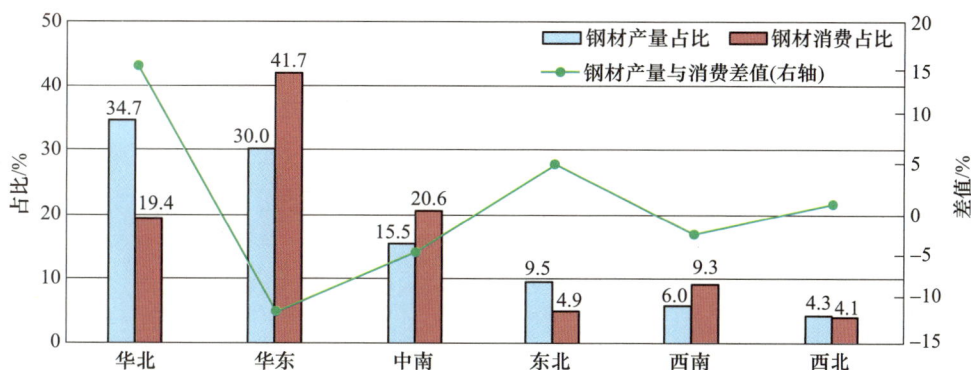

图 12-5 2020 年我国分地区钢材生产及消费结构图

展的重要方向。2022 年 2 月，工业和信息化部、国家发展改革委、生态环境部三部委在《关于促进钢铁工业高质量发展的指导意见》中提出，到 2025 年电炉钢产量占粗钢总产量比例提升至 15% 以上。此外，国家发展改革委、工业和信息化部等也在新选址钢铁冶炼项目规模要求、钢铁产能置换比例等方面对电炉短流程炼钢项目给予了政策倾斜。据汇总整理各地公示公告的钢铁产能置换项目，2016-2021 年期间，各地计划新建的炼钢产能置换项目中，拟建电炉产能占 25.3%，相应退出的电炉钢产能占 15.6%，长流程向短流程转型的趋势明显。分地区来看，华东和西南地区是电炉短流程炼钢布局的主要地区（图 12-6）。

（四）资源布局

钢铁产业布局具有明显的资源导向型特征，尤其是与铁矿石供应格局具有较高的相关性。铁矿石生产方面，辽宁、四川、河北、山东储量最为丰富，华北、东北地区集中了我国约三分之二的铁矿石原矿产量。铁矿石进口方面，华东、华北、中南地区分布着我国主要的铁矿石进口港，如青岛港、曹妃甸、防城港等。凭借着铁矿石生产和进口的双重优势，加之我国钢铁行业以高炉-转炉长流程为主，华北、华东地区具备布局钢铁企业的显著优势。据有关数据，我国 25 座 4000 立方米以上的高炉中，21 座分布在沿海地区，其中的 9 座 5000 立方米以上高炉全部分布在沿海地区（图 12-7）。

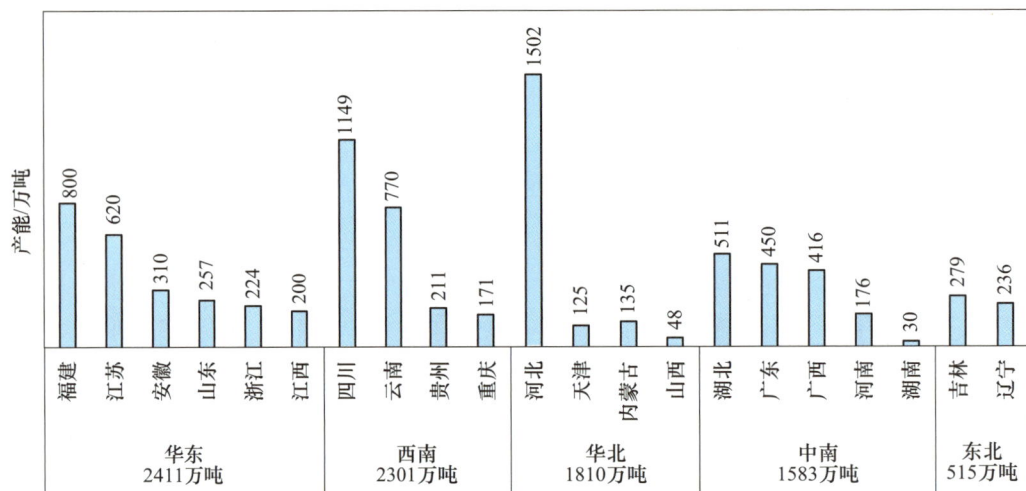

图 12-6　2016-2021 年期间各地计划建设的电炉项目分布情况

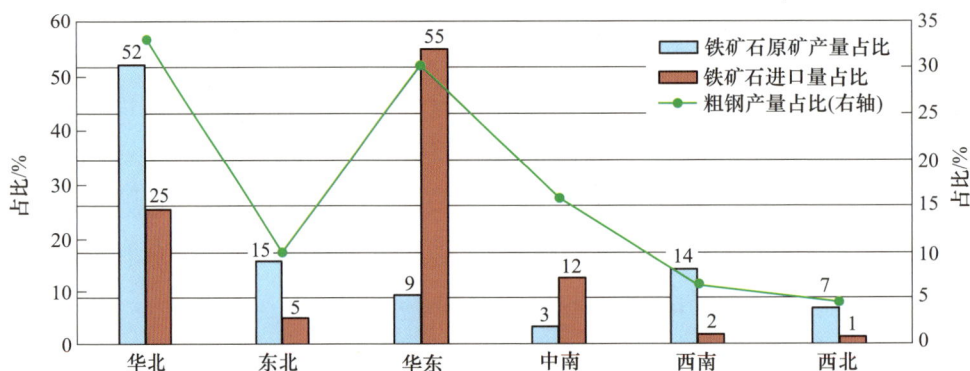

图 12-7　2021 年我国铁矿石生产、进口、消费分布图

二、我国钢铁工业产业布局存在的主要矛盾

(一) 钢铁生产力布局不平衡的矛盾

近十年来，我国粗钢产量与粗钢表观消费量的比值在 1.15-1.02 浮动，尤其是 2016 年以来明显回落，印证了我国钢铁行业以满足内需为主、适度参与国际竞争的发展定位，我国钢铁生产与消费在总量上基本匹配。分地区看，我国境内除北京、海南、西藏外均具备粗钢冶炼能力，生产力主要布局在华北、华东地区，西部地区多为钢材净流入省份。钢铁是制造

业重要的原材料，钢铁生产力的不平衡布局抑或造成相关下游产业的不平衡布局，为我国产业布局优化带来巨大挑战。以广西为代表的西部省份，鼓励承接河北、天津等地区钢铁产能，是钢铁产业布局调整的有益探索，但钢铁产能布局调整任重道远，北重南轻、东多西少的生产力布局短期内难以改变。

（二）铁矿石消费与供给的矛盾

我国是全球第一钢铁生产国，铁矿石消费量也是全球第一。虽然我国铁矿石资源基础储量位居全球第四，但资源禀赋较差，开采成本高，难以全面满足国内需求。2021 年，我国进口铁矿石 11.24 亿吨，综合考虑我国港口铁矿石库存、国产铁矿与进口铁矿品位差异等因素，我国铁矿石外采度为 77%。这一数值虽已连续四年下降，但仍处于高位。高位的铁矿石外采度直接威胁我国钢铁产业链和供应链安全。伴随着我国高炉大型化改造、大型沿海钢铁生产基地新建和扩建，这一风险还将长期存在。稳定可靠的铁矿石供给渠道是全面提升钢铁行业产业基础能力和产业链水平的重要基础，需要全行业共同努力解决。

（三）钢铁生产力布局与资源环境承载能力的矛盾

如《中国钢铁工业发展报告 2021》所述，我国粗钢产量 70% 以上分布在人均水资源低于 1700 立方米缺水警戒线的 17 个省份或直辖市，近 60% 集中分布在人均水资源低于 500 立方米的 9 个极度缺水省份或直辖市。据生态环境部发布的 2021 年 1-12 月全国环境空气质量状况，排名后 20 位的城市中，50% 以上具有钢铁企业。同时，钢铁行业还是主要的碳排放行业之一，据殷瑞钰院士研究团队估算，中国钢铁行业 CO_2 排放量约占全国 CO_2 排放总量的 15%-17%。随着节能量、碳排放权、排污权、水权交易等制度不断完善，资源环境对钢铁企业发展的约束将持续加严，钢铁生产力布局与资源环境承载能力的矛盾还将愈加突出。

三、我国钢铁工业产业布局的新动向

（一）新发展格局为钢铁产业布局调整指明了方向

2021 年 4 月和 7 月，国家两次调整钢铁产品进出口税收政策，取消钢材出口退税，提高硅铁、铬铁、高纯生铁的出口关税，对生铁、粗钢、再生钢铁原料、铬铁等产品实行零进口暂定税率。该政策调整的目的有三个方面：一是减少初级产品、低附加值产品出口，提高我国钢铁行业的出口质量和国际形象；二是引导钢铁行业转变发展观念，特别是在资源和环境的双重约束下，再大规模出口低端钢铁产品是不明智的；三是将钢铁产品作为铁素资源看待，减少铁素资源出口，逐步提升我国钢铁行业产业链供应链安全水平。在这一政策指引下，钢铁行业还要继续提升国际化发展水平，在推进国际产能合作方面下功夫，布局一批具有国际竞争力的海外钢铁生产基地，这也符合"双循环"新发展格局的内在要求。

（二）产能产量"双控"成为钢铁行业发展新常态

2021 年，在国家发展改革委等部委指导下，钢铁行业认真贯彻落实产能产量"双控"的系列决策部署，实现全年粗钢产量从 2020 年的 10.65 亿吨下降到 10.35 亿吨，进口铁矿石价格明显回落，钢材价格稳中有降，供需基本平稳，全行业利润创出历史最高水平，政策效果十分明显，得到了钢铁行业和企业的广泛认可。同时，2021 年国家发展改革委、工业和信息化部分别出台了钢铁项目备案和产能置换的新政策，明显抑制了钢铁企业投资新建钢铁冶炼项目的热情，进一步防范了钢铁产能扩张的风险。种种迹象表明，钢铁产能产量"双控"政策可能成为钢铁行业"十四五"时期发展新常态，这不仅有利于碳减排，实现碳达峰、碳中和，也有利于稳定对铁矿石需求的预期，还有利于钢铁行业高质量发展和转型升级。

（三）能源和环境约束推动钢铁产业布局调整

2021 年 5 月，生态环境部发布《关于加强高耗能、高排放建设项目生态环境源头防控的指导意见》，提出坚决遏制高耗能、高排放（以下简称"两高"）项目盲目发展，推动绿色转型和高质量发展。"两高"项目暂按煤电、石化、化工、钢铁、有色金属冶炼、建材等六个行业类别统计。2021 年 5 月，国家发改委发布《关于钢铁冶炼项目备案管理的意见》，要求建设钢铁冶炼项目，污染物排放应达到超低排放要求。2021 年 11 月，国家发改委发布《高耗能行业重点领域能效标杆水平和基准水平（2021 年版）》，要求拟建、在建项目应对照能效标杆水平建设实施。

据调研，一些地区已将环评、能评前置化，能源和环境约束不断趋紧，对钢铁行业的生存和发展提出了更高要求，尤其是对京津冀及周边地区、长三角地区和汾渭平原等环境敏感地区，这在一定程度上将推动该区域内钢铁企业向区域外转移。

四、关于我国钢铁工业产业布局的建议

（一）继续实施粗钢产能产量 "双控"

我国经济已由高速增长阶段转向高质量发展阶段，单位 GDP 钢铁消费强度逐步降低是大的趋势。在产业集中度不高、行业自律机制尚未健全的情况下，由政府和市场共同推动实施粗钢产能产量 "双控" 工作尤为必要，这是适时调整钢铁生产强度、建立市场供需新平衡的重要手段。从实施方式上，以京津冀及周边地区、长三角、汾渭平原等环境敏感地区和主要产钢地区作为压减粗钢产量的主要地区，可以在一定程度上缓解东西部地区钢铁生产力布局不平衡的问题，逐步带来钢铁产业布局重构。

（二）大力推进 "基石计划" 落地

提升资源保障能力是优化钢铁产业布局的重要手段，也是提升产业基础能力和产业链现代化水平的必要条件。从总量上看，要从高度依赖进口铁矿向充分挖掘国内铁素资源自给能力转变，聚焦国产铁矿、进口铁矿、废钢三大要素全面推进 "基石计划" 实施，用 10-15 年的时间，切实改变我国铁素资源来源构成，通过铁素资源布局的重构倒逼钢铁生产力布局的重构。具体来看，一是下决心加大国内铁矿资源开发力度，提高国内铁矿产量；二是要坚持扩大国际合作，加快海外铁矿资源投资开发进度；三是提高国内废钢产业发展水平和供给能力，畅通废钢资源回收加工利用渠道。

（三）有序引导电炉钢发展

我国钢铁行业以高炉-转炉工艺为主，以电炉钢、非高炉炼铁等工艺为补充的生产流程布局短期内不会改变。但不可否认的是，逐步提高电炉钢比例是我国钢铁产业布局优化的重要内容和必然方向，这既是我国钢材蓄积量不断增加所决定的，也是能源成本、环保成本不断增加的趋势所决

定的，更是我国钢铁行业实现碳达峰、碳中和的必然要求。殷瑞钰院士研究团队表示，削减粗钢产出总量和流程结构调整、发展全废钢电炉短流程钢厂是中国钢铁行业实现碳中和的两大抓手。此外，发展电炉钢也是钢厂与城市共融的重要方式，这既有利于减少铁矿石、焦炭等原燃料的使用，减少钢铁行业碳排放；也有利于消纳城市所产生的废钢资源，逐步形成清洁型城市钢厂的网络化布局，实现资源和市场的良性循环。

（四）持续推进兼并重组

2016 年以来，国务院及国家发展改革委、工业和信息化部等有关方面多次印发政策文件，钢协也多次提出相关政策建议，鼓励和推动钢铁行业兼并重组、提高产业集中度。近几年，我国钢铁产业集中度稳步提高，按粗钢产量计算，2021 年度我国前十家钢铁企业的集中度为 41.47%，但与国家有关规划要求还有较大差距，且重组牵头企业和重组模式过于单一。政府和市场有必要合力推进钢铁行业兼并重组工作，处理好集中和市场的关系，推动更多钢铁企业实施兼并重组，打造区域型龙头钢铁企业，形成若干家具有国际影响力的特大型钢铁企业集团，引领各个主要产钢区域协同发展，持续推动我国钢铁产业布局优化。

（五）加强行业自律

在我国钢铁生产力布局短期内难以显著改变的情况下，加强钢铁行业自律机制建设非常必要，这不仅有利于维护国内钢铁大市场的供需平衡，也有利于防止区域内钢铁企业恶性竞争，增强区域内钢铁企业的市场竞争力。陕晋川甘地区、新疆地区均尝试建立区域性钢铁行业自律生产机制，中国宝武旗下公司与民营钢铁企业建立了战略合作、打造"网络钢厂"，均是钢铁行业加强自律机制建设的有益探索。钢协也大力推进建立有效的市场化钢铁行业自律机制，力争形成既有能耗和碳排放政策约束，又有行业自律、政府监督有效的符合市场规律和市场要求的新机制。长远看来，在行业自律机制的引导下，钢铁产能总量过剩的风险以及区域性供给需求不平衡的矛盾都会逐步化解，进而实现钢铁产业布局的优化。

（本章撰写人：余璐，王滨，李全功，吕卫，

张临峰，梁文欢，中国钢铁工业协会）

第**13**章
2021 年钢铁产业粗钢集中度指标分析

我国钢铁产业集中度指标通常采用粗钢集中度指标，如前 5 家钢铁企业粗钢集中度指标就是粗钢产量排名前 5 家钢铁企业的粗钢产量合计值与当年全国粗钢产量的比值。据 2021 年 12 月《中国钢铁工业统计月报》，2021 年全国粗钢产量减产 3%，这是 2000 年以来中国钢铁行业第 2 个粗钢减产年份（上次减产年份为 2015 年）。在粗钢减产的背景下，排名靠前的钢铁企业整体增产，或者进行企业重组，都将提高粗钢集中度指标。本章重点分析 2021 年粗钢产量 1000 万吨以上钢铁企业粗钢净增产对 2021 年钢铁产业粗钢集中度指标的影响程度，据此就粗钢增产及钢铁企业重组对 2021 年粗钢集中度指标提升的贡献率进行比较。

一、近 2 年粗钢集中度指标值的确定

据 2021 年 12 月《中国钢铁工业统计月报》，2021 年全国粗钢产量 10. 33 亿吨，前 5 家钢铁企业粗钢产量合计为 29584. 24 万吨，对应集中度指标为 28. 64%；前 10 家钢铁企业粗钢产量合计为 42826. 1 万吨，对应集中度指标为 41. 47%；前 15 家钢铁企业粗钢产量合计为 50562. 57 万吨，对应集中度指标为 48. 96%。

2020 年粗钢集中度指标有两种计算方式：一种计算方式是将 2020 年 12 月《中国钢铁工业统计月报》所发布的 2020 年全国粗钢产量（105299. 92 万吨）作为 2020 年粗钢集中度指标的"母项"，则 2020 年前 5 家钢铁企业粗钢集中度指标值为 25. 94%，前 10 家为 39. 21%，前 15 家为 46. 67%，本章将此种计算方式的粗钢集中度指标称为"2020 年当期集

中度指标"。据此推算出 2021 年前 5 家、前 10 家、前 15 钢铁企业粗钢集中度指标分别比 2020 年当期集中度指标提高了 2.7 个百分点、2.25 个百分点、2.29 个百分点。

2020 年粗钢集中度指标另一种计算方式是根据 2021 年 12 月《中国钢铁工业统计月报》所发布的去年同期（即 2020 年）全国粗钢产量作为 2020 年粗钢集中度指标的"母项"，去年同期（即 2020 年）粗钢统计产量与当年（2021 年）粗钢统计产量在规模以上企业统计数量上保持一致性，也称为同口径统计。2021 年 12 月《中国钢铁工业统计月报》所公布的去年同期（即 2020 年）粗钢产量为 106473.2 万吨，与 2020 年 12 月《中国钢铁工业统计月报》所发布的 2020 年当年粗钢产量相比，高出了 1174.2 万吨，即以 2021 年 12 月《中国钢铁工业统计月报》为依据所计算的 2020 年粗钢集中度指标相对偏低一些。

以 2021 年 12 月《中国钢铁工业统计月报》所发布的 2020 年全国粗钢产量作为 2020 年粗钢集中度指标母项，则 2020 年前 5 家钢铁企业粗钢集中度指标值为 25.66%，前 10 家为 38.78%，前 15 家为 46.15%，本章将此种计算方式的粗钢集中度指标称为"2020 年同口径集中度指标"。据此推算出 2021 年前 5 家、前 10 家、前 15 钢铁企业粗钢集中度指标分别比 2020 年同口径集中度指标提高了 2.99 个百分点、2.68 个百分点、2.81 个百分点。

二、粗钢年产量 1000 万吨以上企业的增产情况

2021 年粗钢月产量同比呈现前高后低的态势。上半年，受国内外需求拉动，各月粗钢产量日均值保持历史高位，其中 4-6 月粗钢产量日均值连创历史新高。上半年粗钢产量为 5.63 亿吨，同比增长 11.80%。下半年，受市场需求回落、原燃料价格大幅上涨、钢材出口调控政策落地、产能产量双控措施收紧等诸多因素影响，粗钢月产量过快增长态势得到有效遏制。自 2021 年 7 月起，粗钢当月产量连续 6 月保持同比下降态势，其中 9-11 月粗钢月产量同比降幅均在 20% 以上。2021 年粗钢同口径减产 3194.2 万吨，降幅为 3%，实现了全年粗钢产量压减目标。

2021 年钢协会员企业同口径增产 112.59 万吨，增幅为 0.14%。据此推算非会员企业 2021 年粗钢产量为 19848.67 万吨，同口径减少 3306.79 万吨，降幅为 14.28%。由于会员企业粗钢产量实现了微幅增长，从而拉

动会员企业粗钢产量占全国比重由 2020 年的 79.57%（据 2020 年 12 月《中国钢铁工业统计月报》）上升至 2021 年的 80.78%（据 2021 年 12 月《中国钢铁工业统计月报》）。

2021 年粗钢产量达到 1000 万吨以上的钢铁企业（简称"千万吨级钢铁企业"）数量共有 24 家，数量与 2020 年持平。对比这 2 年千万吨级钢铁企业名单，有如下差异：一是本钢集团有限公司并入鞍钢集团有限公司，退出了 2021 年千万吨级钢铁企业行列；二是新余钢铁集团有限公司粗钢产量由 2020 年的 988.6 万吨提高至 2021 年的 1061.84 万吨，得以进入千万吨级钢铁企业行列。

24 家千万吨级钢铁企业粗钢产量合计为 61099.12 万吨，占全国比重为 59.16%。千万吨级钢铁企业粗钢产量同口径增长 647.92 万吨，增幅为 1.07%。据此推算出 1000 万吨以下钢铁企业 2021 年粗钢产量 42179.88 万吨，同口径减产 3842.12 万吨，降幅为 8.35%。上述情况表明千万吨级钢铁企业粗钢产量规模优势在 2021 年得到了进一步巩固，钢铁产业在组织结构保持了"强者愈强"的发展态势。同时在全国粗钢减产的背景下，千万吨级钢铁企业粗钢产量整体保持增长态势，为粗钢集中度的提高奠定了较好的基础。

24 家千万吨级钢铁企业中有民营钢铁企业 11 家，有国有钢铁企业 13 家。11 家千万吨级民营钢铁企业粗钢产量为 21035.47 万吨，同口径增长 120.13 万吨，增幅为 0.57%。这 11 家千万吨级民营钢铁企业粗钢年产量平均规模为 1912.32 万吨；13 家千万吨级国有钢铁企业粗钢产量为 40063.65 万吨，同口径增长 527.79 万吨，增幅为 1.33%。这 13 家国有钢铁企业的粗钢年产量平均规模为 3081.82 万吨。即使剔除宝武钢铁集团有限公司，其他 12 家国有钢铁企业的粗钢年产量平均规模依然达到 2339.06 万吨。上述情况表明国有钢铁企业在粗钢产量规模上具有一定的优势，意味着多数国有钢铁企业在各自区域市场中具有规模优势，提示我们在钢铁企业兼并重组中要鼓励更多的国有钢铁企业作为重组方，去重组更多的中小型钢铁企业，让更多的国有企业真正成为某一区域市场的主导型企业。

三、前 15 家钢铁企业粗钢产量同口径增减产情况

根据 2021 年 12 月《中国钢铁工业统计月报》，2021 年粗钢产量前 15

家钢铁企业见表 13-1。2021 年粗钢产量前 15 家企业名单与 2020 年相比略有变化：一是中信泰富特钢集团有限公司重新进入前 15 名行列，并位居第 14 名；二是受鞍钢集团有限公司重组本钢集团有限公司的影响，日照钢铁控股集团有限公司虽然出现减产，但以第 15 名的身份继续保持在 2021 年粗钢产量前 15 名行列。

表 13-1　2020 年、2021 年粗钢产量前 15 家钢铁企业名单　　　万吨

2020 年粗钢产量前 15 家企业 （据 2020 年 12 月月报）			2021 年粗钢产量前 15 家企业 （据 2021 年 12 月月报）		
序号	单位名称	产量	序号	单位名称	产量
1	中国宝武钢铁集团有限公司	11528.81	1	中国宝武钢铁集团有限公司	11994.93
2	河钢集团有限公司	4237.65	2	鞍钢集团有限公司	5565.33
3	江苏沙钢集团	4158.92	3	江苏沙钢集团	4422.97
4	鞍钢集团有限公司	3819.37	4	河钢集团有限公司	4009.84
5	北京建龙重工集团有限公司	3571.70	5	北京建龙重工集团有限公司	3591.17
6	首钢集团	3400.34	6	首钢集团	3543.20
7	山东钢铁集团有限公司	3111.42	7	山东钢铁集团有限公司	2824.98
8	德龙钢铁有限公司（集团）	2825.81	8	湖南华菱钢铁集团有限责任公司	2621.06
9	湖南华菱钢铁集团有限责任公司	2677.74	9	德龙钢铁有限公司（集团）	2255.08
10	方大钢铁集团有限公司	1960.43	10	方大钢铁集团有限公司	1997.54
11	本钢集团有限公司	1735.83	11	广西柳州钢铁集团有限公司	1882.57
12	广西柳州钢铁集团有限公司	1690.63	12	包头钢铁（集团）有限责任公司	1664.73
13	包头钢铁（集团）有限责任公司	1561.06	13	河北新华联合冶金控股集团有限公司	1434.29
14	日照钢铁控股集团有限公司	1440.40	14	中信泰富特钢集团有限公司	1397.49
15	河北新华联合冶金控股集团有限公司	1417.99	15	日照钢铁控股集团有限公司	1357.39

2021 年粗钢产量前 5 家钢铁企业合计增产 414.89 万吨，但江苏沙钢集团、河钢集团有限公司出现减产，减产规模分别为 48.25 万吨、227.81 万吨，其中河钢集团有限公司减产规模在会员企业位居第 2 名，主要源于其下属的唐钢公司（减产 246.14 万吨）、宣钢公司（减产 266.16 万吨）受搬迁、环保限产等影响出现减产。河钢集团有限公司是唯一一家连续 2 年粗钢减产规模均超过了 200 万吨的会员企业，2 年合计减产 456 万吨，从而使该企业粗钢产量规模被江苏沙钢集团所超出，产量排名降至第 4 名。中国宝武钢铁集团有限公司增产 661.35 万吨，增产规模在所有会员企业中位居第 1 名。宝武钢铁集团有限公司增产主要来自太原钢铁（集团）有限公司、新疆八一钢铁有限公司，分别增产 204.28 万吨、230.74 万吨；鞍钢集团有限公司、北京建龙重工集团有限公司同口径增产规模均在 20 万吨以下。

粗钢产量排名第 6 名至第 10 名的钢铁企业合计减产 105.62 万吨，其中山东钢铁集团有限公司、湖南华菱钢铁集团有限责任公司出现减产，减产规模分别为 286.44 万吨、56.68 万吨。山东钢铁集团有限公司减产规模位居会员企业首位，主要源自其下属的山东钢铁股份有限公司减产 170 万吨；首钢集团增产 147.31 万吨，增产规模在会员企业中位居第 3 位，增产主要来自京唐公司，首钢集团其他成员单位多保持减产态势。德龙钢铁有限公司（集团）、方大钢铁集团有限公司分别同口径增产 81.45 万吨、8.74 万吨。

产量排名第 11 名至第 15 名钢铁企业合计增产 217.33 万吨，但中信泰富特钢集团有限公司、日照钢铁控股集团有限公司出现减产，分别减产 11.57 万吨、83.01 万吨；广西柳州钢铁集团有限公司受新项目投产的影响增产 191.94 万吨，增产规模在会员企业中位居第 2 名。包头钢铁（集团）有限责任公司增产 103.67 万吨，增产规模在会员企业中位居第 4 名。河北新华联合冶金控股集团有限公司增产 16.30 万吨。

2021 年在粗钢产量减产的大背景下，粗钢产量前 5 家钢铁企业合计净增产 414.89 万吨，增幅为 1.42%；前 10 家企业粗钢产量合计增产 309.27 万吨，增幅为 0.73%；前 15 家企业粗钢产量合计增产 526.6 万吨，增幅为 1.05%。其中粗钢产量前 15 家钢铁企业中有 9 家同口径比较为增产，且粗钢产量排名前 5 名的钢铁企业粗钢增产情况明显好于第 6 名至第 15 名的钢铁企业，这是历年所没有的增产现象。中国宝武钢铁集团有限公司、首钢集团、广西柳州钢铁集团有限公司、包头钢铁（集团）有限责任公司 4 家钢铁企业增产规模较为突出，这 4 家钢铁企业合计同口径增产 1104.27 万吨，对 2021 年粗钢集中度指标的提升做出了较大贡献。

四、企业粗钢增产及企业重组对粗钢集中度指标的影响

假定粗钢产量千万吨级钢铁企业 2021 年粗钢产量增幅与全国同步，即减产 3%，但全国粗钢产量依然为 10.33 亿吨，此时前 5 家、前 10 家、前 15 家钢铁企业名单未发生改变，只是个别企业排序略有调整，则前 5 家钢铁企业粗钢产量调整为 28319.76 万吨，前 10 家钢铁企业粗钢产量调整为 41278.48 万吨，前 15 家钢铁企业粗钢产量调整为 48578.61 万吨，对应着前 5 家钢铁企业粗钢集中度指标调整为 27.42%，前 10 家调整为 39.97%，前 15 家调整为 47.04%。与未调整前（即前 15 家钢铁企业保持原有增产态势）相比，前 5 家钢铁企业调整后的集中度指标较未调整前下降了 1.22 个百分点，前 10 家钢铁企业下降了 1.5 个百分点，前 15 家钢铁企业下降了 1.92 个百分点。上述情况表明，在全国粗钢产量减产的背景下，前 15 家钢铁企业保持增产态势，使前 5 家集中度指标提高了 1.22 个百分点，前 10 家集中度指标提高了 1.5 个百分点，前 15 家集中度指标提高了 1.92 个百分点。钢铁企业粗钢增产对前 5 家、前 10 家、前 15 家钢铁企业粗钢集中度指标的拉动作用逐步增强，主要源于前 15 家钢铁企业增产企业分布较为均衡，增产量的叠加，使增产对粗钢集中度指标的拉动幅度逐步增大。

将基于粗钢减产假设的粗钢集中度调整指标与 2020 年同口径集中度指标相比较，如果前者大于后者，则是前 15 家钢铁企业兼并重组拉动粗钢集中度指标的提升幅度。经测算，基于粗钢减产假设的前 5 家钢铁企业粗钢集中度调整指标高出 2020 年同口径集中度指标 1.76 个百分点，前 10 家钢铁企业高出 1.19 个百分点，前 15 家钢铁企业高出 0.89 个百分点。上述情况表明，如果 2021 年粗钢产量前 15 家钢铁企业产量降幅与全国保持一致，前 5 家、前 10 家、前 15 家钢铁企业集中度指标依然出现了增长，则表明 2021 年钢铁企业兼并重组对粗钢集中度指标的提升也有一定的贡献。

钢铁企业重组对前 5 家、前 10 家、前 15 家钢铁企业粗钢集中度指标

的拉动作用逐步减弱，主要源于以下三个方面：一是前 5 家企业中鞍钢集团有限公司重组了本钢集团有限公司，沙钢集团重组安阳华诚博盛铁有限公司、安阳汇鑫特钢有限公司，从而提高了各自粗钢产量规模；二是第 6 名至第 10 名钢铁企业中，德龙钢铁有限公司（集团）将唐山德龙钢铁控股权转让给九江线材公司，使该企业粗钢产量规模出现下降，导致 2021 年第 6 名至第 10 钢铁企业的粗钢产量合计值低于 2020 年第 6 名至第 10 名的合计值；三是第 11 名至第 15 名钢铁企业中的中信泰富特钢集团有限公司是 2021 年新加入前 15 名行列的钢铁企业，与 2020 年第 11 名本钢集团有限公司（2021 年因并入鞍钢而退出排名）相比，粗钢产量规模低了 320 万吨，导致 2021 年第 11 名至第 15 名钢铁企业的粗钢产量合计值低于 2020 年第 11 名至第 15 名的合计值。上述三方面因素导致企业重组对粗钢集中度指标的拉动作用呈现逐步减弱的态势。

2021 年前 5 家、前 10 家、前 15 钢铁企业粗钢集中度指标分别比 2020 年同口径集中度指标提高了 2.99 个百分点、2.68 个百分点、2.29 个百分点。其中增产使前 5 家钢铁企业集中度指标提高 1.22 个百分点，贡献率为 40.96%。企业重组使前 5 家钢铁企业集中度指标提高 1.76 个百分点，贡献率为 59.04%；增产使前 10 家钢铁企业集中度指标提高 1.5 个百分点，贡献率为 55.82%。企业重组使前 10 家钢铁企业集中度指标提高 1.19 个百分点，贡献率为 44.18%；增产使前 15 家钢铁企业集中度指标提高 1.92 个百分点，贡献率为 68.45%。企业重组使前 15 家钢铁企业集中度指标提高 0.89 个百分点，贡献率为 31.55%。上述情况表明 2021 年企业粗钢增产对 2021 年前 5 家粗钢集中度指标的贡献率要弱于企业重组，但企业粗钢增产对 2021 年前 10 家、前 15 家粗钢集中度指标的贡献率则要强于企业重组。

综上，2021 年企业增产对集中度指标发挥了较突出的作用，但这是在全国粗钢减产的背景下实现的。鉴于 2022 年钢铁需求总体保持稳定，因此粗钢产量千万吨级钢铁企业的增产步伐将会放慢，部分企业甚至会出现减产。在这样的大背景下，要大幅提高粗钢集中度指标，只有推进企业重组。当前推进企业重组的重点是以前 10 家钢铁企业为重组方，在不同区域市场、不同产品领域内同步推进多个大型钢铁企业集团的重组式扩张，力争在多个区域市场、多个产品领域内形成均衡的"多寡头"钢铁企业竞争格局，这样做不仅有助于前 5 家、前 10 家粗钢集中度指标得到同步提升，也有助于通过规范某特定区域市场、某大类产品领域的市场秩序，进一步推进整个中国钢铁市场秩序的规范，减少恶性竞争，促进钢铁行业健康发展。

（本章撰写人：李拥军，中国钢铁工业协会）

第 14 章
2021 年钢铁行业科技创新情况

2021 年钢铁行业通过挖潜增效，努力克服原燃料价格高位运行的困难，行业效益创历史最高水平。这一年里，钢铁行业科技创新工作以落实"双碳"工作、促进低碳共性技术协同创新为主线，持续增强产业链协同创新能力，为推进行业高质量发展做出了积极贡献。

一、创新投入情况

2021 年钢铁行业整体效益大幅提高，利润率同比提升，行业创新能力持续增强，本章重点调研的 28 家钢铁企业（上市公司口径）研发经费总额较 2020 年增加了 39.40%。总体研发投入强度达到 2.79%，较 2020 年增长了 0.69 个百分点（图 14-1）。

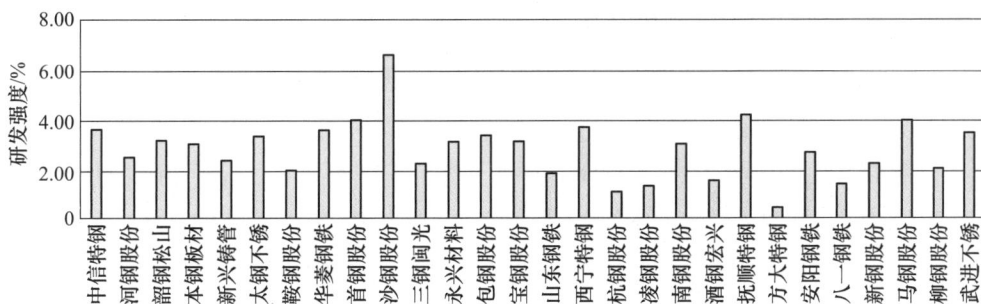

图 14-1　2021 年部分钢铁企业研发投入强度情况

（数据来源：Wind，上市公司年报）

从行业整体情况看，钢协会员企业研发强度进一步提升，有效发明专利数大幅增加（表 14-1）。

表 14-1　2019-2021 年钢协会员企业研发活动及相关情况　亿元

年份	研发经费	企业营业收入	研发强度/%	新产品产值	有效发明专利数/件
2019	952	45040	2.11	7528	18903
2020	1117	51607	2.17	7267	21598
2021	1427	68902	2.07	9072	22523

数据来源：中国钢铁工业协会会员企业统计年报。

二、重点生产工序技术指标变化情况

2021 年随着国家在钢铁行业采取的产能产量"双控"措施深入推进，对促进公平竞争、稳定行业运行、履行稳价保供职责起到了重要作用。尤其在上下半年市场变化较大的情况下，钢铁行业稳住阵脚，完成了保供稳价的任务，钢材产品价格高位运行，各钢铁企业效益持续改善，加大了关键核心工艺技术的研发和应用力度。特别是随着世界钢铁界不约而同地转向低碳发展，加快推进世界前沿低碳技术研发和产业化布局。日本、韩国、美国和欧盟等国家和经济体均开展了共同认定的诸如铁前系统及冶炼工序减碳技术、短流程工艺技术、CO_2 捕集与利用技术、智能化技术等方面的大规模研究与开发。为践行"双碳"承诺，我国代表性钢铁企业近年来也纷纷开展了冶金流程低碳路径研究和战略规划研究，中国宝武、首钢集团、河钢集团、鞍钢集团、建龙集团等大型钢铁集团都进行了一系列低碳技术创新和应用探索。这些研究主要包括以下几个方面：一是基于现有工艺流程的极致能效低碳技术。包括现有工艺的节能、工序之间的衔接节能、现有工艺的能源替代、余热余能的高效利用等。如热风循环烧结技术、超厚料层烧结技术、高炉喷氢及炉顶煤气循环、高比例球团冶炼技术、高效率低成本洁净钢冶炼技术等。二是基于新工艺的低碳技术。包括氢代替碳、电代替碳、高能量密度的全氧冶炼、CCUS 等方面的技术。如电冶金无碳原料制备技术、氢基熔融还原技术、氢基竖炉直接还原技术、全氧短流程技术、纯电冶金流程技术等。三是基于数字化智能化的关键共性技术。包括将工艺路径的数字化设计、实际产线专线化层流运行机制建立、智能控制与模拟仿真等应用于钢铁生产的技术。如智能钢厂数字化精准设计、钢厂数字孪生技术、闭环操控技术、钢铁新材料模拟设计等。一系列技术创新也带动了行业关键工序技术经济指标的整体提升。

据国家统计局公布的数据，2021 年，全国生铁产量 8.69 亿吨，同比下降 2.3%。钢铁会员企业生铁产量 7.31 亿吨，同比下降 1.16%。从技术经济指标上看，高炉炼铁劳动生产率大幅提升，利用系数、焦比和风温进一步降低，煤比、燃料比、休风率有所升高（表 14-2）。

表 14-2　2021 年钢协会员企业炼铁工序主要指标

年份	利用系数/吨铁·（立方米·天)$^{-1}$	焦比/千克·吨铁$^{-1}$	煤比/千克·吨铁$^{-1}$	燃料比/千克·吨铁$^{-1}$	风温/℃	休风率/%	劳动生产率/吨铁·人$^{-1}$
2020	2.65	356.53	146.70	529.17	1153.44	1.87	8104.68
2021	2.64	355.48	147.40	530.66	1099.83	2.68	8549.08

数据来源：中国钢铁工业统计月报。

2021 年，全国粗钢产量为 10.35 亿吨，比上年下降 2.8%，钢协会员企业粗钢产量 8.36 亿吨，同比增长 0.32%，其中转炉钢产量为 78939.4 万吨，较 2020 年增加 0.08%；电炉钢产量为 4562.4 万吨，较 2020 年增加了 4.71%。

随着绿色低碳转型的加快推进，目前钢铁企业应用废钢的积极性以及废钢的应用比例越来越高，大力发展电炉钢产能已经成为行业共识。但由于各钢铁企业在原料配置、装备能力、产品结构、技术水平和工艺路线选择上特点各异，导致各企业的技术经济指标存在较大差异。从整体技术经济指标上看，2021 年，转炉炼钢钢铁料消耗、废钢料消耗、氧气消耗等指标均有所增加，出钢时间的进一步降低，使得劳动生产率显著提升。电炉炼钢金属料、钢铁料、电极消耗以及利用系数有所升高，但电炉冶炼综合电耗下降明显，劳动生产率显著提升（表 14-3 和表 14-4）。

表 14-3　2021 年钢协会员企业转炉炼钢工序主要技术经济指标

年份	钢铁料消耗/千克·吨$^{-1}$	废钢消耗/千克·吨$^{-1}$	氧气消耗/立方米·吨$^{-1}$	实物劳动生产率/吨·人$^{-1}$	利用系数/吨·（吨·天)$^{-1}$	出钢时间/分
2020	1061.69	134.80	52.06	5287.56	31.19	31.35
2021	1062.71	158.75	52.11	5713.06	31.16	30.57

数据来源：中国钢铁工业统计月报。

表 14-4 2021 年钢协会员企业电炉炼钢工序主要技术经济指标

年份	金属料消耗 /千克·吨$^{-1}$	钢铁料消耗 /千克·吨$^{-1}$	电极消耗 /千克·吨$^{-1}$	综合电耗 /千瓦时·吨$^{-1}$	实物劳动 生产率 /吨·人$^{-1}$	利用系数 /吨· (吨·天)$^{-1}$	出钢时间 /小时
2020	1108.67	1012.80	1.59	330.54	2086.82	25.36	1.01
2021	1113.85	1019.40	1.61	311.62	2400.36	26.05	0.94

数据来源：中国钢铁工业统计月报。

三、关键钢材品种研发和生产情况

2021 年，钢铁行业围绕关键共性技术、"卡脖子"产品突破继续加大产品创新力度，行业科技创新体系进一步加强，产学研用协同创新体系进一步完善，在关键钢材品种研发和生产方面取得实质性突破，科技创新硕果累累，高端产品研发捷报频传。

中国宝武宝钢股份成功开发具有世界先进水平的低残余应力高强度油缸无缝管材；宝武太钢沉淀硬化马氏体 SUS630 不锈钢冷轧板产品，破解了芯片、集成电路板等行业辅助成形材料的"卡脖子"难题；高等级磁轭钢产品替代进口，用于全球装机容量最大的白鹤滩水电站电机转子。首钢集团开发的 5G 基站电气元件用钢 SDCL2 实现国内首发，宽厚比 10000以上，产品最薄 0.08 毫米，为世界同类型机组最高水平；双相钢 CR290Y490T-DP-GI 高强外板，成形零件质量优于进口材料，实现高强外板国产化替代。河钢集团最高强度级别 600 兆帕级镀锌低合金高强钢、720 克以上无花厚锌层镀锌板等多项产品填补国内空白，高端镀铝板等多项产品实现替代进口。鞍钢集团开发出以 120 毫米厚 FH690、X80 级别极地低温管线用钢为代表的系列极地低温造船及海工用钢等多项产品，成功替代进口；创新的极寒环境用高强韧易焊接海洋装备用钢、第三代超大输量管线用钢板关键技术，达到国际领先水平，填补国内空白。本钢板材开发的热轧抗氧化免涂层热成型钢 CF-PHS1500 实现全球首发，达到国际领先水平。中国钢研牵头联合抚顺特钢、二重万航等单位首次成功试制出目前我国最大规格的高温合金涡轮盘整体模锻件，打破了国外垄断。中信特钢全球首创 2200 兆帕级特高强度桥梁缆索用热轧盘条产品，填补了世界空白。钢铁工业关键材料的突破，有力支撑了部分"卡脖子"产品应用需求，为国民经济发展、国家安全和重大工程建设提供了坚实有力的材料保障。

四、加快绿色低碳发展步伐

为贯彻落实党中央应对气候变化方面的战略决策，钢铁行业积极推进"双碳"工作。钢协于 2021 年 4 月 22 日世界第五十二个地球日正式成立"钢铁行业低碳工作推进委员会"。发布了《钢铁担当，开启低碳新征程——推进钢铁行业低碳行动倡议书》，组织行业专家完成了《钢铁行业碳达峰碳中和愿景规划和技术路线图》，提出钢铁行业低碳技术清单，研究编制了《钢铁行业低碳标准体系建设指南》《全国碳排放权交易配额分配实施方案（钢铁行业）》《钢铁生产企业二氧化碳排放核算方法》团体标准等文件，组织行业近万人次的低碳培训，推动宝武八钢、建龙集团低碳项目纳入国家低碳专项等。

随着中国宝武、鞍钢集团、河钢集团等行业龙头企业率先提出了碳达峰、碳中和的时间表和路线图，一大批钢铁企业在富氢碳循环高炉、氢基竖炉等多项世界前沿低碳技术方面已积极开展研发并取得明显进展。宝武八钢富氢碳循环高炉完成将脱碳后的欧冶炉煤气接入富氢碳循环高炉工业试验，实现全球首次脱碳煤气循环利用，取得多项低碳冶炼的原创性技术成果。目前，富氢碳循环高炉已完成第二阶段 50% 高富氧冶炼目标，为最终实现全氧冶炼目标奠定了坚实基础。河钢集团加快氢冶金示范工程项目建设，开展了"绿氢"和焦炉煤气制氢成套技术研发，预打通氢能全流程关键技术。首钢集团完成了"高炉顺稳长寿技术"等九大成套技术攻关，京唐公司 1 号高炉利用系数、焦比达到国内同立级高炉第一，"大比例球团炼铁技术"国内领先，球团矿配比最高达到 60%，减碳效果明显。鞍钢集团积极攻关绿色氢能冶金的工艺技术路线，力争实现"以氢代焦"等低碳冶金新技术突破，在提升能源使用效率的基础上，深挖节能降碳潜力，通过大力拓展节能减排新技术，能源利用效率大幅提升，健全了绿色低碳循环发展的能源体系。建龙集团开发的富氢熔融还原 CISP 新工艺成功投产，并开发出首套高效节能换热立式热回收焦炉成套技术并实现稳定运行。一年来，钢铁企业加快推进超低排放改造，2021 年有 34 家企业完成超低排放改造公示，其中 23 家完成全过程改造并公示，钢产能约 1.41 亿吨；94 家钢厂登上工信部绿色工厂榜单。

五、标准化工作情况

2021 年钢铁行业围绕国家新材料、质量提升、节能减排、资源综合利用、绿色制造、碳达峰碳中和、智能制造、短流程炼钢、增材制造等领域以及下游用户用钢需求，积极开展标准制修订工作。全年共组织完成 93 项国家标准、299 项行业标准、23 项国家标准外文版、1 项行业标准外文翻译项目的申报工作。2021 年共有 213 项钢铁标准获批发布，其中国家标准 82 项，行业标准 131 项。T/CISA 073—2020《桥梁用耐海洋大气环境腐蚀钢板》、T/CISA 042—2020《压水堆核电厂安全壳用预应力钢绞线》2 项团体标准成功入选 2021 年工信部百项团体标准应用示范项目。截至 2021 年 12 月 31 日，钢铁行业的现行标准（国标、行标、钢协团标）总数已达 3234 项，其中国家标准 1638 项，行业标准 1428 项，钢协团标 168 项，包括钢铁产品及方法、铁矿石与直接还原铁、生铁及铁合金、焦化、耐火材料、冶金机电工程建设、资源综合利用、节能、节水等领域标准。

六、科技奖励情况

2021 年共有 115 个项目获得冶金科学技术奖，其中，"京唐低碳清洁高效炼铁工艺和技术集成"等 4 个项目获特等奖，"秘铁高纯铁精矿选矿技术及伴生铜铅锌综合利用"等 26 个项目获一等奖，"基于攀西高钙镁钛资源的大型熔盐氯化关键技术开发及应用"等 26 个项目获二等奖，"露天矿山生态抑尘智能控制关键技术研究"等 59 个项目获三等奖。

（本章撰写人：李煜，程四华，毛明涛，高俊哲，中国钢铁工业协会）

第 15 章
2021 年钢铁行业运行景气度评价

本章从 30 多项反映钢铁行业运行情况的经济指标中选取了 10 项指标，这 10 项指标涵盖了原料保障、下游供给、行业效益、经济拉动作用等四个维度，用以评价钢铁行业年度运行景气度。经测算，钢铁行业 2021 年运行景气度为 109.43，即 2021 年钢铁行业运行状况较 2020 年综合提升近 10%，其中铁矿石价格、炼焦煤价格、钢材价格对钢铁运行景气影响较大，表明原燃料供应及钢铁需求是影响钢铁景气的主要因素。未来当这 3 方面因素的权重出现下降而钢铁行业景气度却出现增长时，则表明钢铁行业自身的创新创效能力的提升。

2021 年是党和国家历史上具有里程碑意义的一年，钢铁行业按照立足新发展阶段，完整、准确、全面贯彻新发展理念，加快构建新发展格局要求，坚持以供给侧结构性改革为主线，以绿色低碳转型发展为目标，积极应对国内外需求形势变化，努力克服原燃料价格高位运行的影响，消化环保成本大幅上升等因素，行业总体运行态势良好，全年钢材供需基本平衡，行业效益创历史最高水平。

目前，国内关于钢铁行业运行状况景气度评价的研究还不多。本章从行业运行的多维度出发，通过分析指标间的相关性及对产业链和宏观经济的影响因素，选出反映行业运行景气状况的相关指标，以 2020 年数据为基础，对 2021 年行业运行指标进行同比分析，以便于从定量角度对钢铁行业全年整体景气运行态势做出更加精准和全面的评价。

一、景气评价指标选择

本章主要目的在于对钢铁行业上一年度景气状况进行综合性评价，从行业景气运行的评判依据来看，利润总额是反映行业生产经营运行的最终结果，作为基准指标较为合适。本次研究调取了与行业运行紧密相关的30 余项月度数据指标进行分析，覆盖了原料、生产、效益、价格等方面，在综合指标相关性程度，以及对行业运行重要性等两方面因素后，对指标进行筛选和分类，分别从资源保障、下游供给、行业效益和经济拉动四个维度，选出 10 项运行指标（表 15-1），其中 8 项为相关性较高的指标，2项为行业运行的重要性指标，并根据时序划分为先行、一致和滞后三类指标，作为行业景气分析的主要依据。

表 15-1 中国钢铁行业景气综合评价指标

评价维度	指标类型	指标名称	相关性指数（绝对值）
原料保障	相关性指标	国内铁矿石产量	>0.5
		铁矿石价格指数	>0.5
	重要性指标	炼焦煤价格指数	—
下游供给	相关性指标	钢产量	>0.5
		钢材价格指数	>0.5
行业效益	相关性指标	利润总额	1
		销售利润率	>0.5
		资产负债率	>0.5
经济拉动	重要性指标	营业收入占比	—
	相关性指标	利润总额占比	>0.5

二、原料保障评价

原料保障是钢铁生产平稳运行的重要条件，钢铁行业从资源保障端来看，对行业运行成本影响较大的主要为铁矿石和煤炭，本节主要通过对钢铁原料端两大资源的供给保障程度及价格因素进行分析，对行业资源保障运行状况进行评价。

（一）铁矿石运行情况

2021 年，由于国内钢铁控产措施的有效实施，加之国际铁矿石价格大幅上涨，造成国内对进口矿石的需求有所减弱，全年铁矿石进口量为

11.24 亿吨，较上年减少 4200 万吨，国产铁矿石原矿产量 9.81 亿吨，同比增加 1.14 亿吨，折合国产精矿 2.85 亿吨，同比增加 1400 万吨，增幅为 5.2%，国产矿占比有所提升，对提升行业景气运行具有促进作用。

2021 年进口铁矿石价格整体处于高位运行，7 月均价甚至达到了创纪录的 208 美元，从图 15-1 可以看出，自 2020 年 7 月至 2021 年 7 月的 13 个月里，铁矿石与钢材价格指数同比均呈现快速增长区间，但铁矿石增幅明显高于钢材，前者是后者的 2-4 倍；2021 年后 5 个月，随着国内限产政策的落实，铁矿石价格增幅明显回落。全年来看，铁矿石价格指数年均增幅达 48%，高于钢材价格指数 12.1 个百分点。可见，进口铁矿石在较长周期的大幅上涨，对钢材利润形成了较大挤压，对行业景气状况形成负面影响。

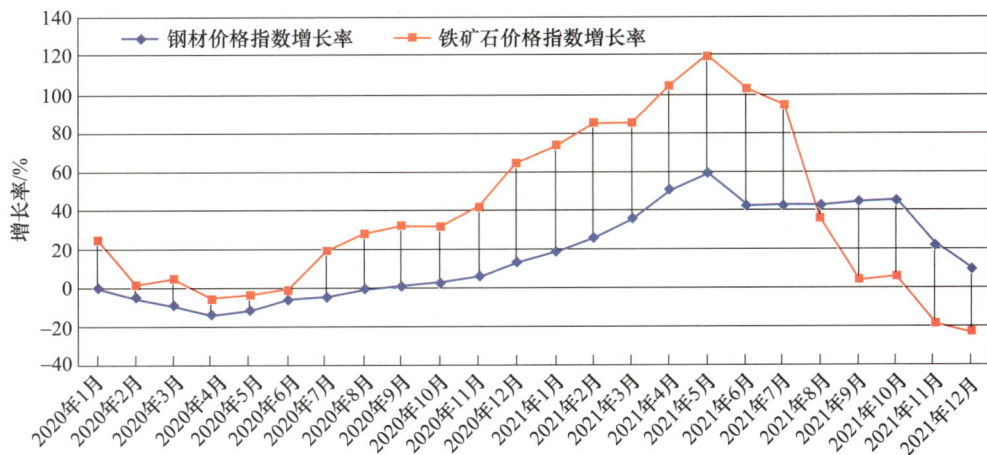

图 15-1　钢材与铁矿石价格指数增长情况

尽管铁矿石价格与行业利润呈现较强相关性，但由于矿石价格的增长幅度及持续时长都明显高于钢材价格，推动企业制造成本明显上升，侵蚀了行业整体利润。从比价关系可以更直观地分析铁矿石价格对行业利润的挤压，将进口铁矿石（按 62% 品位）平均价格（折合人民币），并按 1：1.7 与国内钢坯价格进行对比（图 15-2）可以看出，从 2020 年至 2021 年 8 月的 20 个月内，铁矿在钢坯价格中的占比呈现波动上行态势，从低位的占比 31% 左右，升至最高达到 46.2%，尽管后 4 个月占比呈现快速下降，但年均价格占比仍有提升，由 2020 年的 34.6% 上升至 2021 年的 37.1%。

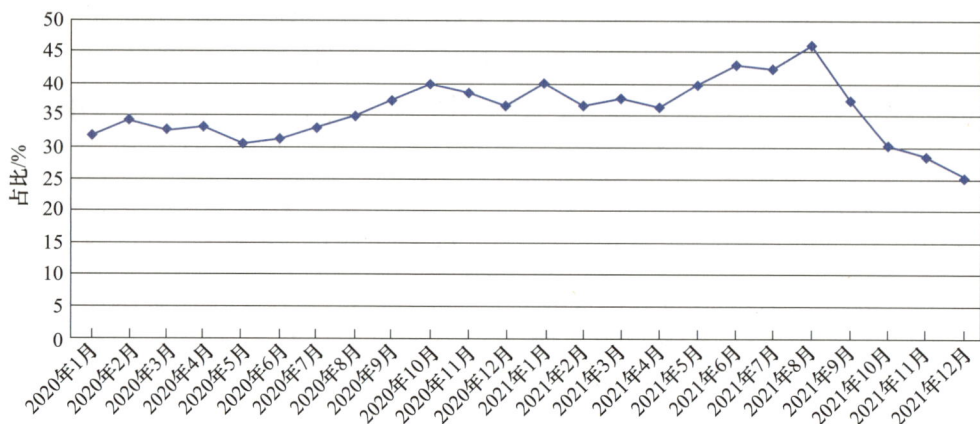

图 15-2 钢坯中铁矿价格占比

（二）煤炭运行情况

2021 年中国原煤产量突破 40 亿吨，达到 40.71 亿吨，同比增长 5.92%（图 15-3）；进口煤炭（除褐煤外）为 2.05 亿吨，同上年基本持平，占比同比小幅下降 0.31%，国内煤炭产量稳中有升，资源整体供给能力略有提升。

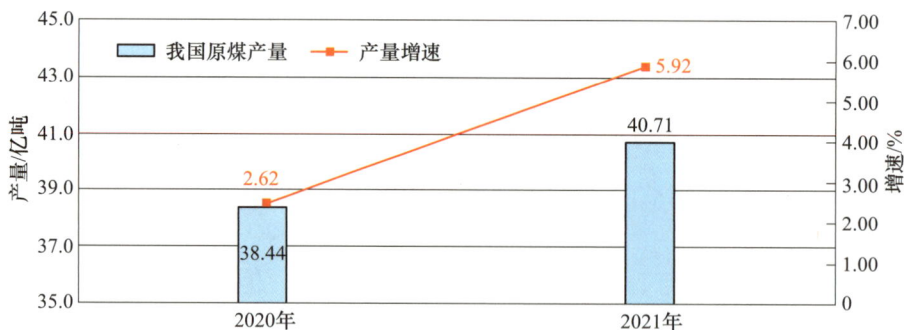

图 15-3 原煤产量情况

从煤炭分品种来看，炼焦煤是钢铁生产中最为重要的原料，尽管与基准指标在相关性上并不明显，但近年来随着其价格的快速增长，已经成为影响钢铁生产成本最主要的因素之一。从国内产量来看，2021 年炼焦煤（包含贫瘦煤、瘦煤、焦煤、肥煤、1/3 焦煤、气肥煤、气煤）产量为 12.5 亿吨（图 15-4），同比小幅增长 3.2%。进口炼焦煤 5470 万吨，同比下降 24.6%，进口占比较上年下降 1.5%，尽管炼焦煤供给总量增长了 1.6%，但受国际大宗商品价格上涨及需求大增等因素，炼焦煤价格呈现快速增长态势。

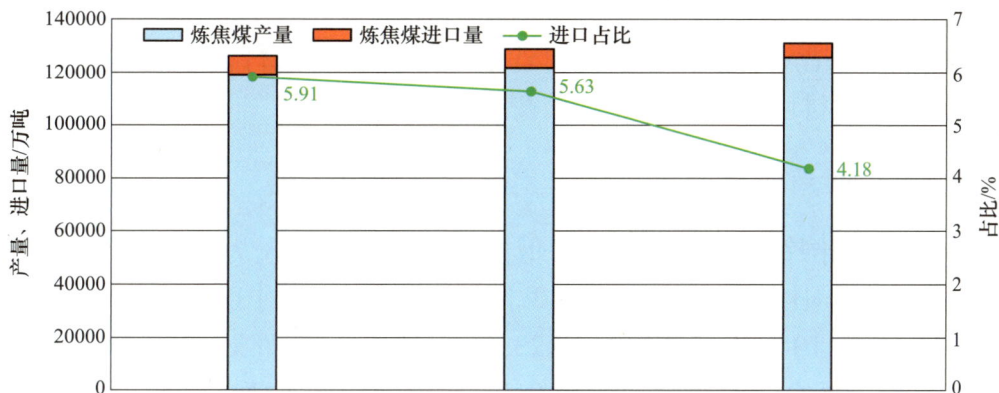

图 15-4　炼焦煤产量及进口量变化情况

从价格变动来看，2021 年国内炼焦煤价格指数全年处于高位运行，从 1 月至 10 月，价格指数同比增幅处于连续快速上升态势，10 月同比最高增幅甚至达到了 222.2%，11-12 月增幅有所回落。从 6 月开始，炼焦煤价格指数增幅均大大高于钢材价格指数增幅（图 15-5），全年平均价格指数为 1881，同比增长 79.5%，增幅高于钢材价格指数 45 个百分点。由此可见，炼焦煤价格的大幅上涨对钢材利润形成了明显挤压，对行业景气状况产生不利影响。

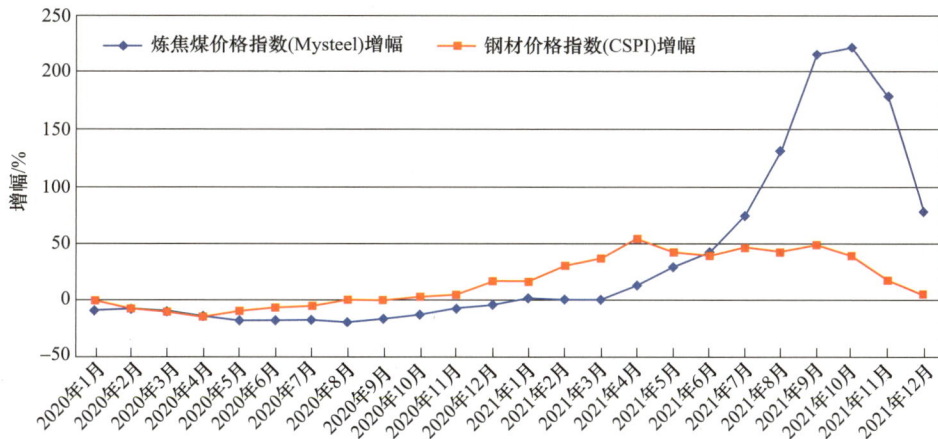

图 15-5　炼焦煤与钢材价格指数增幅变化情况

三、下游供给评价

保障下游供给是钢铁行业的职责使命，2021年初，随着下游行业需求快速增长，钢铁产业链呈现供需两旺态势，行业产能充分释放；5月以后，随着限产措施的落实和下游行业需求减弱，钢铁行业适时调控产能，实现了全年钢材市场供需的动态平衡。

（一）钢产量情况

2021年全国钢产量呈现前高后低的特征，且波动较为剧烈（图15-6）。1-6月钢产量同比保持增长，其中3月份最高增幅达到19.1%，7-12月同比下降，其中10月份最高降幅达23.3%，全年钢产量10.35亿吨，同比下降2.8%，折合钢的表观消费量9.94亿吨，同比下降5.2%。钢产量与行业利润总额具有较强的正相关性，产量下降对行业整体景气运行造成一定影响。

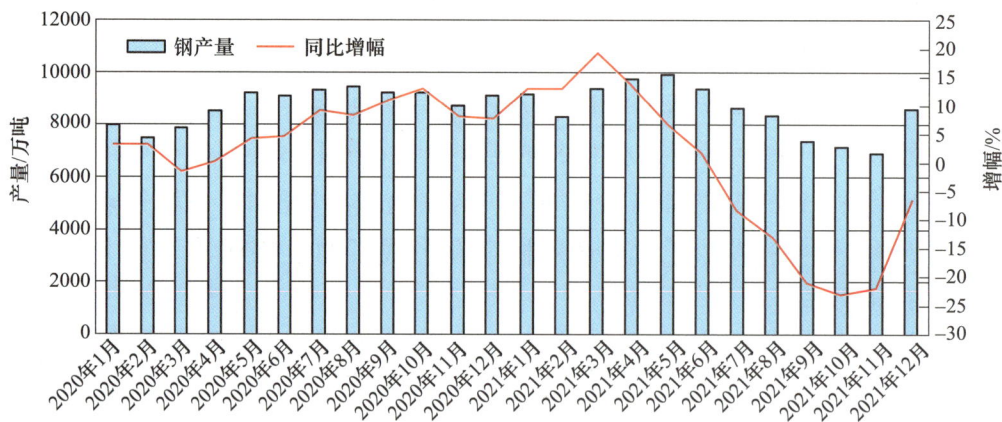

图 15-6　钢月产量情况

（二）钢材价格情况

2021年，随着国民经济快速恢复和下游用钢行业需求的集中释放，特别是大宗商品原燃料价格的大幅上涨，国内钢材综合价格指数（CSPI）同比整体呈现明显回升态势（图15-7），其中1-5月价格同比快速上升，5月份增幅达到最高的57.6%，6-10月价格高位小幅波动，11月份以后价格增速快速回落，整体表现为两头低中间高的变化趋势。2021 年平均价格指数为 143，较上年同比增长 35.9%。钢材价格与行业利润总额呈现高度正相关性，因而价格增长有利于运行景气。

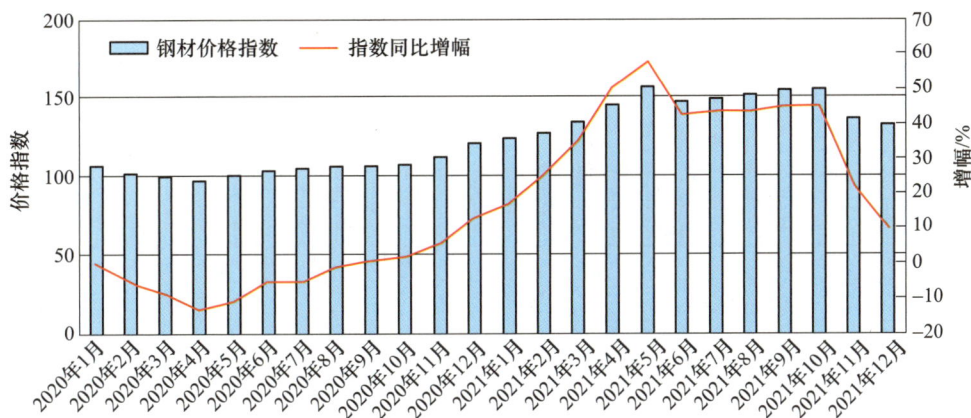

图 15-7　钢材价格指数情况

四、行业效益评价

行业效益状况是反映行业运行景气程度最重要的体现，效益的好坏需要对相关指标进行综合评价，首先是利润总额，能直接反映出行业生产经营的最终结果；其次是利润率，反映行业赢利能力和水平的高低；还有资产负债率，是反映行业财务状况和经营风险的重要指标。

（一）利润总额情况

2021 年，从钢铁行业经营业绩看，全行业努力克服原燃料价格上涨，挖潜增效，钢铁生产企业效益创历史最高水平。从国家统计局数据来看（图 15-8），2021 年黑色金属冶炼及压延行业利润总额为 4240.9 亿元，同比增长 72.1%，其中会员钢铁企业实现利润为 3502.4 亿元，同比增长 69.1%。利润总额的大幅增长是行业景气度提升最重要的因素。

（二）销售利润率情况

从利润率水平看（图 15-9），2021 年行业平均销售利润率为 4.4%，较上年增长 1%，除 11-12 月份外，各月利润率水平均保持在 3.5% 以上，

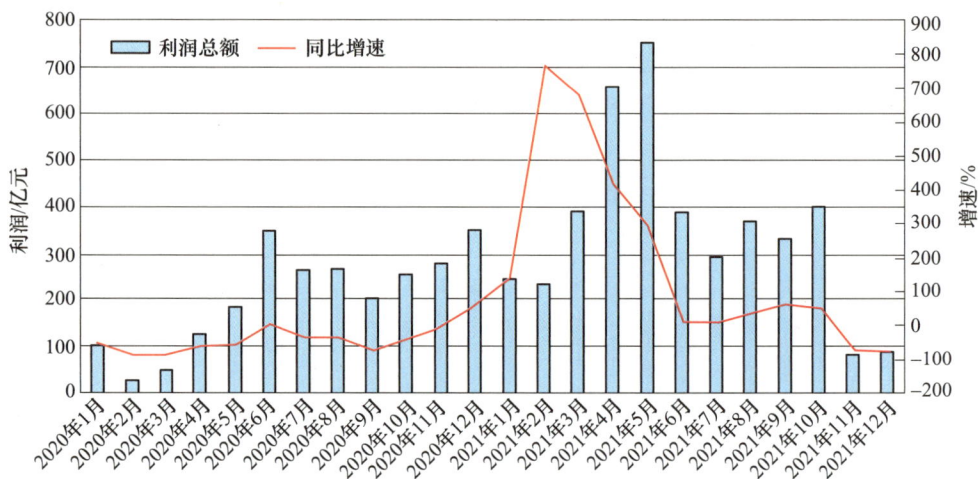

图 15-8　黑色金属冶炼及压延行业利润情况

最高值出现在 5 月份，达到了历史最高的 8.1%，全年呈现前高后低的走势，利润率的提升也是行业景气运行的重要表现。钢铁行业在坚持限产减量发展过程中，能够保持利润率和利润总额的双增长，实属不易，为推动行业加快技术创新和节能低碳发展，奠定了有利的基础条件。

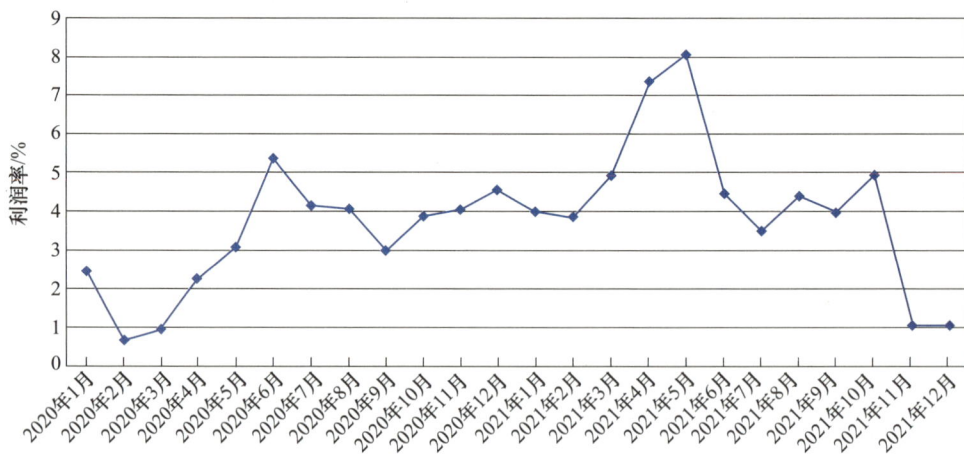

图 15-9　黑色金属冶炼及压延行业销售利润率情况

同时，我们也应关注到，虽然 2021 年钢铁行业效益创历史新高，利润率同比也有一定提升，但与规模以上工业企业及制造业平均利润率对比来看，仍处于较低水平。从表 15-2 可以看出，2021 年规模以上工业企业平均利润率为 6.8%，其中采矿业为 18.2%，制造业为 6.5%。在制造业中，与钢铁行业相关度较高上下游子行业中，除铁路、船舶、航空航天运输设备制造业因受到新冠肺炎疫情冲击较大，利润率（4.1%）稍低于钢铁行业外，其他行业利润率均高于钢铁行业。

表 15-2　分行业利润率情况　　　　　　　　　%

年份	规模以上工业企业：营业收入利润率	采矿业	黑色金属矿采选业	制造业	黑色金属冶炼和压延加工业	有色金属冶炼和压延加工业	金属制品业	通用设备制造业	专用设备制造业	汽车制造业	铁路、船舶、航空航天和其他运输设备制造业	电气机械和器材制造业
2019	5.9	11.4	6.2	5.6	3.8	2.2	4.6	6.4	7.5	6.3	5.5	5.9
2020	6.1	9.2	9.6	5.9	3.4	2.7	4.6	7.1	8.6	6.2	5.5	5.9
2021	6.8	18.2	13.3	6.5	4.4	4.5	4.8	6.7	8.1	6.1	4.1	5.3

（三）资产负债率情况

2021 年，行业资产负债率先升后降，总体呈现稳中有降态势（图 15-10），全年平均资产负债率为 60.9%，较上年下降 0.9%，说明行业整体财务状况得到进一步改善，由于负债率与利润呈现较强负相关性，负债率下降有利于提升行业景气运行，同时，也为完成行业"十四五"规划目标，将负债率控制在 60%以下创造了有利条件。

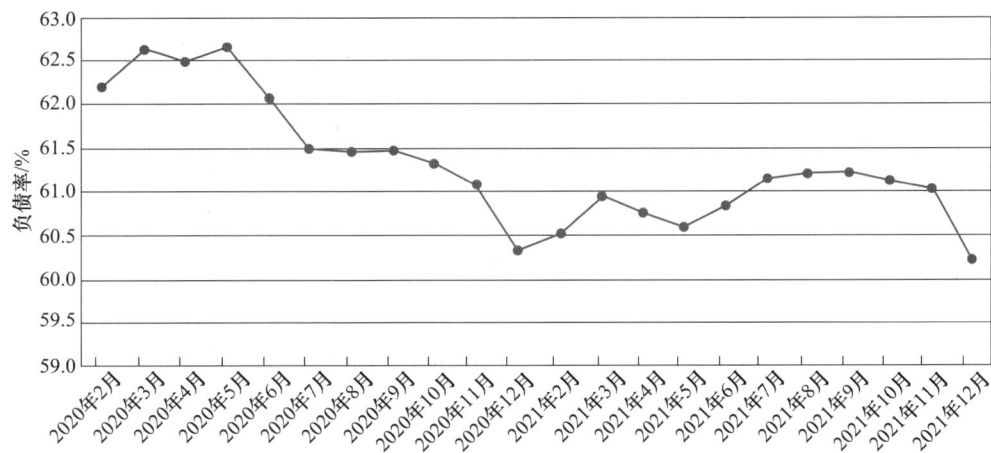

图 15-10　黑色金属冶炼及压延行业负债率情况

五、经济拉动评价

钢铁工业是国民经济的支柱性产业之一，也是关系国计民生的重要的基础性行业，在国内工业领域发挥了不可替代的作用。评判行业的景气状况还应从钢铁行业对国民经济特别是对工业经济增长的拉动作用进行评价。

（一）营业收入占比情况

2021 年黑色金属冶炼及压延行业营业收入为 96662.3 亿元，同比实现了快速增长，增长率为 32.8%，高于工业企业平均营业收入 20.5% 的增长率。在制造业领域中，与钢铁行业相关度较高的有色行业、金属制品业、设备制造业、汽车制造等 8 大行业相比（图 15-11），钢铁行业 2021年营业收入在工业企业中的比重为 7.6%，同比上升 0.7%，占比超过汽车制造业，由 2020 年的第二位上升为第一位，这反映出钢铁行业在制造业中的重要地位和作用，也反映出钢铁对中国工业经济的增长拉动作用有进一步提升。

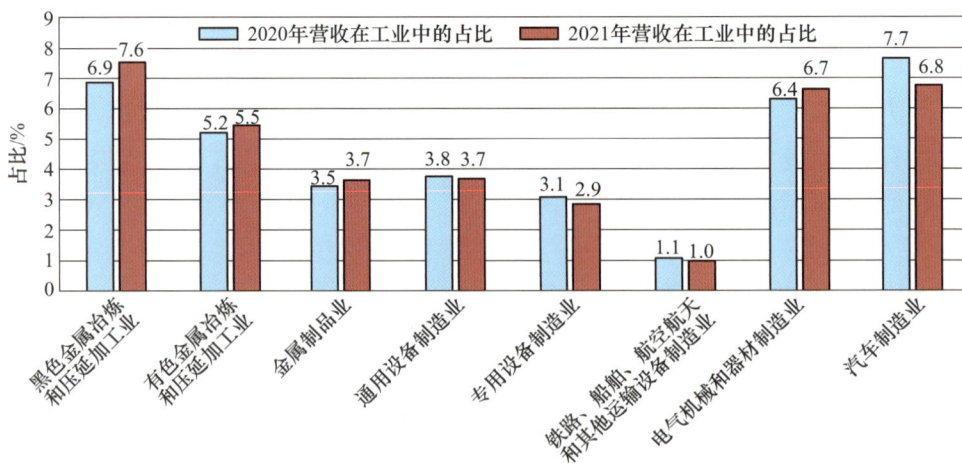

图 15-11　相关行业营业收入在工业中占比情况

（二）利润总额占比情况

2021 年，黑色金属冶炼及压延行业利润总额占工业企业利润总额的

4.9%，较上年提升 1.1%（图 15-12）。在制造业与钢铁行业相关度较高的 8 大行业中，汽车制造业、电气机械和器材制造业利润总额占比靠前，钢铁行业列第 3 位，较上年上升 2 位，尽管行业的营业收入占比最高，但由于整体利润率水平相对仍然偏低，影响了利润总额在工业中的占比。

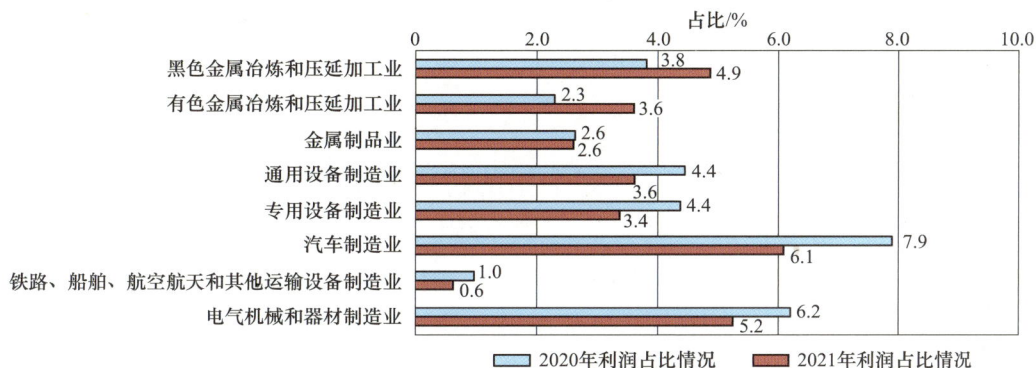

图 15-12　相关行业利润总额在工业中占比情况

六、相关指标综合评价

为综合反映钢铁行业 2021 年实际景气运行状况，根据以上选取的指标数据的波动性及相关性，选取了相适应的 CRITIC 权重法对各项指标进行分析和权重赋予。CRITIC 权重法关注指标的对比强度和冲突性，对比强度使用标准差进行表示，如果数据标准差越大说明波动越大，权重会越高；冲突性使用相关系数进行表示，如果指标之间的相关系数值越大，说明冲突性越小，那么其权重也就越低。权重计算时，对比强度与冲突性指标相乘，并且进行归一化处理，通过运用该方法，最终得到各评价指标的权重（表 15-3）。

表 15-3　CRITIC 权重计算结果

项目	指标变异性	指标冲突性	信息量	权重/%
NMMS_资产负债率	0.292	6.608	1.926	8.39
MMS_国内铁矿石产量	0.232	6.124	1.421	6.19
MMS_钢产量	0.287	7.402	2.124	9.25
MMS_钢材价格指数	0.348	6.394	2.223	9.68
MMS_利润总额	0.244	5.381	1.312	5.72

续表 15-3

项目	指标变异性	指标冲突性	信息量	权重/%
MMS_销售利润率	0.253	5.706	1.442	6.28
MMS_营业收入占比	0.406	6.786	2.752	11.98
MMS_利润总额占比	0.307	5.955	1.828	7.96
NMMS_铁矿石价格指数	0.319	14.084	4.497	19.58
NMMS_炼焦煤价格指数	0.321	10.693	3.435	14.96

　　根据各指标权重，以 2020 年全年的行业相关指标作为基期，通过各指标的变动情况进行加权计算，最终得出 2021 年各评价指标的具体得分（表 15-4）。可以看出，各项指标中，钢铁行业利润总额、销售利润率、钢材价格指数、国内铁矿产量提升，资产负债率下降，这 5 项指标表现良好，为行业运行景气度的提升做出了较大贡献；经济拉动 2 项指标也表现不俗，不仅提升了行业的景气度，也反映出钢铁工业对工业经济贡献率进一步增强。同时，也应看到铁矿、炼焦煤等原燃料指标在景气运行中的权重较高，其大幅增长对钢铁生产成本造成了巨大压力，是影响行业景气度的主要负面因素。经过指标汇总计算，最终得出钢铁行业 2021 年度运行景气度为 109.43。

表 15-4　2021 年中国钢铁行业景气综合评价得分

评价维度	指标类型	指标名称	指数得分
原料保障	相关性指标	国内铁矿石产量	6.51
		铁矿石价格指数	18.70
	重要性指标	炼焦煤价格指数	12.35
下游供给	相关性指标	钢产量	8.76
		钢材价格指数	13.16
行业效益	相关性指标	利润总额	9.84
		销售利润率	8.13
		资产负债率	8.51
经济拉动	重要性指标	营业收入占比	13.20
	相关性指标	利润总额占比	10.26
综合评价得分			109.43

综合上述分析，可以得出三点启示：

一是行业景气度评价是一个综合性系统工作，虽然利润总额是其评判的重要依据，但单纯利润指标并不能全面反映行业运行的状态与得失，需要从成本、生产、效益及经济影响等多方面、多维度开展综合评判，才能更加科学合理地反映行业全年综合运行的效果，10 项指标的选择总体上能够反映行业综合运行状况，但在后期的实践运用中仍需进一步观察和完善。

二是行业景气度的提升离不开产业链的稳定运行和紧密衔接。尽管 2021 年原料端价格异常高企，但钢铁行业加大成本控制力度，通过产业链有效传导了成本压力，并且在政府部门的指导下，合理控制生产节奏，不断加强行业自律，实现了市场供需的动态平衡，提升了产业链供给效率，保证了行业效益的合理回归，成果来之不易。

三是行业抗风险能力仍需提升。虽然 2021 年钢铁行业效益创历史新高，但我们也要清醒看到，诸多风险和隐患仍然存在，原料保障与产量控制仍是行业面临的最大风险来源。2021 年如果没有政府限产及原料保供措施的有效推进，倒逼铁矿石等原料价格在下半年快速下降，那么相对过剩的供给加之高昂的原料价格将对行业景气运行造成巨大的冲击，因此积极推进"基石计划"，动态匹配市场需求，主动强化行业自律，是提升行业抗风险能力的有效手段。

（本章撰写人：申永亮，中国钢铁工业协会）

第 16 章

2020 年钢铁行业人力资源状况分析

一、钢铁行业人力资源数据统计体系概述

自 2008 年调整《中国钢铁工业企业人事劳资统计年报》以来，在全行业人力资源工作者的努力下，经过 13 年磨砺，逐步建立了钢铁行业人力资源数据统计与分析系统，形成了行业人力资源数据体系，为掌握钢铁行业人力资源基本信息，了解和分析行业人力资源及劳动生产率、人工成本等基本情况及变化趋势，企业间对标挖潜等发挥了积极作用；也为各企业建立以时间为坐标轴的本企业人力资源纵向数据体系，进行对比分析，发现问题、解决问题发挥了积极作用；对人力资源数据运用多元化，探索出了人力资本竞争力指数，更全面地反映企业人力资本竞争力现状。

2020 年人事劳资重点统计（以下简称"会员企业或行业"）中，按规模划分，生产粗钢 1000 万吨及以上的大型企业占 24.21%，500 万-1000 万吨的中型企业占 24.21%，500 万吨以下的中小型企业占 51.58%；按所有制划分，国有或国有控股企业占 50.53%，非国有企业占 49.47%；这些企业基本涵盖了我国年产粗钢 300 万吨以上规模的钢铁企业，具有较广泛的代表性和覆盖性，其统计分析结果可以代表我国钢铁工业 2020 年人力资源管理现状（表 16-1）。

表 16-1　2018-2020 年钢铁企业人力资源数据情况　　　　%

年份	国有企业数	非国有企业数	大型企业数	中型企业数	中小型企业数
2020	50.53	49.47	24.21	24.21	51.58
2019	52.13	47.87	18.09	25.53	56.38
2018	55.21	44.79	17.71	25.00	57.29

二、2020 年中国钢铁工业人力资源基本情况

（一）职工结构人数

2020 年职工总数、在岗职工数、主业在岗职工数、离退休人数比 2019 年有所增加，不在岗职工数比 2019 年有所减少，在岗职工比例较 2019 年有所提高，主业在岗职工比例、不在岗职工比例较 2019 年有所降低。2020 年、2019 年连续两年职工总数增加，从岗位结构看，主要是研发技术人员、操作人员总数增加，这与企业提高产品档次、实现产品升级相关。主业在岗职工占比下降需要进一步调研和分析（表 16-2）。

表 16-2　2018-2020 年钢铁工业企业职工结构情况表　　　　%

年份	职工总数				离退休职工与职工总数比例
		在岗职工		不在岗职工	
			其中：主业在岗		
2020	100	90.50	62.05	9.49	82.49
2019	100	89.41	62.09	10.59	81.14
2018	100	89.82	65.40	10.18	66.79

（二）主业在岗职工岗位分布

会员企业 2020 年主业在岗职工各类人员的比例结构为：高级经营管理占 1.10%，比上年降低了 0.06 个百分点；一般经营管理人员占比 6.91%，比上年降低 0.45 个百分点；企业技术人员占 11.73%，比上年提高 0.39 个百分点；研发人员在技术人员中占比 15.29%，比上年上升

0.16 个百分点；操作人员 63.37 万人，占主业在岗职工（年末）总数的 80.25%，比上年提高 0.11 个百分点（表 16-3）。

表 16-3　2018-2020 年钢铁企业主业在岗职工岗位分布情况　　　%

年份	高级经营管理人员/万人	一般经营管理人员	技术人员	其中：研发人员（占技术人员比例）	操作人员
2020	1.10	6.91	11.73	15.29	80.25
2019	1.16	7.36	11.34	15.13	80.14
2018	1.09	6.92	11.89	13.83	80.10

2020 年高级管理人员和一般经营管理人员占比较 2008 年小幅回落，其中高级经营管理人员比例较 2019 年下降，回归到 2015 年水平。2020 年操作人员岗位和一般管理人员进一步下降。2020 年技术人员占比较 2019 年有所增加，研发人员占技术人员比例增幅明显。这说明企业在减员增效的同时更加强调技术队伍和研发队伍的发展与维护，自觉地谋求通过技术改进和创新驱动来提高产品附加值，降低生产成本，提高市场竞争力。

（三）职工学历结构

2020 年会员企业主业在岗职工学历结构为：博士占 0.12%，占比与上年持平；硕士占 1.62%，占比比上年提高 0.05 个百分点；本科占 17.17%，占比比上年提高了 0.86 个百分点；专科占 25.43%，占比比上年降低 0.47 个百分点；中专占 15.09%，占比比上年降低 0.44 个百分点；高中占 40.56%，占比比上年降低 0.02 个百分点（图 16-1）。

2020 年钢铁行业中专及以上学历人员占比 59.44%，同比提高 0.01 个百分点，从近 11 年数据来看，2020 年结束了占比降低的趋势，占比在 11 年的第二高位，这说明通过化解过剩产能，行业人力资源队伍学历结构优化速度增加，我国钢铁行业职工队伍学历结构整体上移（表 16-4）。

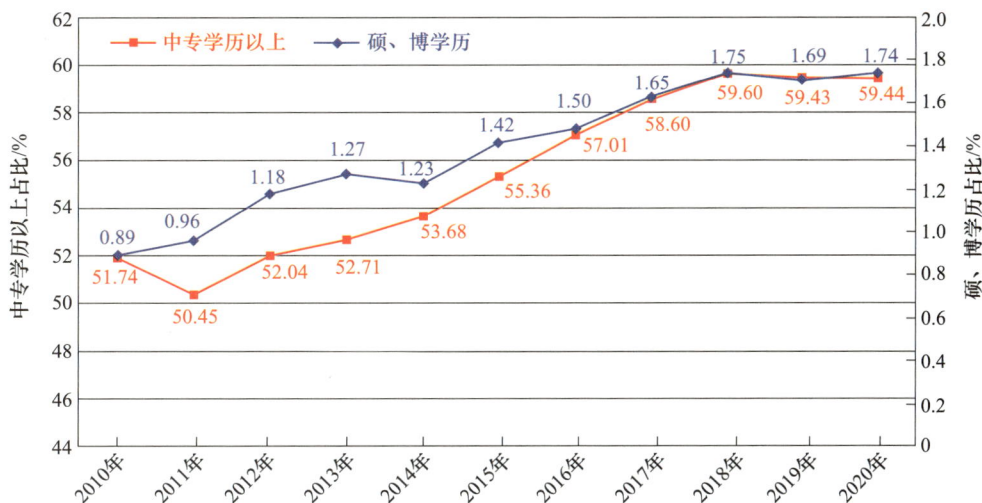

图 16-1　2010 年以来钢企主业在岗职工学历情况分布图

表 16-4　2018-2020 年钢铁行业职工学历结构变化情况　　　　%

年份	硕、博学历	中专学历以上
2020	1.74	59.44
2019	1.69	59.43
2018	1.75	59.60

（四）2020 年钢铁企业年龄结构

2020 年，会员企业主业在岗职工的平均年龄为 40.61 岁，比 2019 年的 40.46 岁同比增长 0.15 岁，增幅 0.32%，增量、增幅较 2019 年缩小，与 2008 年相比，主业在岗职工平均年龄 13 年间增长了 2.61 岁，体现出职工队伍年龄逐年提高，整体趋向老化的局面。从 2020 年数据看，高级管理人员、技术人员、研发人员、操作人员平均年龄均同比有所增加，一般经营管理人员的平均年龄下降，其中研发人员的平均年龄最低、变化最小，说明近几年企业有意识地加大人才引进，注重人才队伍中新鲜血液的注入，一般经营管理人员年龄结构趋于稳定（表 16-5）。可见，行业形势的持续向好，企业更有意愿招录作为技术、研发人员主要来源的高学历毕业生。总体看，随着行业形势好转，"十三五"职工平均年龄增速有所放缓，企业加大了新员工的引进，有意识地做好人才梯队建设，防止出现人才断档。行业形势的明显好转，也有利于企业吸引人才（表 16-5）。

表 16-5　2008-2020 年主业在岗职工年龄结构（集团口径）

年份	高级管理人员	一般经营管理人员	技术人员	其中：研发人员	操作人员	主业在岗平均
2020	47.08 岁	41.25 岁	39.72 岁	38.56 岁	40.60 岁	40.61 岁
2019	46.58 岁	41.30 岁	39.27 岁	38.44 岁	40.47 岁	40.46 岁
2018	46.54 岁	41.38 岁	38.95 岁	38.45 岁	39.89 岁	39.96 岁

（五）2020 年钢铁企业工资及人工成本

2020 年会员企业主业在岗人员人均工资为 10.12 万元，与 2019 年的人均工资 9.38 万元相比增加 7.89%。随着行业向好形势趋于稳定，工资增幅比 2019 年有所放宽，结束连续两年增幅超过 10% 的势头；人均社平工资系数为 1.36（社平工资采用 2019 年社会平均工资），即我国钢铁企业 2020 年人均工资高于 2019 年社会平均工资水平 36.45%，高于 2019 年人均社平工资系数（1.25）（表 16-6）。近几年行业职工收入增速明显好于社会平均水平，表现在社平工资系数出现显著增长，这也有利于企业吸引人才，留住人才，降低人才流失率。供给侧结构性改革给行业人力资源工作带来显著变化。钢铁行业化解产能过剩不仅带来行业形势好转，对行业带来的益处表现在诸多方面，实践证明其影响是长期的，是一项有深远意义的改革。

表 16-6　2018-2020 年钢铁行业人均社平工资系数变化情况（单钢口径）

年份	2020	2019	2018
人均社平工资系数	1.36	1.25	1.38
系数同比增减/%	9.2	-9	7.8

2020 年会员企业人均人工成本 14.71 万元，比上年会员企业人均人工成本 14.43 万元增长 1.94%。2019 年单钢企业人均人工成本比 2018 年的 13.02 万元增长 10.83%，2018 年比 2017 年人均人工成本 11.26 万元增长 15.63%。工资占人工成本中的比例从 2017 年的 66.77%，提高到 2018 年的 67.81%，提高了 1.04 个百分点；2019 年这一比例为 64.98%，比

2018 年降低了 2.83 个百分点；2020 年这一比例为 68.76%，比 2019 年提高了 3.78 个百分点。2016 年、2017 年、2018 年连续三年工资占比提高，说明随着供给侧结构性改革的推进，行业形势逐步好转，企业加大了工资性投入，更重视激励因子的作用。

（六）劳动生产率

2020 年，会员企业生产粗钢的劳动效率，如按职工总数计算，则人均年产钢约为 564 吨；如按在岗职工计算，则人均年产钢约为 617 吨；如按主业在岗职工计算，则人均年产钢约为 850 吨（表 16-7 和图 16-2）。

表 16-7　2018-2020 年钢铁企业实物劳动生产率情况统计表（单钢口径）

吨/（人·年）

年份	按职工总数计算	按在岗职工总数计算	按主业在岗职工总数计算	同比增长（主业在岗）/%
2018	492	547	736	10.95
2019	539	595	806	9.47
2020	564	617	850	5.46

图 16-2　2008 年以来钢铁主业在岗职工实物劳动生产率增长情况

钢铁企业近 13 年实物劳动生产率逐年提高，2016-2019 年的年增速均维持较高水平，增幅在 10% 左右。在 2016 年得益于化解过剩产能、人员分流安置后带来的劳动效率显著提高后，2017 年仍保持较高的增速。

2018 年全行业劳动生产率仍继续两位数的较高增速，提高了 10.95%，主业在岗职工达到人均年产钢 736 吨，到 2019 年达到 806 吨，2020 年达到 850 吨，增速在逐渐放缓。同时，数据显示，2020 年以职工总数、在岗职工为基数的劳动生产率同比增幅低于主业在岗职工劳动生产率增幅。

从 13 年来的长期数据看，总体来讲，相对于以主业在岗职工总数为基数的实物劳动生产率，以在岗职工、职工总数为基数的实物劳动生产率增长幅度最大，行业的人员冗余，特别是二线、三线人员的冗余有效改观，13 年来行业人力资本竞争力显著提升。

2020 年按会员企业工业总产值、实现利税和利润计算，与上年相比，人均产钢提高了 5.46%，人均产值比上年提高了 2.74%，增速在放缓；人均利税、人均利润比上年降低了 6.18% 和 4.46%，行业效益明显下滑，与 2019 年相比下滑速度有所放缓（表 16-8 和图 16-3）。

表 16-8　2018-2020 年钢铁企业人均效益统计表（单钢口径）

年份	人均产钢 /吨·(人·年)$^{-1}$	人均产值 /万元·(人·年)$^{-1}$	人均利税 /千元·(人·年)$^{-1}$	人均利润 /千元·(人·年)$^{-1}$
2020	850	352.1	241.2	167.2
2019	806	342.7	257.1	175.0
2018	736	312.4	397.0	276.0

图 16-3　2008 年以来钢铁企业主业人均效益变化（单钢口径）

2020 年由于行业人力资源结构优化工作持续进展，实物劳动生产率提高显著，增幅略降，行业稳中向好，劳动生产率较高企业优势明显，但是人均利税、人均利润较大幅度降低。

对效益与劳动生产率相关性分析，把 2020 年人均利税、人均利润排序前 10 名的企业进行汇总分析，前 10 名企业的两项指标排序情况略有不同，人均利税、人均利润排前 10 名企业的平均实物劳动生产率分别为 1202 吨/（人·年）和 1190 吨/（人·年），是行业平均水平的 1.41 倍和 1.40 倍。而这 10 家企业人均利税、人均利润分别达到行业平均的 2.52 倍和 2.86 倍，大于实物劳动生产率的差距。统计分析得知，会员企业的实物劳动生产率与人均利税、人均利润存在明显的正相关性（表 16-9 至表 16-11）。

表 16-9　按人均利税看不同区间钢企人均产钢平均值分布

按人均利税分组 /万元	企业数	人均产钢/吨·人⁻¹	人均产值/万元·人⁻¹	吨钢人工成本/元·吨⁻¹	人均利税/万元	万元人工成本投入产出比		
						利润/万元	产钢/万吨	主营业务收入/万元
≥48.62（TOP10%）	9	1238.02	609.18	174.29	68.66	2.66	60.39	36.00
34.70-48.62（10%-25%）	14	1004.34	397.49	153.01	42.07	2.40	73.11	28.41
16.70-34.70（25%-50%）	24	913.36	329.84	155.14	24.51	1.53	77.40	31.04
4.34-16.70（50%-90%）	38	665.05	264.26	197.21	10.22	0.52	65.28	33.69
≤4.34（BOT10%）	9	669.02	224.95	155.33	1.36	0.14	69.54	21.06

表 16-10　按人均利润分组来看不同区间单钢企业人均产钢平均值的分布

按人均利润分组 /万元	企业数	人均产钢/吨·人⁻¹	人均产值/万元·人⁻¹	吨钢人工成本/元·吨⁻¹	人均利润/万元	万元人工成本投入产出比		
						利润/万元	产钢/万吨	主营业务收入/万元
≥40.75（TOP10%）	9	1196.95	599.10	174.36	55.31	2.80	60.36	36.46
28.05-40.75（10%-25%）	13	1041.70	410.37	149.26	32.83	2.37	74.92	28.78
11.99-28.05（25%-50%）	23	941.17	335.99	146.81	18.92	1.64	80.61	31.89
1.32-11.99（50%-90%）	36	664.22	262.26	196.52	5.54	0.56	65.46	34.08
≤1.32（BOT10%）	8	622.21	257.24	197.63	0.63	0.07	57.82	22.65

表 16-11　按实物劳动生产率分组来看不同区间企业效益平均值的分布

按实物劳动生产率分组/吨·人⁻¹	企业数	人均产钢/吨·人⁻¹	人均产值/万元·人⁻¹	吨钢人工成本/元·吨⁻¹	人均利税/万元	人均利润/万元	万元人工成本投入产出比		
							利润/万元	产钢/万吨	主营业务收入/万元
≥1251.25（TOP10%）	9	1416.05	528.04	123.48	54.91	42.20	2.29	85.24	29.39
1040.27-1251.25（10%-25%）	13	1136.85	471.79	152.84	35.81	24.05	1.48	72.71	29.95
816.69-1040.27（25%-50%）	23	916.05	338.65	142.97	25.55	20.88	1.66	79.15	31.41
464.57-816.69（50%-90%）	36	673.55	292.70	179.81	16.23	9.87	0.90	64.60	28.60
≤464.57（BOT10%）	9	353.68	167.71	308.67	7.43	3.70	0.45	44.27	54.07

　　总体来看，人均利税、人均利润高的企业，其实物劳动生产率的平均值大于人均利税、人均利润低的企业的实物劳动生产率的平均值，充分说明实物劳动生产率与效益有明显的正相关性。

（七）2020 年钢铁企业人工成本投入产出情况

　　2020 年会员企业人均人工成本为 14.71 万元，上年人均人工成本为 14.43 万元，同比增长 1.94%。在工资大幅增长，职工获得感显著增强的情况下，国家在新冠肺炎疫情期间降低了社保费用比例，同时企业有意识地控制了人工成本其他项目的增长率，所以人均工资增幅大于人工成本增幅，人均工资占比有所提高，职工得以直接分享企业盈利红利（图 16-4 和表 16-12）。

表 16-12　2018-2020 年钢铁企业人均人工成本结构统计表（单钢口径）　%

年份	工资总额	社保费用	福利费用	教育经费	劳保费用	住房费用	其他人工费用	合计
2020	68.76	14.44	5.19	0.55	0.68	6.03	4.35	100
2019	64.98	16.53	4.93	0.60	0.59	5.64	6.73	100
2018	67.82	16.74	4.53	0.61	0.69	5.22	4.45	100

图 16-4　2008-2020 年钢铁企业人均人工成本变动情况

2020 年钢铁行业人均工资在各项费用占比最大，占人工成本的 68.76%，与 2019 年相比有所升高，上升 3.78 个百分点；其次，社保费用占比明显下降，与 2019 年相比，占比下降了 2.09 个百分点（图 16-5）。数据清晰表明国家为企业减负，降低了社保征缴比例；劳保和教育费用占比最小，在职工收入上升的同时，企业应注重教育培训的投入。其他人工费用的大幅下降，与人员结构优化、职工安置得到国家奖补以及重点人群转移有关。

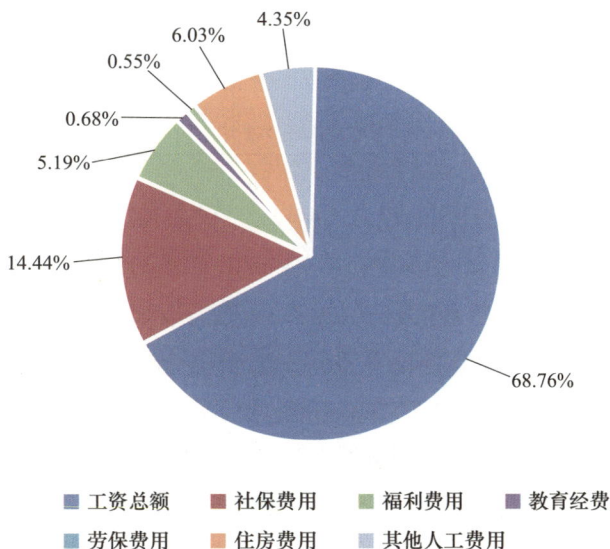

图 16-5　2020 年钢铁企业人均人工成本结构情况

为研究培训投入与产出的相关性，经统计，2020 年培训费投入超过平均值的企业占 31%，其中有企业占 93%；非国有企业占 7%，平均培训费国有企业较高。培训费用超过平均值的企业中 93% 的企业盈利（表16-13）。总体看，人均培训费用相对较高的企业，人均产值、人均利润高于行业平均达 10% 以上，特别是人均产值，高出行业平均达 18.62%（表16-13）。数据显示，培训投入高的企业，在劳动生产率上有一定优势，在行业形势严峻时，培训更多体现在降成本上，在行业形势整体稳定向好时，更多体现在高附加值上。多年数据显示，劳动生产率的优势，能保证企业的经营效益；培训的投入效果体现在产品附加值上，体现在降本增效上。

表 16-13　按培训费用分类统计表（单钢培训口径）

类别	人均产钢 /吨·(人·年)$^{-1}$	人均产值 /万元·(人·年)$^{-1}$	人均利税 /千元·(人·年)$^{-1}$	人均利润 /千元·(人·年)$^{-1}$
培训费用高于平均值的企业	956.30	417.69	26.84	18.57
行业平均	849.61	352.11	24.12	16.72
高出行业平均的百分率/%	12.56	18.62	11.28	11.06

2020 年行业主业在岗职工实物劳动生产率比上年增长了 5.41%，同时人均人工成本增长了 1.94%。相互抵消后，2020 年吨钢人工成本为 174 元/吨，比上年吨钢人工成本 180 元/吨减少了 4 元，降低了3.02%。劳动生产率与职工收入同步提升，实现了企业与员工共同发展，企业效益较为稳定，职工待遇继续提高。2020 年劳动生产率有所提升，企业人均利润、利税大幅降低，主营业务收入、工业增加值有明显降低，同时人事费用率（人工成本/主营业务收入）降低、劳动分配率提高（表 16-14）。

表 16-14　近 13 年钢铁企业人工成本投入产出情况统计表（单钢口径）

年份	吨钢人工成本 /元·吨$^{-1}$	吨钢利税 /元·吨$^{-1}$	吨钢利润 /元·吨$^{-1}$	劳动分配率（人工成本/工业增加值）/%	人事费用率（人工成本/主营业务收入）/%	万元人工成本投入产出比			
						产钢 /吨	利润 /万元	利税 /万元	主营业务收入 /万元
2020	174.19	288.84	199.74	27.92	3.67	57.41	1.15	1.66	27.22
2019	179.62	321.05	218.93	25.15	3.80	55.67	1.22	1.79	26.31
2018	178	540	375	19.08	3.70	56.27	2.11	3.04	26.89

注：从 2011 年起，劳动分配率计算公式有所变化。

（本章撰写人：张怡翔，程龙，刘景荣，李洪涛，
钱璐，李磊磊，中国钢铁工业协会）

第 **17** 章
2021 年钢铁行业绿色发展情况

2021 年是"十四五"规划的开局之年，是中国钢铁工业向绿色、低碳转型发展的攻坚之年。一年来，中国钢铁工业紧密围绕绿色低碳发展主题，以实现污染物超低排放为近期抓手，以碳达峰、碳中和为长远目标，深入推进节能减排，为"十四五"钢铁行业绿色高质量发展起稳步，开好局。

一、国家相关政策

2021 年 3 月 11 日，十三届全国人大四次会议表决通过的《中华人民共和国国民经济和社会发展第十四个五年规划和 2035 年远景目标纲要》提出：深入打好污染防治攻坚战，推进精准、科学、依法、系统治污，协同推进减污降碳，不断改善空气、水环境质量，有效管控土壤污染风险。到 2035 年广泛形成绿色生产生活方式，碳排放达峰后稳中有降，生态环境根本好转，美丽中国建设目标基本实现。

2021 年 10 月 24 日，中共中央、国务院印发的《中共中央国务院关于完整准确全面贯彻新发展理念做好碳达峰碳中和工作的意见》提出：到 2030 年，重点耗能行业能源利用效率达到国际先进水平。单位国内生产总值二氧化碳排放比 2005 年下降 65% 以上；非化石能源消费比重达到 25% 左右。到 2060 年，非化石能源消费比重达到 80% 以上，碳中和目标顺利实现。

2021 年 10 月 26 日，国务院印发的《2030 年前碳达峰行动方案》提出：到 2025 年，非化石能源消费比重达到 20% 左右，单位国内生产总值能源消耗比 2020 年下降 13.5%，单位国内生产总值二氧化碳排放比 2020

年下降 18%。实施重点行业节能降碳工程，推动电力、钢铁、有色金属、建材、石化化工等行业开展节能降碳改造，提升能源资源利用效率。

2021 年 11 月 2 日，中共中央、国务院印发的《关于深入打好污染防治攻坚战的意见》提出：推动高炉-转炉长流程炼钢转型为电炉短流程炼钢。重点区域严禁新增钢铁、焦化、水泥熟料、平板玻璃、电解铝、氧化铝、煤化工产能。推进钢铁、水泥、焦化行业企业超低排放改造，重点区域钢铁、燃煤机组、燃煤锅炉实现超低排放。

2021 年 12 月 28 日，国务院印发《"十四五"节能减排综合工作方案》明确：到 2025 年，化学需氧量、氨氮、氮氧化物、挥发性有机物排放总量比 2020 年分别下降 8%、8%、10%以上、10%以上。以钢铁、有色金属、建材、石化化工等行业为重点，推进节能改造和污染物深度治理。推广高效精馏系统、高温高压干熄焦、富氧强化熔炼等节能技术，鼓励将高炉-转炉长流程炼钢转型为电炉短流程炼钢。推进钢铁、水泥、焦化行业及燃煤锅炉超低排放改造，到 2025 年，完成 5.3 亿吨钢铁产能超低排放改造。

2021 年 10 月 18 日，国家发改委、工信部等五部门下发《关于严格能效约束推动重点领域节能降碳的若干意见》，意见提出：到 2025 年，通过实施节能降碳行动，钢铁、电解铝、水泥、平板玻璃、炼油、乙烯、合成氨、电石等重点行业和数据中心达到标杆水平的产能比例超过 30%，行业整体能效水平明显提升，碳排放强度明显下降，绿色低碳发展能力显著增强。到 2030 年，重点行业能效基准水平和标杆水平进一步提高，达到标杆水平企业比例大幅提升，行业整体能效水平和碳排放强度达到国际先进水平。

2021 年 11 月 15 日，工信部发布的《"十四五"工业绿色发展规划》提出：我国将实施工业领域碳达峰行动，制定钢铁、石化化工、有色金属、建材等重点行业碳达峰实施方案，统筹谋划碳达峰路线图和时间表，力争有条件的行业率先实现碳达峰。碳排放强度持续下降，单位工业增加值二氧化碳排放降低 18%，钢铁、有色金属、建材等重点行业碳排放总量控制取得阶段性成果。污染物排放强度显著下降，有害物质源头管控能力持续加强，清洁生产水平显著提高，重点行业主要污染物排放强度降低 10%。能源效率稳步提升，规模以上工业单位增加值能耗降低 13.5%，粗钢、水泥、乙烯等重点工业产品单耗达到世界先进水平。资源利用水平明显提高，重点行业资源产出率持续提升，大宗工业固废综合利用率达到57%，主要再生资源回收利用量达到4.8亿吨，单位工业增加值用水量降低16%。

二、2021年钢铁行业节能减排成效显著

（一）能源利用效率不断提高

2021年，重点统计钢铁企业总能耗32217万吨标准煤，同比下降1.4%。吨钢综合能耗550.4千克标准煤/吨，在粗钢产量下降、公辅能耗占比上升的情况下，仅比上年小幅上扬0.2%。吨钢可比能耗486.6千克标准煤/吨，同比下降0.97%。在工序能耗方面，转炉炼钢和钢加工工序能耗较上年同期降低，同比下降3.9%和0.3%。用水资源利用方面，重点统计钢铁企业新水用量179205万立方米，同比下降3.5%。吨钢耗新水2.5立方米/吨，同比下降1.2%。水重复利用率98.1%，同比提高0.1个百分点。在可燃气体回收利用方面，重点统计钢铁企业焦炉煤气产生量517亿立方米，同比下降0.7%，焦炉煤气利用率98.5%，同比提高0.2个百分点。高炉煤气放散量76亿立方米，同比下降24.3%，高炉煤气利用率98.3%，同比提高0.3个百分点。转炉煤气回收量565亿立方米，同比增长0.9%，吨钢转炉煤气回收量118.5立方米，同比提高2%（表17-1）。

表17-1 2017-2021年重点统计企业能耗指标变化情况

	指标名称	单位	2017年	2018年	2019年	2020年	2021年
综合指标	总能耗	万吨标准煤	27608.6	26417.0	30839.7	31629.5	32217.2
	吨钢综合能耗	千克标准煤/吨	570.5	555.2	553.0	545.3	550.4
	吨钢耗电	千瓦时/吨	468.3	452.0	455.1	456.9	471.2
	吨钢耗新水	立方米/吨	2.9	2.8	2.6	2.5	2.4
工序指标	烧结工序	千克标准煤/吨	48.5	48.6	48.5	48.1	48.5
	球团工序	千克标准煤/吨	25.6	25.4	23.4	24.3	25.2
	焦化工序	千克标准煤/吨	99.7	104.9	105.8	102.4	105.6
	炼铁工序	千克标准煤/吨	390.8	392.1	388.6	385.2	387.9
	转炉炼钢工序	千克标准煤/吨	-13.9	-13.4	-13.9	-15.4	-15.3
	电炉炼钢工序	千克标准煤/吨	58.1	55.7	53.0	55.9	53.6
	钢加工工序	千克标准煤/吨	56.9	54.3	53.7	54.8	52.4

数据来源：中国钢铁工业节能环保统计月报。

（二）超低排放改造成效显著

2021 年，重点统计企业外排废水 34696 万立方米，比上年减少 5163 万立方米，同比下降 12.9%，外排废水达标率 100%。吨钢外排废水 0.8 立方米/吨，同比下降 6.4%。外排废水中总氰化物排放量同比下降 35.1%，吨钢总氰化物排放量同比下降 32.1%；石油类排放量同比下降 31.7%，吨钢石油类排放量同比下降 28.4%；化学需氧量排放量同比下降 23.2%，吨钢化学需氧量排放量同比下降 15.2%；悬浮物排放量同比下降 18.8%，吨钢悬浮物排放量同比下降 8.7%；氨氮排放量同比下降 19.5%，吨钢氨氮排放量同比下降 11.8%（表 17-2）。

表 17-2　2017-2021 年重点统计企业废水及其主要污染物排放量变化情况

指标名称	单位	2017 年	2018 年	2019 年	2020 年	2021 年
外排废水总量	万立方米	41361	42814	39800	39221	34696
化学需氧量同比增减率	%	−5.85	−19.3	−14.9	−5.2	−23.1
氨氮同比增减率	%	−3.50	−25.2	−23.4	−27.61	−19.5
挥发酚同比增减率	%	−20.59	−26.4	−19.2	−42.1	6.4
总氰化物同比增减率	%	−4.60	−3.3	37.4	9.6	−35.1
悬浮物同比增减率	%	−8.21	−24.5	−12.4	−9.1	−18.8
石油类同比增减率	%	−5.67	−26.3	−24.3	−5.6	−31.7

数据来源：中国钢铁工业节能环保统计年报。

外排废气总量 161054 亿立方米，同比增长 4.5%。外排废气中二氧化硫排放量同比下降 16.0%，吨钢二氧化硫排放量同比下降 16.7%；颗粒物排放量同比下降 14.6%，吨钢颗粒物排放量同比下降 15.5%；氮氧化物排放量同比降 16.0%，吨钢氮氧化物排放量同比下降 15.8%（表 17-3）。

表 17-3　2017-2021 年重点统计企业废气中主要污染物排放情况

指标名称	单位	2017 年	2018 年	2019 年	2020 年	2021 年
废气排放总量	亿立方米	114924	128875	139725	154065	161054
二氧化硫排放量同比增减率	%	−13.7	−12.9	−8.6	−14.3	−16.0
颗粒物排放量同比增减率	%	−5.2	−8.4	−12.4	−8.3	−14.6
氮氧化物排放量同比增减率	%	−2.8	2.6	−7.8	−10.3	−16.0

数据来源：中国钢铁工业节能环保统计年报。

（三）资源综合利用保持较高水平

2021 年，重点统计企业共产生废渣 41962 万吨，同比增长 1.9%；废渣综合利用率 84.0%，同比提高 1.9 个百分点。其中，高炉渣 22194 万吨，同比增长 1.0%；高炉渣综合利用率 99.7%，同比提高 0.1 个百分点。转炉钢渣 7942 万吨，同比增长 4.1%；转炉钢渣综合利用率 99.7%，同比下降 0.6 个百分点。电炉钢渣 684 万吨，同比下降 3.4%；电炉渣综合利用率 99.99%，同比提高 3.1 个百分点。

重点统计企业共产生尘泥 4718 万吨，同比增长 4.1%，尘泥回收综合利用率 99.9%。其中，烧结尘泥 1027 万吨，同比下降 2.8%；烧结尘泥综合回收利用率 99.9%，返生产利用率 97.2%。高炉瓦斯灰 889 万吨，同比增长 18.2%；高炉瓦斯灰综合回收利用率 99.7%，返生产利用率 94.3%，同比提高 0.2 个百分点。转炉尘泥 1119 万吨，同比下降 2.0%；转炉尘泥综合回收利用率 99.98%，返生产利用率 88.98%。轧钢铁皮 888 万吨，同比增长 8.9%；轧钢铁皮综合回收利用率 99.96%，同比提高 0.02 个百分点（表 17-4）。

表 17-4　2017-2021 年重点统计企业主要固体废物利用情况

指标名称	单位	2017 年	2018 年	2019 年	2020 年	2021 年
高炉渣综合利用率	%	97.77	98.11	98.29	99.52	99.66
转炉钢渣综合利用率	%	95.18	98.78	99.53	99.3	98.71
电炉渣综合利用率	%	97.24	97.44	97.38	96.91	99.99
脱硫副产物综合利用率	%	72.05	82.57	83.28	87.72	87.60
烧结尘泥综合回收利用率	%	100	99.98	99.91	100	99.94
高炉瓦斯灰综合回收利用率	%	99.71	100	100	100	99.74
转炉尘泥综合回收利用率	%	99.98	99.68	99.14	100	99.98
轧钢铁皮综合回收利用率	%	100	99.99	99.98	99.94	99.96

数据来源：中国钢铁工业节能环保统计年报。

（四）"双碳"工作稳步推进

中国宝武深入贯彻习近平总书记对宝武碳达峰碳中和重要批示精神，

发挥龙头企业引领作用，率先在行业内提出实现"双碳"目标时间表，发起设立全球低碳冶金创新联盟。2021 年 12 月 18 日，全球钢铁冶金绿色低碳试验及应用项目开工仪式在宝武八钢举行。河钢、包钢、鞍钢等先后发布碳达峰碳中和目标时间表和宣言。中信特钢搭建起了行业内第一个碳排放管理信息化系统，提升了全集团碳资产信息化管理能力。福建三钢、柳钢通过结构节能、技术性节能、管理节能三大措施减碳。南钢在英、日、韩等国成立研究院并开展国际合作，吸取国外的减碳经验，提高自身减碳水平。建龙集团组织各子公司制定"一厂一策"低碳发展规划，强化绿色低碳发展顶层设计。

低碳冶金新工艺探索有所突破。2021 年 4 月 13 日，建龙集团内蒙古赛思普科技有限公司氢基熔融还原法高纯铸造生铁项目成功出铁 156 吨，一次开炉成功，标志着世界领先的氢基熔融还原冶炼技术成功落地转化。2021 年 5 月 10 日，全球首例氢冶金示范工程——河钢宣钢氢能源开发和利用工程示范项目正式开建。2021 年 7 月 30 日，中国宝武八钢富氢碳循环高炉成功实现了第二阶段 50% 高富氧冶炼目标；2022 年 2 月 15 日，宝钢湛江钢铁开建国内首座百万吨级氢基竖炉，努力打造国内钢铁行业首条全氢绿色零碳示范产线。

（五）环境治理投资不断加大

近年来，重点统计钢铁企业深入落实国家有关超低排放的要求，不断加大污染治理资金投入。宝武集团投资 109.2 亿元，完成湛江钢铁 A 型料场封闭改造、武钢 B 区料场环保改造、马钢 2 号烧结机烟气脱硫脱硝超低排放改造工程等项目。鞍钢集团投资 25.1 亿元，完成炼铁总厂三烧烧结机烟气脱硫脱硝超低排放改造、炼钢总厂一分厂和二分厂转炉二次除尘提标改造等项目。首钢集团投资 7.9 亿元，完成 1 号、2 号高炉热风炉烟气密相干塔脱硫治理等项目。北京建龙重工集团有限公司投资 28.6 亿元，完成西钢 3 号烧结机头脱硫除尘改造、黑龙江建龙焦化料场封闭、承德建龙炼钢厂除尘系统优化改造等项目。天津钢管制造有限公司投资 4.7 亿元，完成炼铁厂烧结系统超低排放改造、炼钢厂除尘系统综合改造等项目。湖南钢铁集团投资 19.4 亿元，完成涟源钢铁焦化厂 1 号、2 号焦炉烟气脱硫脱硝工程、360 平方米烧结机超低排放改造等项目。包头钢铁（集团）有限责任公司投资 10.2 亿元，完成煤焦化工公司煤气脱硫脱氨工艺改造及 VOC 治理、仓储中心原燃料一部一次料条封闭等项目。江西萍钢实业股份有限公司投资 5.9 亿元，完成炼铁厂 2 号高炉出铁场除尘改造、东区烧结成品除尘及机尾除尘改造等项目。新余钢铁集团有限公司投资 13.8 亿元，完成 7 号烧结机烟气超低排放改造等项目。陕西钢铁集团有限公司投资 4.1 亿元，完成龙钢公司炼钢新增三次除尘系统、汉钢公司中和一次料场环保治理等项目。

三、发挥引领作用，努力为行业绿色低碳发展服务

（一）加速低碳发展，展现钢铁担当

钢铁行业作为能源消耗高密集型行业，是制造业 31 个门类中碳排放量最大行业，在 2030 年"碳达峰"和 2060 年"碳中和"的目标约束下，钢铁行业将面临绕不开的挑战。2021 年 2 月 9 日，钢协发布《钢铁担当，开启低碳新征程——推进钢铁行业低碳行动倡议书》。倡议书提到：中国钢铁行业作为碳排放重点行业，全面贯彻落实习近平总书记重要指示精神、党中央和国务院统一决策部署，从统一思想认识，主动担当作为；优化工艺路径，调整产业结构；发展清洁能源，优化能源结构；提升系统能效，降低化石能源消耗；立足科技进步，创新低碳技术；打造低碳产品，共建绿色生态圈；强化碳管控水平，积极参与碳交易；全员倡导协同，铸就低碳生活等八个方面勠力同心，笃力前行。

（二）整合行业力量，全力推进行业低碳

2021 年 4 月 22 日，正值第五十二个地球日之际，钢协牵头相关领军企业、科研院所、技术单位在上海成立了"钢铁行业低碳工作推进委员会"。钢协党委书记、执行会长何文波做了题为《引领低碳绿色高质量发展 加快推进实现碳达峰目标》的主旨发言。他表示，积聚行业内外力量，成立专门推进钢铁行业绿色低碳发展的行业组织，就是要探求这个重大历史课题的实现路径和解决方案。委员会在工作中要正确把握好"发展和减排、整体和局部、短期和中长期"三个辩证关系，整合行业力量，形成产学研用合力，为低碳钢铁、美丽中国、地球家园贡献积极力量。

钢铁行业低碳工作推进委员会将集合钢铁行业各方优势力量，针对行业低碳工作需求，从低碳发展、低碳技术和低碳标准三个方面推进行业低

碳工作开展，为企业节能低碳转型提供指导和借鉴。如：组织对重点钢铁企业进行摸底统计，核算行业碳排放总量，建立碳排放统计体系；做好钢铁行业进入碳排放权交易市场基础研究工作，提出钢铁行业全国统一碳市场配额分配方案；编制《钢铁行业碳达峰路线图和行动方案》；组织开展钢铁行业减碳技术摸底调研，做好钢铁产品生命周期碳排放研究；对钢铁供需及废钢、绿电供给等进行预测，并分析各种碳减排路径减碳效果以及未来潜力，研究低碳技术发展战略，借此遴选部分重大项目，形成行业低碳共性技术；围绕国家产业政策和钢铁企业低碳发展，梳理现有标准体系，编制《钢铁行业低碳标准化体系》和《钢铁行业碳排放核定标准及基准值测算规范》及相关低碳技术标准；组织低碳共性技术研发，并集中行业优势研发力量，开展低碳技术攻关，发布技术目录或成功案例，积极推广成熟的节能低碳技术。

（三）积极推进超低排放公示交流

自生态环境部等 5 部委发布《关于推进实施钢铁行业超低排放的意见》以来，中国钢铁业正在进行着世界钢铁历史上最严要求、最高标准、最大规模的超低排放改造升级。根据生态环境部《关于做好钢铁企业超低排放评估监测工作的通知》要求，在钢协官网开设"超低排放改造公示"专栏，截至 2021 年底已有 34 家企业完成超低排放改造公示，其中 23 家完成全过程改造并公示，钢产能约 1.41 亿吨；11 家企业完成部分超低排放改造和评估监测进展情况公示，钢产能约 8400 万吨；此外，有 61 家企业正在进行公示前专家审核和企业整改。同时，钢协举办了钢铁企业超低排放改造和评估监测经验交流会，共享超低排放改造和评估监测方面的先进经验和成功做法，对引领绿色低碳发展和促进交流合作起到积极推动作用。

（四）组织开展节能降耗对标竞赛

为共同促进钢铁行业节能减排，钢协与中国机冶建材工会联合组织开展了"2020 年度重点大型耗能钢铁生产设备节能降耗对标竞赛"活动，竞赛分高炉组、转炉组、烧结组开展大型设备节能降耗相关指标竞赛评比及交流活动。共评选出 7 座冠军炉、28 座优胜炉、22 座创先炉，并予以表彰。通过竞赛活动，有力促进企业能耗指标不断进步。各参赛企业以竞赛为契机，进一步发挥基层一线工人的力量，创新挖掘重点耗能设备的节能潜力，提高环保工作意识和责任。同时，通过竞赛搭建企业间桥梁，推动企业节能技术信息和管理措施经验的相互交流，促进全行业节能工作携手并进、共同进步。

（五）加强数据统计和信息服务，助力行业绿色低碳发展

加强节能环保数据年报、月报统计，为超低排放治理和降减排工作提供数据支撑。钢协不断加强节能环保统计，加强数据采集、审核、汇总、上报等全流程质量控制，确保数据真实、及时、准确。同时，努力扩大统计范围、增加统计企业家数，进一步提高行业统计数据的代表性。

随着环境治理力度的不断加大，环保治理设施逐年增多，各企业的环保设施的运行成本不断提高。为满足钢协会员企业环保运行费用对标挖潜工作的需求，提高各企业的环保管理水平，按照高质量发展的要求，钢协组织开展了环保成本方面的专项对标工作，不断扩大对标范围，满足企业对行业数据的个性化需求。

为摸清家底，全面系统了解行业碳排放的现状，钢协建立了钢铁行业碳排放数据填报系统，分两次对企业填报进行培训，帮助并指导企业填报的同时，对企业填报国家排放系统进行了指导。

加强信息服务工作。围绕碳达峰、超低排放、高质量发展等重点工作开展有关信息搜集工作，加强有关政策、行业研究、企业节能减排工作进展等情况的及时搜集和报道。进一步发挥"委托信息""专报信息"的特殊渠道作用，围绕行业节能减排的重点、难点，反映行业、企业的成绩与诉求，为行业节能减排服务。

（六）组织开展绿色低碳交流培训，提高全行业的降碳意识

2021年5月27日，由中国钢铁工业协会、中国贸促会冶金行业分会主办的第十一届中国国际钢铁大会在上海召开。来自有关政府部门、研究咨询机构、国内外主要钢铁企业及冶金技术装备供应商的领导和专家围绕"绿色钢铁 低碳未来"这一主题，以及"开放共享、协调发展""全球协同、绿色发展""智能低碳、创新发展""结构调整、持续发展"等议题进行了精彩的发言和深入的交流。

为更好地推进行业低碳工作，结合当前新冠肺炎疫情形势，钢协通过

线上专家授课+研讨交流等方式，开展"钢铁行业碳达峰、碳交易系列培训"，从碳排放政策、核查、碳资产管理、碳权交易等方面全面解读相关政策、规则和技术，对帮助钢铁企业加深对国内外碳政策及交易市场的理解，推动企业积极主动、思考探索碳达峰、碳中和起到了很好的效果，得到企业的广泛欢迎和积极参与。

（本章撰写人：李保军，中国钢铁工业协会）

第 18 章

2021 年钢铁行业智能制造及两化融合发展情况

一、钢铁行业智能制造及两化融合基本情况

（一）企业组织管理及规划情况

钢铁企业在智能制造及两化融合的组织和规划方面始终非常重视。据钢协统计显示，超过 90% 的企业的智能制造及两化融合工作由副总经理以上领导担任，超过 50% 的企业将智能制造及两化融合管理组织纳入企业管理变革与创新体系中；近 90% 的企业将两化融合相关发展战略作为企业战略的重要组成部分，超过 87% 的企业制定了公司级制度规范，其中信息系统安全管理、代码与标准化管理制度建立达到全覆盖；近 90% 的企业制定了两化融合培训计划，包括 IT 技术及场景、行业两化融合发展趋势、数字化智能化专题培训等，且每年培训场次超过 10 次的企业达 45%（图 18-1 至图 18-3）。

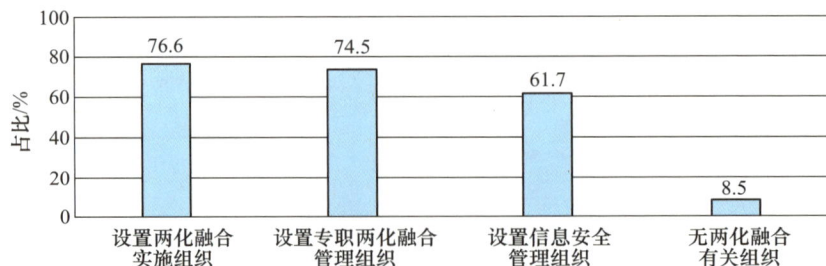

图 18-1　企业两化融合有关组织情况

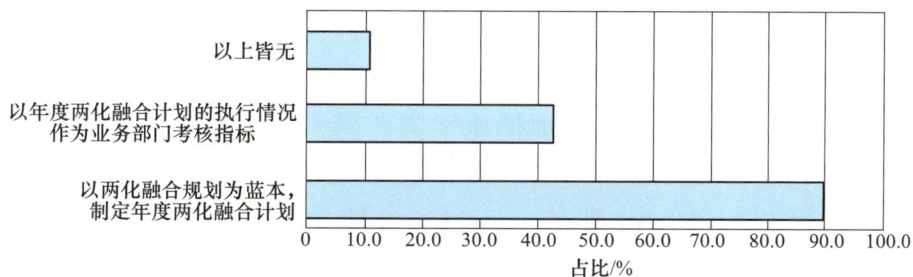

图 18-2　企业两化融合规划落实情况

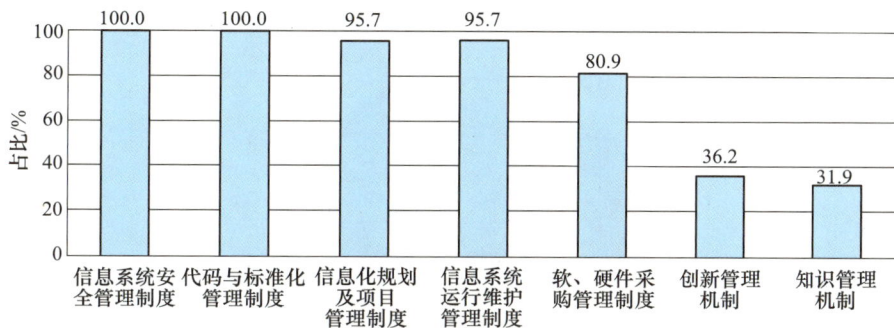

图 18-3　企业信息化相关管理制度情况

（二）企业基础设施建设情况

钢铁企业在智能制造及两化融合等方面投入了大量资源，呈现逐年递增趋势。据统计，2021 年，55% 的企业信息化、数字化投入占营业收入比例超过 0.2%，超百亿元的专项投资用于企业的数字化改造升级，钢铁企业生产流程的整体自动化和信息化水平明显提升（图 18-4）。

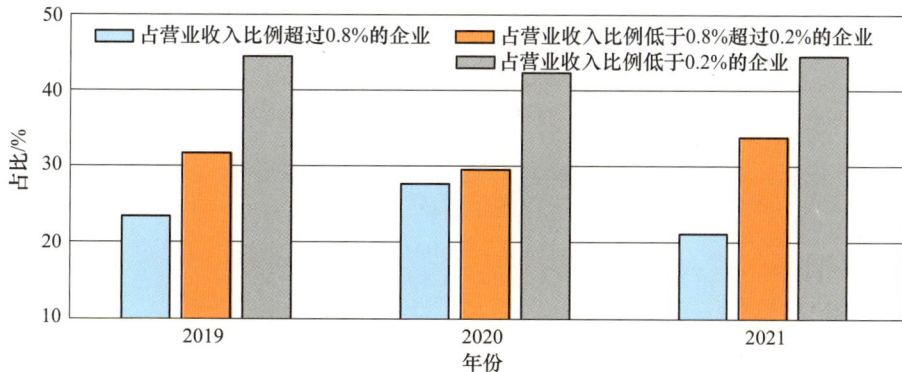

图 18-4　企业近三年智能制造相关投资情况

网络设备设施方面，统计中的所有企业，其主干网均实现了办公区域和生产区域的大部或全部覆盖；少于半数企业搭建了传统物理架构和云计算架构，超过半数企业搭建了虚拟化架构；绝大多数企业在信息安全方面的资金投入充足，62%的企业在信息安全方面的资金投入占整体信息化投入的比例超过5%；约70%的企业通过国家信息安全等级保护，其中超过55%的企业通过等保二级；六成以上的企业在无人天车、工业数据采集、设备运行监测方面部署了无线网络技术，60%的企业已开始部署5G网络（图18-5至图18-7）。

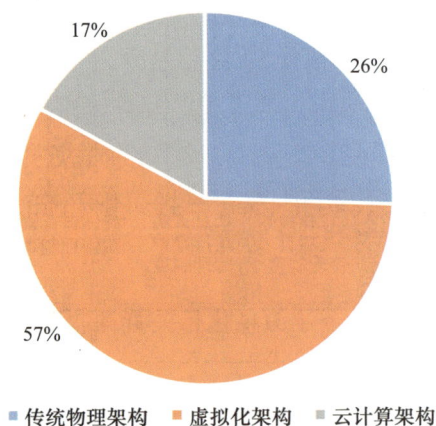

■ 传统物理架构 　■ 虚拟化架构 　■ 云计算架构

图 18-5　企业 IT 基础设施架构情况

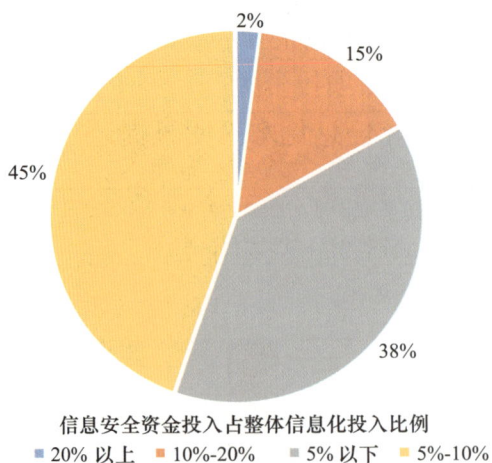

信息安全资金投入占整体信息化投入比例
■ 20% 以上　■ 10%-20%　■ 5% 以下　■ 5%-10%

图 18-6　企业信息安全资金投入情况

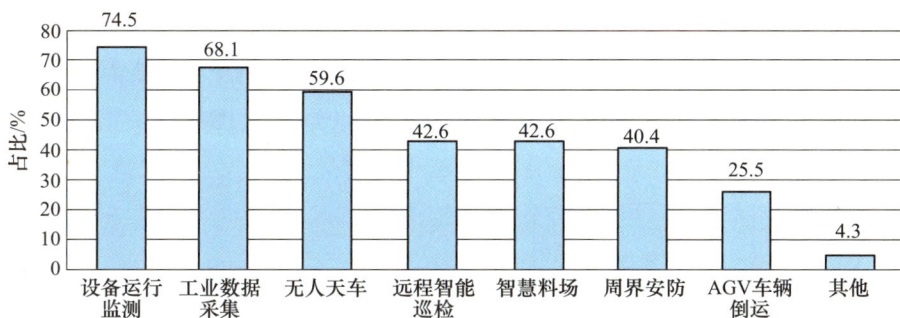

图 18-7　企业无线网络技术应用情况

（三）企业生产经营管理系统情况

生产制造方面，企业的基础自动化系统比较完备，绝大多数企业都已实现与上层系统联网，超过一半的企业采用远程方式运维工业控制系统；工业机器人等智能设备的使用量以及涵盖的工序种类范围均有所增多（图 18-8 和图 18-9）。

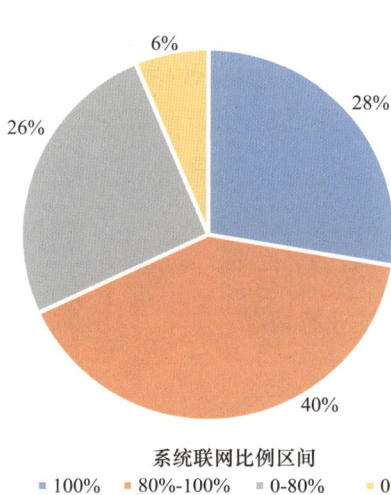

图 18-8　企业基础自动化系统联网情况

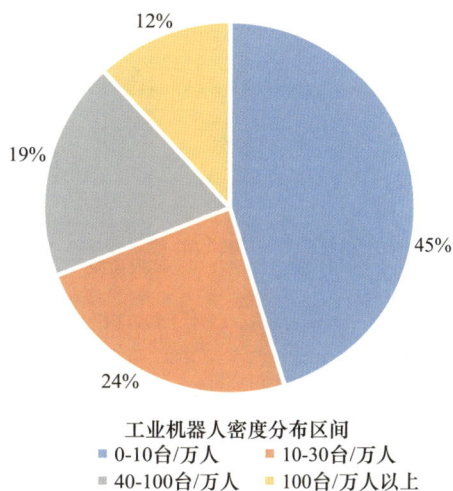

图 18-9　企业工业机器人应用密度情况

车间级制造执行管理信息系统已普及，大部分企业的业务环节实现了线上化管理，在能源管理、环保监测、安全管控、物流仓储、设备监控、生产过程优化等过程中与信息技术的融合创新都有不同程度的应用；内部供应链管理（采购管理、公司层面生产及质量管理、销售管理）信息系统已基本建成,但局部业务覆盖不足;大部分企业建立了统一财务管理系统和人力资源管理系统。采购和销售领域信息系统建设比较完备,采购领域需求管理、销售领域的售前活动管理有待进一步提升(图18-10至图18-15)。

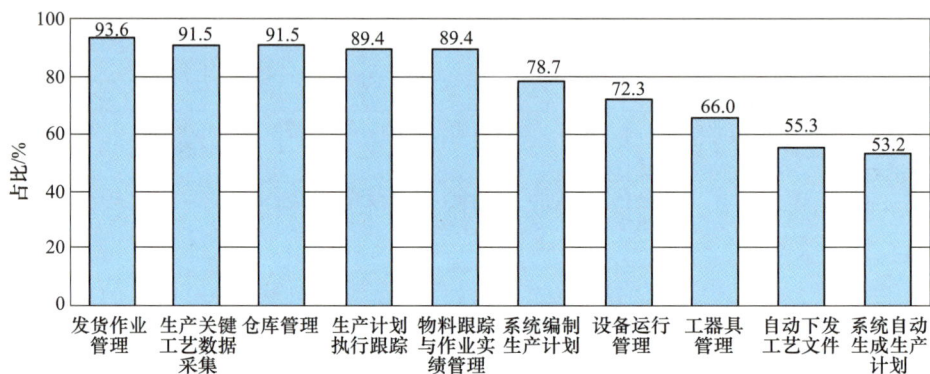

図 18-10 企业实现线上管理业务情况

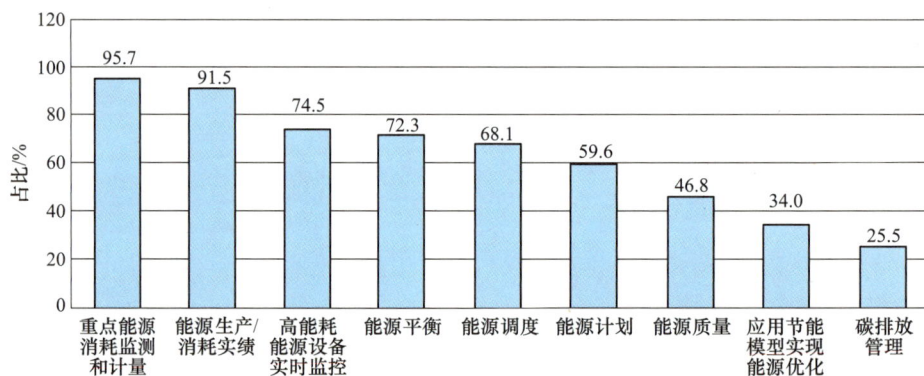

図 18-11 企业能源管理系统业务情况

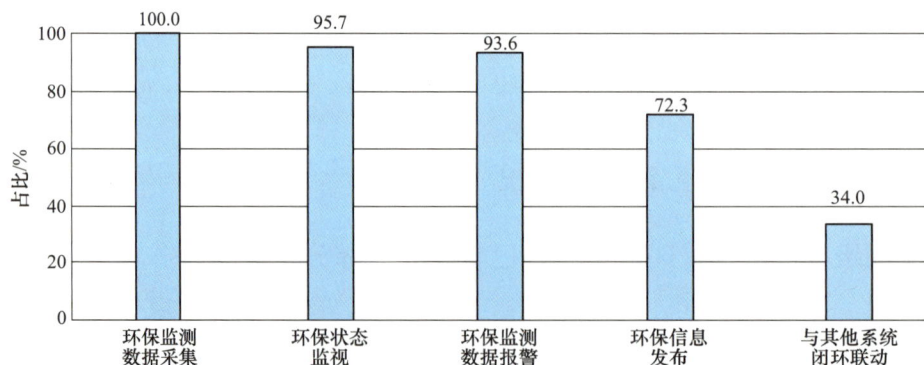

図 18-12 企业环保系统业务情况

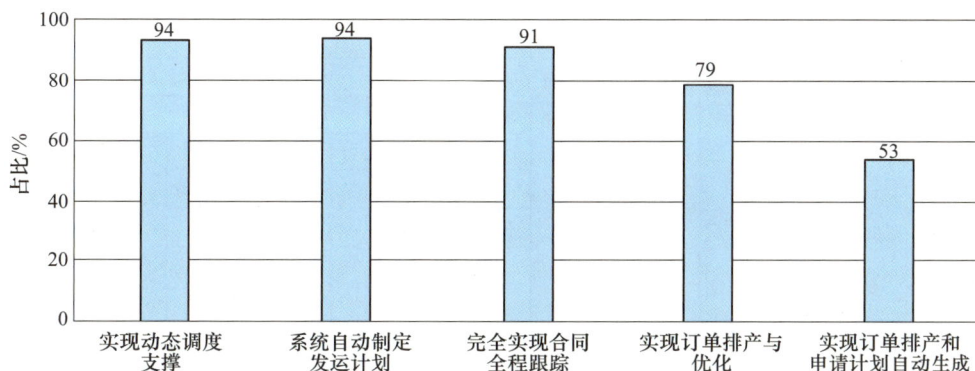

图 18-13　企业产销一体化情况

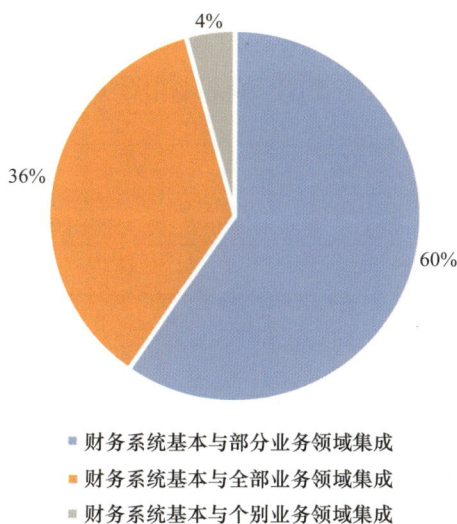

图 18-14　企业财务系统集成情况

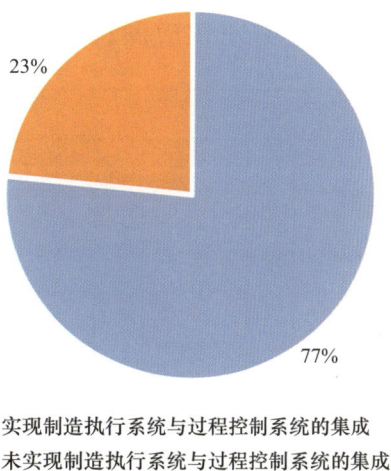

图 18-15　企业制造执行系统集成情况

产线集控已成为钢铁行业智能制造新趋势，集控运营模式对企业的信息化、自动化、智能化水平，以及组织变革和流程变革提出了更高要求。统计显示，81%的企业建设了智能集控中心。从集控中心覆盖业务领域看，能源、物流、铁前和炼钢生产以及环保等方面覆盖率比较高，占比60%以上（图 18-16）。

（四）企业产业链协同及新技术应用情况

统计显示，半数以上的企业实现了上下游协同，其中，与下游客户的

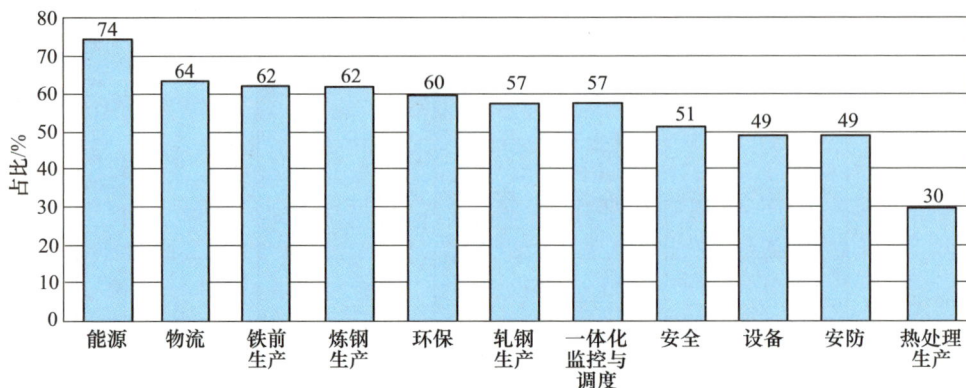

图 18-16　企业智能集控中心业务覆盖情况

协同应用领先对上游供应商的协同。最为成熟的应用为订单的协同，无论是对客户还是对供应商；其次是物流仓储的协同（图 18-17 和图 18-18）。

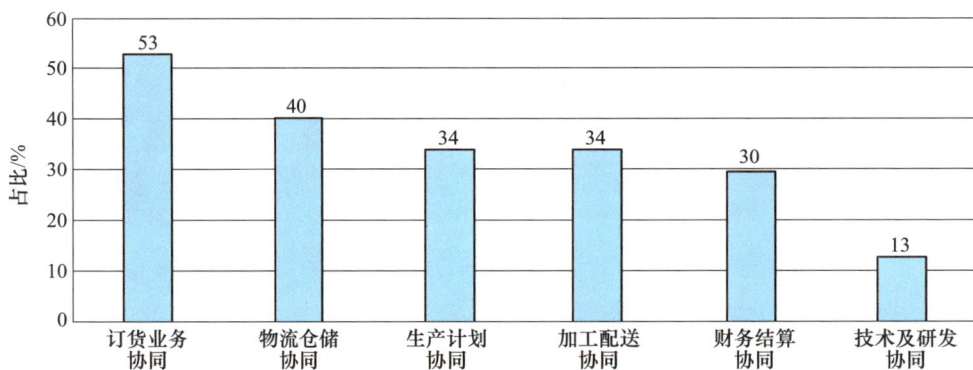

图 18-17　企业与上游客户线上协同情况

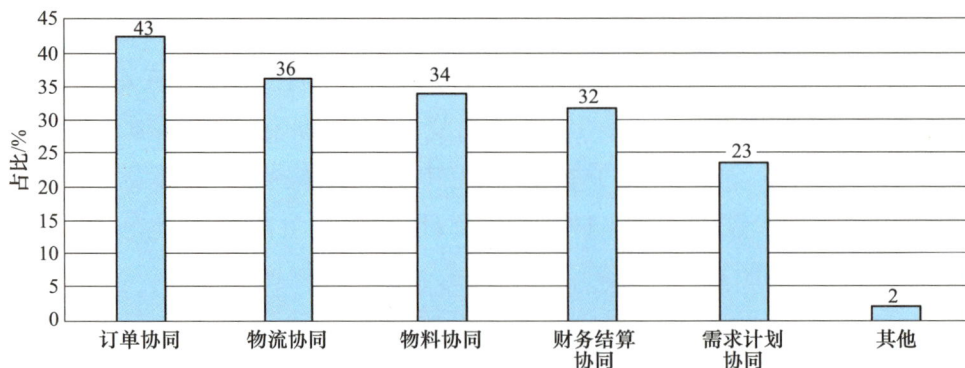

图 18-18　企业与下游客户线上协同情况

　　75%的钢铁企业已开展大数据模型应用，应用较多的领域集中在基于模型的工艺优化、设备故障预测、产品性能预测、企业管理辅助决策等；90%的钢铁企业已开展 AI 应用，应用较多的领域主要集中在基于摄像头对现实物进行拍照识别，如图像读数、漏水/烟雾检测、烧结热成像、物料编号识别等；80%的钢铁企业开展了工业互联网平台的建设及应用，其中，84%的钢铁企业采取了自研或与外部合作研发的模式（图 18-19 和图 18-20）。

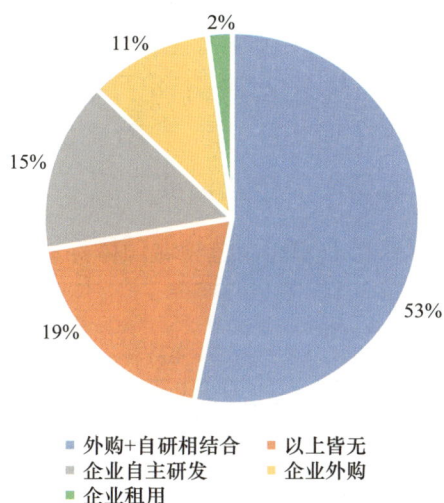

图 18-19　企业搭建工业互联网平台模式情况

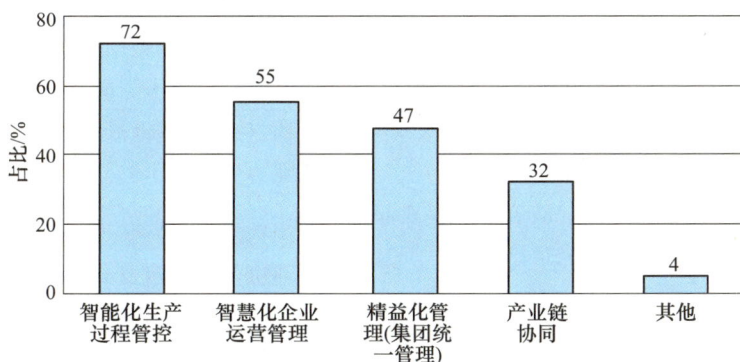

图 18-20　企业搭建工业互联网平台应用领域情况

（五）行业智能制造标准体系建设情况

为指导当前和未来一段时间钢铁行业智能制造标准化工作，解决标准缺失、滞后、交叉重复等问题，构建满足产业发展需求、先进适用的智能制造标准体系，推动智能制造水平的整体提升，加快推进质量变革、效益变革、动力变革，促进钢铁行业实现高质量发展，依据《"十四五"智能制造发展规划》《国家智能制造标准体系建设指南（2021 版）》《关于促进钢铁工业高质量发展的指导意见》，钢协牵头组织编制了《钢铁行业智能制造标准体系建设指南（2022 版）》。目前，该版本作为行业智能制造标准团体立项的参考指南。截至 2021 年 8 月底，钢协共发布钢铁行业智能制造领域团体标准编制计划 109 项，其中完成团体标准编制并已发布 32 项，成功立项工业和信息化部行业标准 7 项（表 18-1）。

表 18-1　钢铁行业智能制造领域团体标准（已发布）

序号	标准编号/计划号	标准名称	主管部门	标准化技术组织	SC	实施日期
1	T/CISA 152—2021	钢铁行业智能装备　机器人自动拉伸试验机系统技术要求	中国钢铁工业协会	全国钢标准化技术委员会	TC183/WG7	2022 年 1 月 1 日
2	T/CISA 149—2021	钢铁行业智能装备　机器人自动夏比摆锤冲击试验系统技术要求	中国钢铁工业协会	全国钢标准化技术委员会	TC183/WG7	2022 年 1 月 1 日
3	T/CISA 148—2021	钢铁行业　5G 数据接入与控制设备技术要求	中国钢铁工业协会	全国钢标准化技术委员会	TC183/WG7	2022 年 1 月 1 日
4	T/CISA 151—2021	钢铁行业智能装备　桥式起重机智能控制系统技术要求	中国钢铁工业协会	全国钢标准化技术委员会	TC183/WG7	2022 年 1 月 1 日
5	T/CISA 147.1—2021	钢铁行业智能车间技术要求第 1 部分：棒线材	中国钢铁工业协会	全国钢标准化技术委员会	TC183/WG7	2022 年 1 月 1 日
6	T/CISA 150—2021	钢铁行业智能装备　桥式起重机远程智能运维监测系统技术要求	中国钢铁工业协会	全国钢标准化技术委员会	TC183/WG7	2022 年 1 月 1 日
7	T/CISA 153—2021	钢铁行业智能工厂　能源管控系统技术要求	中国钢铁工业协会	全国钢标准化技术委员会	TC183/WG7	2022 年 1 月 1 日
8	T/CISA 147.2—2022	钢铁行业智能车间技术要求第 2 部分：厚板	中国钢铁工业协会	全国钢标准化技术委员会	TC183/WG7	2022 年 7 月 1 日

序号	标准编号/计划号	标准名称	主管部门	标准化技术组织	SC	实施日期
9	T/CISA 147.3—2022	钢铁行业智能车间技术要求第 3 部分：连铸工序	中国钢铁工业协会	全国钢标准化技术委员会	TC183/WG7	2022 年 7 月 1 日
10	T/CISA 147.4—2022	钢铁行业智能车间技术要求第 4 部分：转炉炼钢工序	中国钢铁工业协会	全国钢标准化技术委员会	TC183/WG7	2022 年 7 月 1 日
11	T/CISA 194.1—2022	钢铁行业智能工厂 全流程质量管控系统技术要求 第 1 部分：总体要求	中国钢铁工业协会	全国钢标准化技术委员会	TC183/WG7	2022 年 7 月 1 日
12	T/CISA 195—2022	钢铁行业智能工厂 炼钢制造执行系统技术要求	中国钢铁工业协会	全国钢标准化技术委员会	TC183/WG7	2022 年 7 月 1 日
13	T/CISA 196—2022	钢铁行业智能工厂 热轧制造执行系统技术要求	中国钢铁工业协会	全国钢标准化技术委员会	TC183/WG7	2022 年 7 月 1 日
14	T/CISA 197—2022	钢铁行业 数字化工厂网络安全要求	中国钢铁工业协会	全国钢标准化技术委员会	TC183/WG7	2022 年 7 月 1 日
15	T/CISA 198—2022	钢铁行业 长材车间数字孪生系统技术要求	中国钢铁工业协会	全国钢标准化技术委员会	TC183/WG7	2022 年 7 月 1 日
16	T/CISA 199—2022	钢铁行业 碳素结构钢及低合金高强度结构钢钢板和钢带力学性能智能预判检测方法	中国钢铁工业协会	全国钢标准化技术委员会	TC183/WG7	2022 年 7 月 1 日
17	T/CISA 200—2022	钢铁行业 智能原料场技术要求	中国钢铁工业协会	全国钢标准化技术委员会	TC183/WG7	2022 年 7 月 1 日
18	T/CISA 201—2022	钢铁行业 高炉智能感知及可视化系统技术要求	中国钢铁工业协会	全国钢标准化技术委员会	TC183/WG7	2022 年 7 月 1 日
19	T/CISA 202—2022	钢铁行业 热轧加热炉智能化技术要求	中国钢铁工业协会	全国钢标准化技术委员会	TC183/WG7	2022 年 7 月 1 日
20	T/CISA 203—2022	钢铁行业 加热炉智能燃烧控制系统技术要求	中国钢铁工业协会	全国钢标准化技术委员会	TC183/WG7	2022 年 7 月 1 日
21	T/CISA 204—2022	钢铁行业 智能产线生产过程三维可视化监控平台技术要求	中国钢铁工业协会	全国钢标准化技术委员会	TC183/WG7	2022 年 7 月 1 日
22	T/CISA 205—2022	冶金行业水处理大数据平台技术要求	中国钢铁工业协会	全国钢标准化技术委员会	TC183/WG7	2022 年 7 月 1 日
23	T/CISA 206.1—2022	高温熔融金属吊运设备检测与评价 第 1 部分：金属结构裂纹检测	中国钢铁工业协会	全国钢标准化技术委员会	TC183/WG7	2022 年 7 月 1 日

续表 18-1

序号	标准编号/计划号	标准名称	主管部门	标准化技术组织	SC	实施日期
24	T/CISA 206.2—2022	高温熔融金属吊运设备检测与评价 第2部分：动设备巡检技术要求	中国钢铁工业协会	全国钢标准化技术委员会	TC183/WG7	2022年7月1日
25	T/CISA 207.1—2022	高温熔融金属吊运设备 智能运维 第1部分：运行状态监测	中国钢铁工业协会	全国钢标准化技术委员会	TC183/WG7	2022年7月1日
26	T/CISA 207.2—2022	高温熔融金属吊运设备 智能运维 第2部分：结构健康诊断与损伤预测	中国钢铁工业协会	全国钢标准化技术委员会	TC183/WG7	2022年7月1日
27	T/CISA 208—2022	板坯结晶器在线智能调宽装置技术要求	中国钢铁工业协会	全国钢标准化技术委员会	TC183/WG7	2022年7月1日
28	T/CISA 230—2022	钢铁行业 智能磨辊间技术要求	中国钢铁工业协会	全国钢标准化技术委员会	TC183/WG7	2022年8月1日
29	T/CISA 231—2022	钢铁行业智能装备 自动焊标牌系统技术要求	中国钢铁工业协会	全国钢标准化技术委员会	TC183/WG7	2022年8月1日
30	T/CISA 232—2022	钢铁行业 无人驾驶钢制品运输车智能管控系统技术要求	中国钢铁工业协会	全国钢标准化技术委员会	TC183/WG7	2022年8月1日
31	T/CISA 233—2022	钢铁行业智能装备 板坯机器人自动加渣系统技术要求	中国钢铁工业协会	全国钢标准化技术委员会	TC183/WG7	2022年8月1日
32	T/CISA 234—2022	钢铁行业 边缘数据接入与数据服务 技术要求	中国钢铁工业协会	全国钢标准化技术委员会	TC183/WG7	2022年8月1日

二、钢铁企业积极落实国家智能制造及两化融合规划

（一）钢协积极引导企业推进智能制造及两化深度融合工作

按照《"十四五"智能制造发展规划》《"十四五"信息化和工业化深度融合发展规划》《关于促进钢铁工业高质量发展的指导意见》，结合行业发展状况以及新信息技术发展，钢协以实现行业产能的绿色化、提高产线的智能化为目标，围绕"搭平台""抓基础"与"树标杆"，引导企业推进智能制造及两化深度融合。

1. 建立钢铁行业智能制造生态体系，构建上下游协同创新生态圈

2021 年 4 月，钢协牵头，联合钢铁企业、专业技术服务机构等共同发起，成立钢铁行业智能制造联盟暨中国智能制造系统解决方案供应商联盟钢铁行业分盟。目前联盟现有成员单位 231 家，其中钢铁企业及其信息化自动化公司 94 家，科研院所及高校 19 家，社会团体及其他 7 家，智能制造解决方案供应商 111 家。

2. 打造行业系统解决方案资源池，推广试点示范应用

一是打造行业系统解决方案资源池。自 2021 年开始，每年开展钢铁行业智能制造解决方案遴选工作。组织行业专家及有关需求的钢铁生产企业针对不同场景对解决方案进行评估，经企业自主申报、形势审查、企业答辩、专家评审等环节，遴选具有较大推广价值、产生了良好社会经济效益的优秀解决方案，形成年度《钢铁行业智能制造优秀解决方案推荐目录》。已先后征集了 300 余项钢铁行业智能制造方案，遴选出 128 项优秀案例推荐目录。

二是通过关键共性技术的标准化，推动成熟、优秀的技术实现规模化应用。以工艺优化为切入点，围绕棒线材智能轧钢、设备维护、智能天车、废钢检测识别、工业信息安全、能源安环物流等专项技术组织交流，推广共性技术应用及试点示范典型案例，培育专业化系统解决方案提供商。

3. 做好顶层设计，协助有关部委开展工作

一是组织研究编制了《工业互联网与钢铁行业融合应用参考指南》《钢铁行业智能制造标准体系建设指南（2022 版）》等行业指导性文件，协助有关部委开展企业数据管理国家标准贯标试点工作、工业互联网企业网络安全分类分级等工作。其中，《工业互联网与钢铁行业融合应用参考指南》已于 2021 年 11 月 20 日在工信部和湖北省政府共同举办的"2021 中国 5G+工业互联网大会"上发布。

二是组织钢铁企业、高校及科研院所搭建"钢铁行业智能制造标准试验验证公共服务平台"。平台旨在为政府、科研院所、钢铁企业、第三方服务机构以及公众提供一站式服务，将会对完善钢铁行业智能制造标准体系建设、标准应用推广、产品性能测试等提供有力支撑，进一步推进钢铁行业两化深度融合。

三是组织"融合发展与数字化变革 IT 之旅"。该活动是为推进钢铁行

业两化深度融合，构建上下游协同创新生态圈而开展的系列活动。立足帮助钢铁企业更好地了解信息技术发展，促进钢铁企业与 ICT 企业对接；通过全面深入的交流、了解，碰撞出火花，进而加速钢铁行业智能制造的发展。已组织钢铁企业走进华为、浪潮、震兑、海康威视等企业，约 600 余人次参加。

（二）企业数字化转型初显成效

随着 5G、云计算、大数据、人工智能、工业互联网等新一代信息技术与钢铁生产运营业务的快速融合，钢铁行业数字化、网络化、智能化转型的步伐逐渐加快，孕育了钢铁产业变革新动能。

1. 中国宝武

中国宝武的智慧制造经历过两个阶段，2019 年 1 月，中国宝武提出以"四个一律"为特征的智慧制造 1.0 建设标准，主要内容为：操作室一律集中，操作岗位一律机器人，运维一律远程，服务环节一律上线。中国宝武已经涌现出了一批智慧制造优秀实践案例，包括宝山基地炼铁控制中心、韶钢智慧中心、鄂钢操业中心、马钢冷轧智控中心等，突破了一键远程炼钢、远程运维等一批关键技术。

以宝钢股份湛江基地 1550 毫米冷轧智能化产线为例，通过大量应用机器人，岗位配置得到了优化，劳动效率提升 30%，主机组自动化率达到 90% 以上，产能发挥提升 10%，该项目获得了中国钢铁工业协会管理创新一等奖。在智慧制造 1.0 的指引下，宝钢股份宝山基地也成功入选国内钢铁行业首家"灯塔工厂"。

2021 年 1 月份，中国宝武提出以三跨融合为特征的智慧制造 2.0 版，主要内容为：跨产业、跨空间、跨界面。"三跨"的本质是打破界面，实现融合，通过数字化、网络化的极致共享和协同，实现极致效率。未来将以"三跨"为抓手，发展基于数字化、网络化和平台化的无边界钢铁协同制造新模式。

2. 鞍山钢铁

鞍山钢铁聚焦"集约、减量、智慧与客户"，围绕智慧运营和智能工厂两个建设方向，搭建横向-集成业务价值链，构建智慧运营体系，整合优化采购、销售、制造、物流、设备等生产经营核心业务流程，打通了制造端与客户端，主动为上下游用户提供服务性生产，实现协同增值。

聚焦"无人化、少人化、一键化",纵向布局制造点-线-区,重点打造一批具备代表性的智能制造示范产线。重点规划了建设鞍山本部和鲅鱼圈分公司两条主线,按照横向集成、纵向贯通的实施模式,从底层基础自动化、智能装备、工艺模型优化、站所室集控等方面,按照"着力一个点、打通一条线、形成一个区、建立一个模式"四条路径,自下而上逐级推进智能工厂建设。

其中鲅鱼圈炼钢、厚板等项目被工信部评为智能制造试点示范项目及人工智能试点示范项目;智能仓储、预测性维护与运行优化、鞍矿智慧生产平台、钢铁全流程质量大数据解决方案等入选工信部试点示范项目、智能制造优秀场景、案例集等。

3. 首钢集团

首钢按照"产品高端化、产线自动化"的理念,不断提升自动化生产水平和数字化管控能力。目前,首钢股份的生产设备数字化率约 90%,关键工序基本都应用了 PLC、DCS、工艺模型等控制系统,现场生产工艺、设备参数、检化验、能源、计量、环保数据采集量超过 24 万余项;构建了"一贯到底、一体通管、全供应链、全生命周期"的数字化管控体系,订单自动评审比例达到 98% 以上,库存降低 15%。

依托首钢京唐 1580 毫米和 2250 毫米两条热轧产线,建设了京唐热轧数字工厂,研发了工艺、质量、设备、管理等多维扁平化全量数据平台,建立了质量智能管控、设备智能运维、机器人/智能视觉装备应用、环保/安全/消防智能监控、能源成本智能管控、无人库区/智能物流以及数据报表智能分析七个中心。数字工厂的建设,带动京唐热轧车间节约人力成本 20%,设备故停时间下降 3%,生产效率提升 10% 以上,整体运营成本下降 5%-10%。

同时,首钢积极探索 5G、大数据等赋能转型,其中"硅钢一冷轧智能工厂""智能物流工业互联网平台 5G 技术典型应用"获工信部试点示范,"钢铁全流程过程质量管控"获工信部智能制造优秀场景。

4. 南钢股份

南钢以"一切业务数字化,一切数字业务化"为目标,通过构建数据治理+工业互联网平台双轮驱动架构,成功打造了专业加工高等级耐磨钢配件的 JIT+C2M 智能工厂,形成了 JIT+C2M 的新模式,重构了钢铁数字系统与生态。

建设了钢铁行业首个集群式一体化智慧运营中心,涵盖了智能生产、智慧经营、智慧互联和数字服务等领域,高度集成了工业互联网服务,用数字化、可视化、模型化,打破思维的天花板,以数据驱动业务、数据驱动管理,推动协同集约的生产组织创新,打破传统的部门组织边界,实现横向到边、纵向到底的多专业、多领域高效协同以及智能辅助决策,逐步由多层级、离散型管理向一体化管理转变。

目前,智慧运营中心实现了铁区操控人员效率提升达 40% 以上,燃料比降低 3%;轧区操控人员效率提升 35%,质量成本降低 5%,设备综合效率提升 3%。

5. 河钢集团石钢

河钢石钢新区于 2020 年 10 月 29 日建成投产,采用电炉短流程特钢工艺,以生产"全流程"、业务"全覆盖"、架构"全层级"、层级"全贯通"、过程"全智能"的"五全"规划理念,着力打造"绿色、智能、节能、高质量、高效益"特钢强企。

全流程绿色制造:采用先进环保治理技术,消纳城市中水,污水实现"0"排放,采用全废钢电炉冶炼的短流程工艺,实现零煤、零焦的清洁能源结构。

全流程智能制造:一是废钢智能验质、电炉智能炼钢、智能连铸、轧钢多线一室、高线黑灯工厂、精整作业黑灯产线等的"全流程"实施智能制造;二是销售、生产、质量、物流、采购、设备、能源、环保、安全等业务智能制造"全覆盖";三是信息化一级到五级架构的"全层级"实施了智能制造,5 万多个基础检测,每百人机器人等智能装备超过 20 台套;四是各层级"全贯通",在同一顶层规划下,通过企业服务总线实现互联互通,避免出现任何数据孤岛;五是所有过程"全智能",完整实现系统自感知、自学习、自决策、自执行、自适应。

河钢集团还建立了河钢中央数字中心数字化平台,支撑河钢"一总部、多基地业务运营模式"。河钢唐钢高强汽车板公司获评工信部"智能制造试点示范"。河钢石钢、河钢矿业中关铁矿两个智能工厂,以及河钢唐钢、河钢承钢的智能仓储典型场景,成功入选国家 2021 年度智能制造试点示范工厂和优秀场景。

三、多项企业智能制造及两化融合项目取得科技创新成果

2021 年，荣获中国钢铁工业协会、中国金属学会冶金科学技术奖的信息化自动化项目共计 23 项，其中：冶金科学技术奖一等奖 8 项、二等奖 7 项、三等奖 8 项，见表 18-2。2000 年至 2021 年，荣获中国钢铁工业协会、中国金属学会冶金科学技术奖共计 265 项，其中：特等奖 1 项、一等奖 45 项、二等奖 79 项、三等奖 140 项。

表 18-2　2021 年冶金科学技术奖（信息化自动化）

项目名称	完成单位	等级
合金化热镀锌（GA）超高强汽车板生产关键技术、装备研发与应用	宝钢日铁汽车板有限公司、宝钢工程技术集团有限公司	一等
基于机器视觉的宽厚板轮廓及板形 CPS 智能制造技术研发与应用	山东钢铁股份有限公司、东北大学、莱芜钢铁集团银山型钢有限公司、沈阳建筑大学	一等
露天开采低碳生态化设计及无人智能采矿关键技术与应用	东北大学、西安建筑科技大学、本溪钢铁（集团）矿业有限责任公司、洛阳栾川钼业集团股份有限公司、成远矿业开发有限公司、河北钢铁集团矿山设计有限公司、河北钢铁集团司家营研山铁矿有限公司	一等
长流程钢厂固废全量利用及厂内协同处理关键技术研发与应用	宝钢湛江钢铁有限公司、宝山钢铁股份有限公司、宝武集团环境资源科技有限公司	一等
钢铁行业设备智能运维系统解决方案研究及应用	宝武装备智能科技有限公司、宝山钢铁股份有限公司、宝武集团中南钢铁有限公司、广东韶钢松山股份有限公司、北京科技大学、上海金艺检测技术有限公司	一等
长材（棒线材）库区智能化管控关键技术及装备	北京科技大学、珠海粤裕丰钢铁有限公司、马鞍山钢铁股份有限公司、飞马智科信息技术股份有限公司、北京科技大学设计研究院有限公司、湖南华菱涟源钢铁有限公司、河北物流集团金属材料有限公司、北京新岸线移动多媒体技术有限公司、广东新岸线科技有限公司	一等
数字化绿色化新型钢厂建造方法及工程实践	河钢集团有限公司、中冶京诚工程技术有限公司、唐钢国际工程技术有限公司、中国二十二冶集团有限公司	一等

续表 18-2

项目名称	完成单位	等级
钢铁制造过程能效评估及优化控制关键技术开发与应用	中冶南方工程技术有限公司、中冶长天国际工程有限责任公司、中冶焦耐（大连）工程技术有限公司、湘潭钢铁集团有限公司	一等
智能造球关键技术与装备研究	中冶长天国际工程有限责任公司、中冶长天（长沙）智能科技有限公司、敬业钢铁有限公司	二等
大型带钢冷连轧机整辊无线智能板形测控系统的研制与应用	燕山大学、鞍山钢铁集团有限公司	二等
首钢京唐热轧数字化智能制造系统	首钢集团有限公司、北京首钢自动化信息技术有限公司、首钢京唐钢铁联合有限责任公司	二等
一种融合业务组织与冶金流程的新一代集控中心	北京建龙重工集团有限公司、抚顺新钢铁有限责任公司	二等
钢铁材料环境腐蚀评价技术体系创新与工程应用	北京科技大学、武汉材料保护研究所有限公司、中关村材料试验技术联盟、青岛钢研纳克检测防护技术有限公司、首钢集团有限公司、鞍钢股份有限公司、南京钢铁股份有限公司	二等
带式焙烧球团工艺装备技术创新与应用	唐山钢铁集团有限责任公司	二等
钢铁联合企业数字化网络化能源管控系统开发与应用	鞍钢股份有限公司、鞍钢集团自动化有限公司、东北大学	二等
基于先进制造系统的高强度焦炭均质化生产关键技术开发及应用	鞍钢集团北京研究院有限公司、鞍钢股份有限公司、北京科技大学、冶金工业信息标准研究院	三等
500 米成品钢轨生产技术创新与产业化应用	包头钢铁（集团）有限责任公司、中国铁道科学研究院集团有限公司金属及化学研究所、包钢中铁轨道有限责任公司、北京交通大学	三等
大型焦炉绿色高效智能建造关键技术	五冶集团上海有限公司、中国五冶集团有限公司	三等
炼铁数字化工厂建设中检测与控制技术创新	广西柳州钢铁集团有限公司	三等
基于人工智能技术的废钢智能验质系统的研发及应用	河钢数字技术股份有限公司	三等

续表 18-2

项目名称	完成单位	等级
基于机器视觉的中厚板表面缺陷检测系统	江苏金恒信息科技股份有限公司、南京钢铁股份有限公司	三等
加热炉燃烧效能在线智能监测与优化控制系统	马鞍山钢铁股份有限公司、安徽大学、中国科学院合肥物质科学研究院、合肥瑞石测控工程技术有限公司、上海瑞岳机电设备有限公司	三等
热轧带钢宽度高精度关键技术的开发与应用	鞍钢股份有限公司	三等

（本章撰写人：符鑫峰，刘爱涛，中国钢铁工业协会）